日本の人魚伝説

髙橋大輔

草思社

日本の人魚伝説　目次

巻頭地図

本書で訪れる主な場所

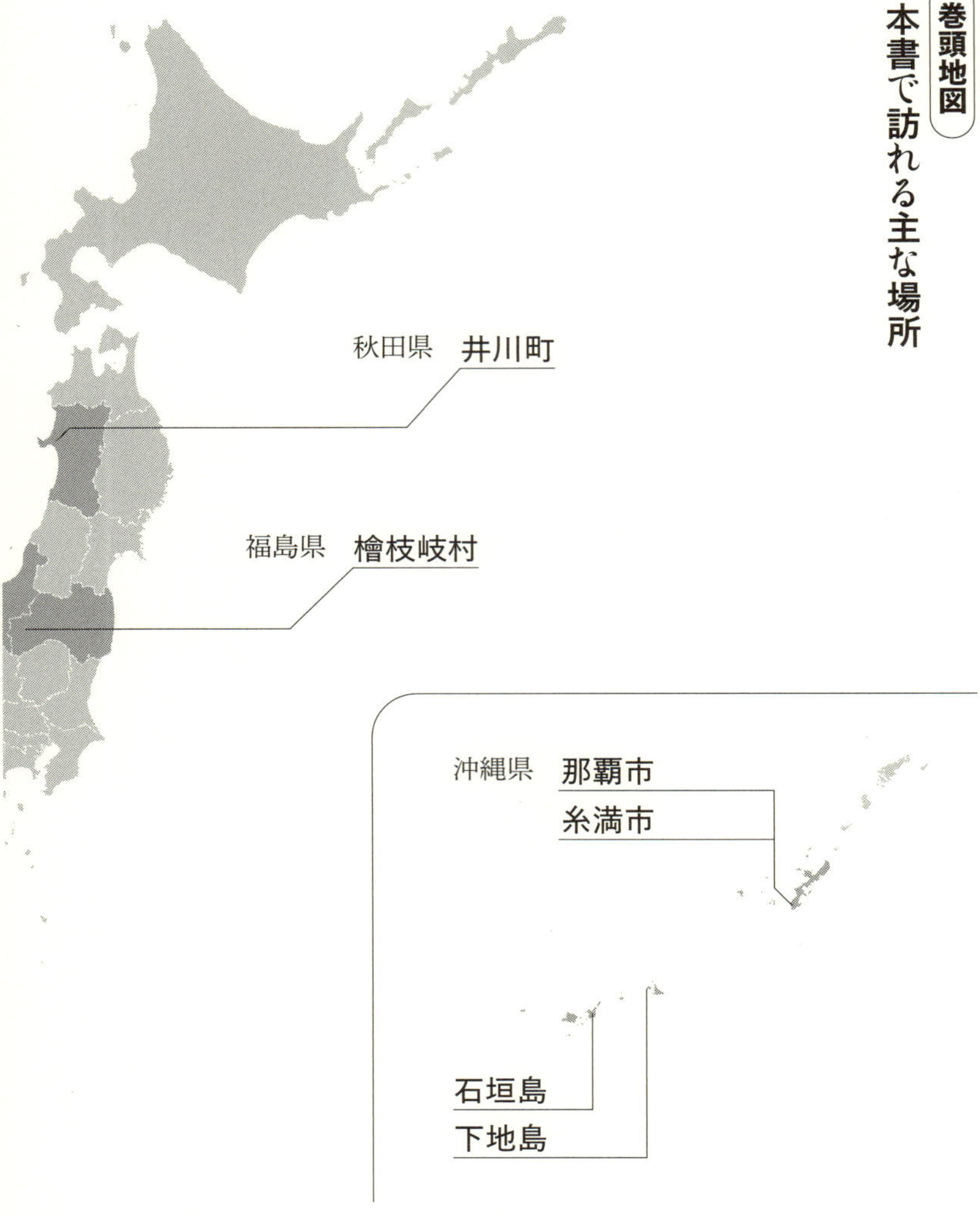

秋田県 井川町

福島県 檜枝岐村

沖縄県 那覇市

糸満市

石垣島

下地島

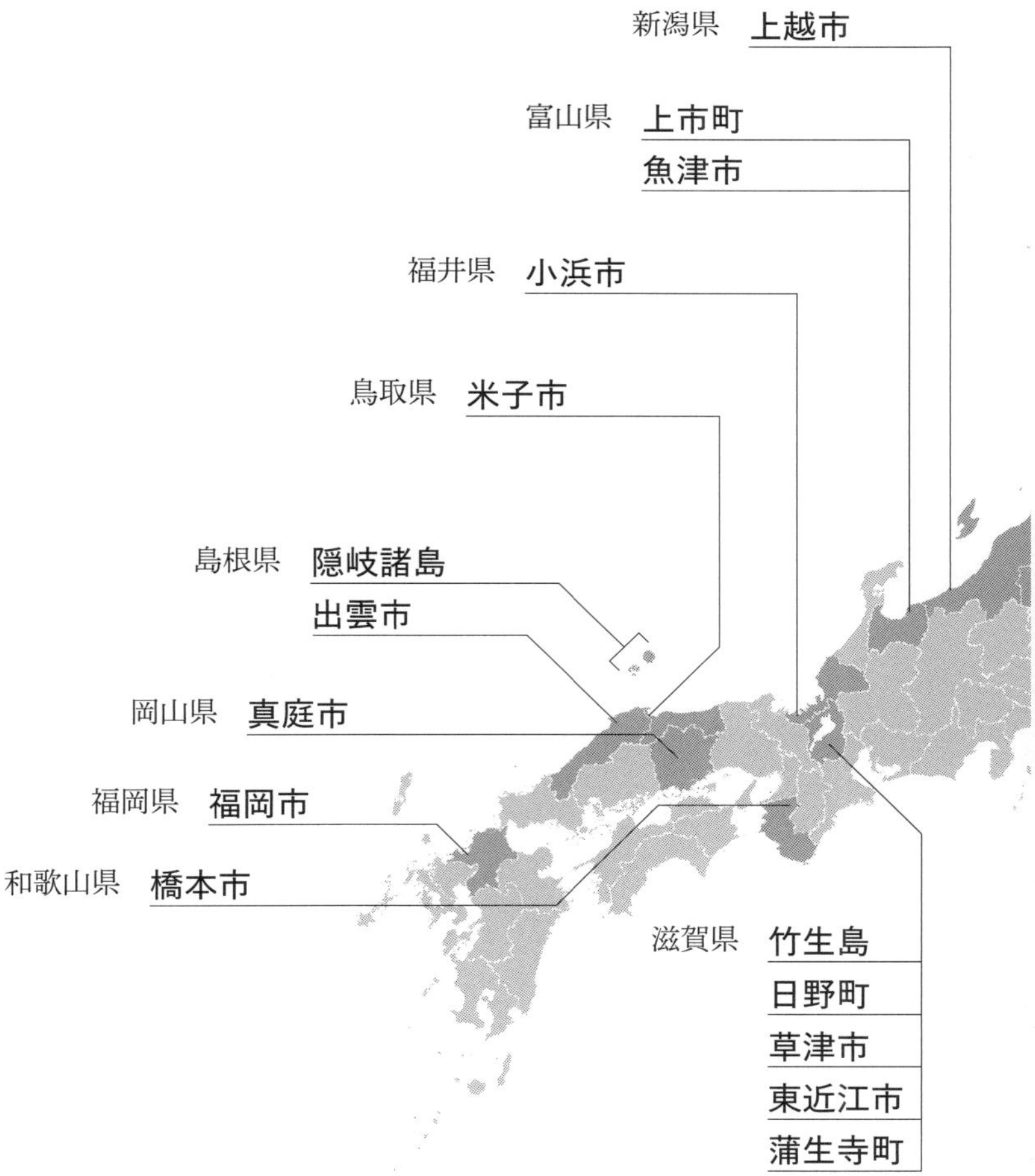

新潟県 上越市

富山県 上市町
魚津市

福井県 小浜市

鳥取県 米子市

島根県 隠岐諸島
出雲市

岡山県 真庭市

福岡県 福岡市

和歌山県 橋本市

滋賀県 竹生島
日野町
草津市
東近江市
蒲生寺町

プロローグ

ツチノコや雪男、ネッシーなどの未確認動物は一般にＵＭＡ（ユーマ）（Unidentified Mysterious Animal）と呼ばれる。ＵＭＡは一九七〇年代頃に日本で誕生した和製英語だ。日本でしか通用しないが、海外の未確認動物も含まれる。いずれも目撃者の証言や、写真、動画などで噂が広まり、世間の関心を集めた。科学的な根拠の薄い想像上の動物とみなされることもあるが、「火のないところに煙は立たない」とも言う。

わたしはネッシーがいるとされるスコットランド北部のネス湖に出かけたことがある。意外だったのは、ネス湖がとても細長い形をしていたことだ。長さが約三五キロメートルもあるのに、幅は二キロメートルほどしかない。そこは大きな川ではないかと錯覚させた。案内してくれた地元の人によると、湖岸のどこに立っても対岸が見えるという。わたしは首長竜（くびながりゅう）プレシオサウルスの生き残りとも言われるネッシーがそこにいたとは思えなかった。恐竜が潜む湖にしてはあまりにも狭いと感じたからだ。後になってその深さが最大二三〇メートルもあることを知り、やはり神秘の湖であると考えを改めた。

ネッシーはある動物が誤認されたものだと主張する人もいる。ネッシーの正体として候補に挙がるのはナマズやウミガメ、アザラシなど様々だ。科学技術の進歩により、新しい分析方法が誕生するたびにネス湖で調査が行われてきた。最近では湖水からウナギのDNAが多量に検出された。ネス湖に生息するヨーロッパウナギは体長一・三メートルにまで成長するが、さらに大きく成長した個体が湖面から姿を現したものがネッシーだったのではないかという説が浮上した。

ネッシーに限らず他のUMAにも、現存する動物が見間違われたのではないかといった見方は根強く存在する。ツチノコは本当はマムシであり、雪男はヒグマだとする説があり、それぞれに説得力がある。だが、仮説が積み重なるたびにUMAの謎は深まる一方だ。

「物語を旅する」をテーマに活動するわたしはこれまでフィクションの中にあるリアリティを追ってきた。冒険小説『ロビンソン漂流記』や昔話『浦島太郎』の実在モデルを追跡することで、知られざる現実世界を垣間(かいま)見る思いがした。どんな物語にも元になった事実という種があるはずだ。それを探ることにわたしのアドレナリンは放出される。誰もが知っている存在の、誰も知らない領域に足を踏み込むようなスリリングな体験だからだ。

そんなわたしだが、UMA追跡には二の足を踏む。ネス湖に行き、そこに首長竜がいると思えなかったことが理由ではない。架空の物語の中に潜むリアル(実在のモデル)を探すわたしだが、ネッシー探しに情熱を注いできた人たちはすでに数多くいて、正体とされるいくつかの動物が挙げられている。ネッシーの正体とはそれらの動物のいずれかであって、「答え」はすでに出されているのではないかと思えるのだ。

わたしがそう考えるようになった出来事があった。ツチノコ以外にも日本で知られていたUMAがいた。わたしは二〇一二年に連載中の新聞コラムでその「人魚」と呼ばれる、人面魚身の怪物を紹介することになった。

秋田県にある鎌倉時代の洲崎（すざき）遺跡で、得体の知れない怪物が描かれた木片が発見されたのは一九九九年のことだ。体全体は鱗（うろこ）のような斑点（はんてん）でおおわれ、その魚身から人間の顔と手足が伸びる。怪物の手前にお椀が置かれ、背後には僧侶が立つ。

絵の左右にかすれた文字が並び、次のように書かれていた。

アラツタナヤ弓ウチ　弓ウチニトテ候（そうろう）

文字がかすれているため、文中の「弓」は「手」とも解釈される。かわいそうだが弓撃ち（手打ち）にして殺してしまえという意味だ。

描かれた木片は長さ約八一センチメートル、幅約一五センチメートル、厚さ〇・五センチメートルの杉材で、木簡を思わせることから人魚木簡と呼ばれる。またその絵は、怪物の殺処分後に僧侶が供養（くよう）する光景とみられ、人魚供養札とも言われる。

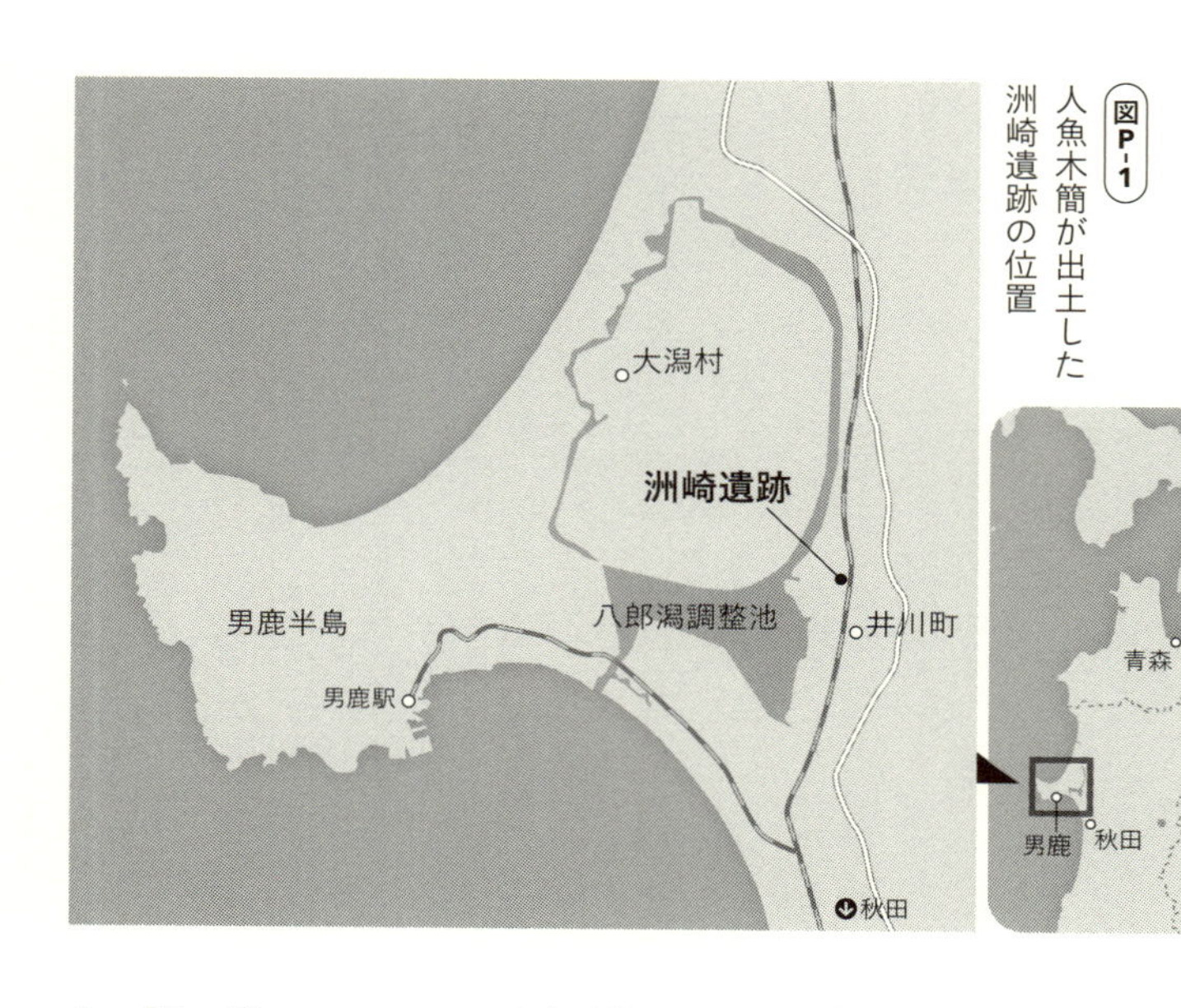

図P-1 人魚木簡が出土した洲崎遺跡の位置

人魚木簡を初めて見たとき、わたしは困惑した。自分が思い描いていた人魚とはおよそ様子が違っていたからだ。人魚と言えば、アンデルセン童話の『人魚姫』やディズニー映画の「リトル・マーメイド」に登場するような、上半身が乙女、下半身が魚の姿をした可憐な海の妖精だ。それとは真逆の、恐ろしげな怪物とは一体、何者なのか——。

洲崎遺跡は秋田県中央部に位置する南秋田郡井川町(いかわまち)にある。井川町はわたしが暮らす秋田市から車で約二〇キロメートル北に位置する八郎潟(はちろうがた)の南東岸に接している。八郎潟はかつて琵琶湖に次ぐ日本第二の湖沼(こしょう)面積を誇っていたが、昭和三二(一九五七)年から二〇年がかりの干拓(かんたく)事業で大部分が埋め立てられた。埋立地には新たに大潟村(おおがたむら)が誕生し、そのほとんどが田んぼになった。かろうじて残された湖の一部は八郎潟調整池（残存湖とも）と呼ばれる。

『秋田県文化財調査報告書 第三〇三集 洲崎遺跡』（秋田県埋蔵文化財センター）によれば、人魚木簡は丸木舟の廃材を利用して作られた井戸の内壁に差し込まれていた。人魚木簡と一緒に出土した板材を年代測定したところ、鎌倉中期の弘安九（一二八六）年頃に伐採された樹木と判明した。人魚木簡は洲崎遺跡と同じ鎌倉期に作られたものとみられ、人魚らしきものが描かれた絵としては日本最古にあたる。

報告書は木簡に描かれている人魚の供養が実際に行われたのではないかと解釈する。その根拠に挙げられるのが、江戸初期の寛永一八（一六四一）年頃に刊行された『北条五代記』（三浦浄心 著）

図P-2-1
洲崎遺跡から出土した人魚木簡（全体図）。人魚とされる動物の背後に僧侶が立つ。
（秋田県埋蔵文化財センター蔵）

図P-2-2 人魚木簡（図P-2-1の拡大図）。人面魚身で人のような手足を持つ。全身が鱗でおおわれている。

の記録だ。それによれば、人魚は人に似た形をして鰭のような四肢を持つ。海や山河で漁師の網にかかるが、恐れて食べる者はいないとする。鎌倉初期の文治五（一一八九）年以後、津軽（青森県周辺）や秋田で人魚の目撃が相次ぎ、「皆もって不吉のこと」とも記されている。

秋田の浦に人魚が流れ着いたのは建保元（一二一三）年の夏で、鎌倉幕府はそれを凶兆とみなし、厄払いが行われた。その年の五月には執権北条義時を打倒しようとする和田義盛の反乱が起きている。当時の人々は人魚の出現を戦乱の兆しとして恐れていたようだ。人魚木簡はそんな時代の一場面を切り取って活写したものではないかという。

前述の調査報告書はさらに木簡の人魚の正体に踏み込む。描かれた姿は体全体が鱗におおわれているようだが、それは斑点のような模様にも見え、ゴマフアザラシの毛皮を思わせる。ゴマフアザラシは日本の水族館、動物園で最も多く飼育されている種類のアザラシだ。八郎潟は海水と淡水が混じり合う汽水湖だ。鰭脚類が餌を追い求めてやって来たとしても不思議ではない。そのような考察をもとに人魚とは当時まだ得体の知れなかったアザラシやアシカなどの鰭脚類だったのではないかという。

鎌倉時代に描かれた木簡の人魚も今風に言えばＵＭＡのような存在と言っていいだろう。当時は動物の知識やその分類が未発達であり、見慣れない動物が人魚とみなされたという考えは理にかなっている。

人魚木簡の取材を通じ、わたしはＵＭＡ追跡の可能性を感じた。歴史資料をもとにして木簡の怪物が人魚と呼ばれるものであることが突き止められ、さらに遺跡周辺の自然環境からその正体がアザラシやアシカなどの鰭脚類と推定された。そのように歴史や民俗、動物学を駆使して検証すれば、人魚の正体に理路整然と迫ることができる。反面、それは夢を現実に引き戻すような結論かもしれない。だがわたしは、知識を総動員してロマンの背景や種に踏み込んでいくことで、UMAの魅力を再発見するような思いがした。

人魚木簡の取材から五年が経った二〇一七年九月、わたしは見知らぬ人から一通の電子メールを受け取った。その人は福井県小浜(おばま)市に伝わる八百比丘尼(やおびくに)(はっぴゃくびくにとも)伝説の真相に迫れないだろうかとわたしに打診してきた。

その伝説は人魚と少々関係がある。日本海の若狭(わかさ)湾に臨む小浜に暮らす裕福な人が龍宮のような異界に招かれ、お土産に人魚の肉とされるものを持ち帰った。彼の若い娘がそれを食べたところ、何年経っても老いることがなかった。やがて彼女は尼僧となって日本各地を遊行(ゆぎょう)し、最期は故郷の岩穴に身を隠したという話だ。彼女は八〇〇歳まで生きたことから「八百比丘尼」と呼ばれ、いつまでも若々しい白い肌を保っていたため「白比丘尼(しらびくに)」という異名を持つ。その伝説は小浜を中心として全国一六八カ所に広がり、一般に八百比丘尼伝説として知られている。

わたしが八百比丘尼伝説を最初に耳にしたのは、日本最古の浦島伝説の現場を調べるため若狭湾周辺を訪れた二〇〇三年に遡(さかのぼ)る。『日本書紀』や『丹後国風土記(たんごのくにふどき)』によれば、浦島太郎の原型は

図P-3
若狭湾に伝わる浦島伝説と八百比丘尼伝説（関連地など）

浦嶋子（うらのしまこ）といい、彼はカメの化身（けしん）である神女（しんにょ）と恋に落ち、海の向こうの理想郷へと出かけていったという。浦嶋子の生誕地は、若狭湾の西端を占める丹後半島にあったとされ、その丹後国与謝郡筒川（よさのこおりつつかわ）は、現在の京都府にあたる。

わたしは玉手箱を開けて老人になる浦島と、人魚を食べて不老長寿になる八百比丘尼伝説が同じ若狭湾に伝わっていることを不思議に感じた。そして不老長寿になった乙女が食べた人魚に興味を惹かれた。その一方、人魚木簡の存在をまだ知らなかった当時のわたしは「人魚の肉を食べる」という話に対して具体的なイメージが湧かなかった。人魚といえば『人魚姫』や「リトル・マーメイド」の主人公のような存在と思っていたからだ。そのため八百比丘尼伝説への関心は遠のいていった。

だが、二〇一七年にメールを受け取ると、わたしはすぐに人魚木簡のことを思い出した。日本では古来、人魚は人魚姫とはまったくの別物であった。それは人に似た顔や手足を持つ怪物とみなされていたのだ。一方、当時まだ見知らぬ動物だったアザラシやアシカだったのではないかという指摘もある。その視点に立てば「人魚の肉を食べる」という八百比丘尼伝説のモチーフに違和感はない。縄文時代の遺跡からアザラシやアシカの骨が見つかっていることから、日本人もかつてはそれらの動物を食べていたとみられるからだ。そのように伝説とリアルの接点を見つけるとわたしはいてもたってもいられなくなった。存在すら忘れられた日本の人魚に迫ってみたい！

『人魚の動物民俗誌』（吉岡郁夫著）や『日本の「人魚」像』（九頭見和夫著）などを参考にすると、人魚のモデルとして次の動物が候補に挙げられている。

哺乳（ほにゅう）類……海牛（かいぎゅう）類のジュゴン、鯨（げい）類のイルカ、鰭脚類のアザラシやアシカ、海女（あま）（人間）
両生類……オオサンショウウオ
魚類………リュウグウノツカイ、サメ
爬虫（はちゅう）類……ウミガメ

八百比丘尼が食べた人魚の肉はそれらの動物のどれかだったのではないか――。

そのように心が躍り出す一方、気になる点もあった。八百比丘尼伝説には人魚の肉とされるものが登場するだけで、人魚そのものは登場しない。謎を解くために十分な情報があるとは言えないし、第一その肉の正体を確かめることにどれほどの価値があるというのか。

わたしは日本全国に伝わる伝説を網羅した『日本伝説大系』（宮田登編）で人魚伝説を調べてみた。索引には「人魚」「人魚塚」「人魚姫」といった項目が並ぶ。そしてそこに掲載されている四一話のうち三二話が八百比丘尼関連の話だった。八百比丘尼伝説は人魚伝説の七八パーセントを占め、日本の人魚伝説の屋台骨と言ってもいい。日本の人魚を追跡するうえで八百比丘尼伝説が中心的な存在であることがわかる。

視野を世界に広げてみても八百比丘尼伝説は特異な存在だ。人魚の肉を食べて不老長寿になるという話を伝えているのは日本くらいだ。西洋と東洋の人魚の歴史を解説した『［図説］人魚の文化史』（スクリブナー著）は、現在広く知られている欧米由来のマーメイド型人魚（人魚姫）とは異なる、日本固有の人魚（怪物）が古くから存在したと記している。八百比丘尼伝説を追跡することで日本の人魚の正体に迫ることができるのだ。

また、八百比丘尼伝説の人魚の肉を明らかにすることで、不老長寿の秘密にも迫ることができるはずだ。浦島伝説と同じ若狭湾に伝わる理由も気になる。

歴史、民俗、動物学などの知識を駆使して八百比丘尼が食べた人魚を探れば、日本のＵＭＡとしての人魚の正体を突き止めることができるであろう。

われわれ日本人にとって人魚とはどのような存在なのか――。
伝説と現実が重なる世界の扉が開き始めた。

第一章

人魚を食べた少女の故郷

小浜

京都

八百比丘尼伝説についてメールを送ってきた人と会うことになったのは二〇一七年一〇月だった。その人は大阪の建設会社社長で、わたしは別件で出かけることになった京都で彼と落ち合うことにした。今回は小浜まで行くスケジュール的な余裕はないが、せめて話だけでもしてみようと思ったのだ。

その人はなぜわたしに連絡してきたのか。正直、真意をつかみかねていた。メールには「八百比丘尼と縁の深い神明（しんめい）神社を会社で所有しています」と書かれており、何か特別な事情がありそうだ。

京都駅周辺の指定場所に行ってみると思いがけず若い人が待っていた。二九歳だという彼は仕事柄か日焼けしており、黒く大きな顔から向ける視線には力強さがあった。名刺を出して「玉山（たまやま）です」と名乗り、事情を詳しく話し始めた。

福井県で請け負った工事の資材置き場を探していた玉山統將（のりまさ）さんは、不動産会社から紹介された小浜市の用地を購入した。ところが、その一角には跡継ぎが見つからないまま廃社寸前に追いやられた神明神社が含まれていた。北陸や中部、関東などを中心に全国一六八カ所に伝わる八百比丘尼伝説発祥の地だ。

図1-1 八百比丘尼伝説の分布図

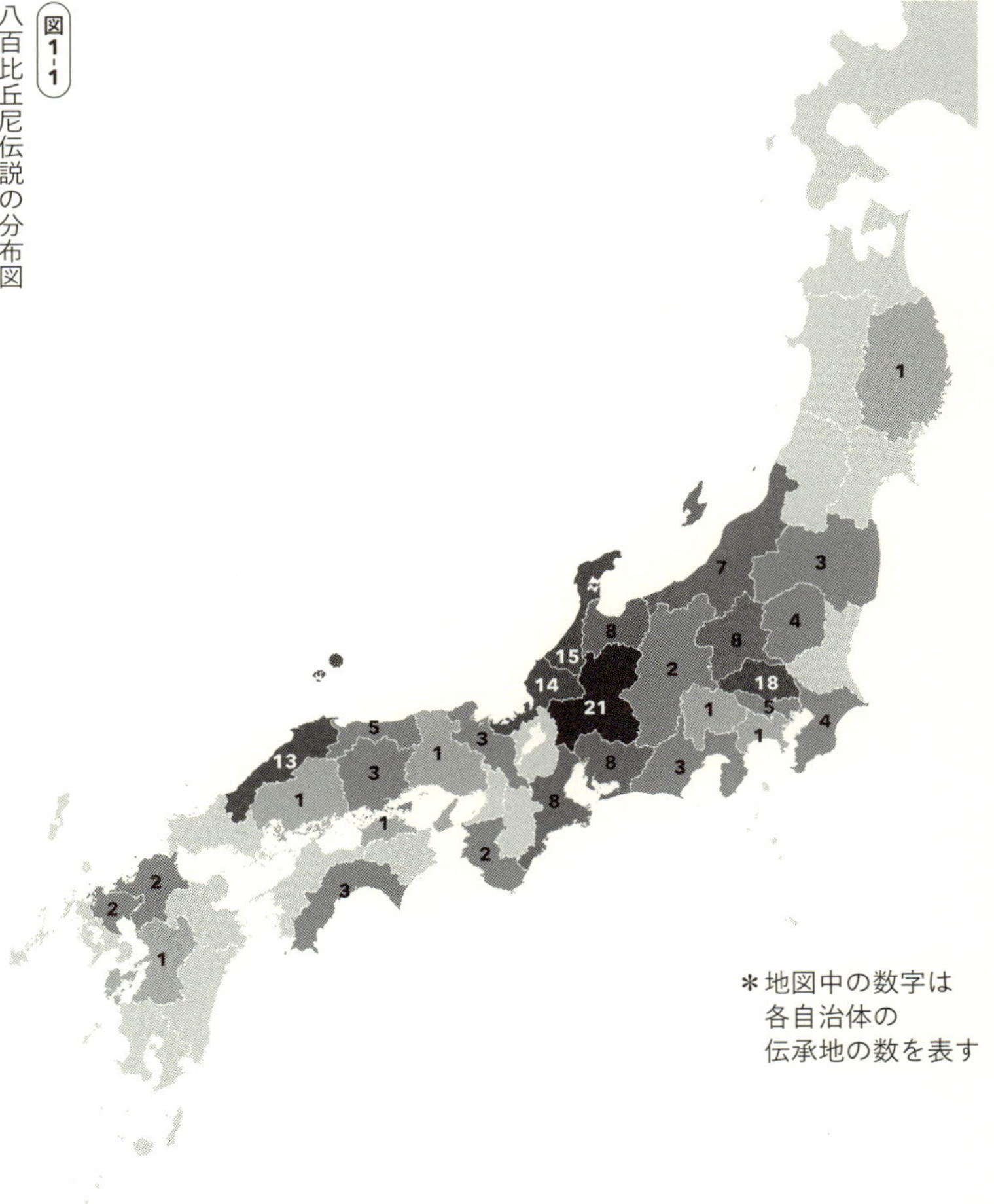

「八百比丘尼伝説研究」（高橋晴美著）、「八百比丘尼伝説の成立について」（冨樫晃著）を参考に作成

平成三（一九九一）年には小浜市で八百比丘尼サミットが開催されたこともある。同じ伝説を伝える二〇市町村が全国から集まり三日間にわたって分科会やアトラクションなどが行われる盛大なものだった。同じ精神文化を共有する土地の人同士が集まり、それぞれの地域振興に役立てていこうという狙いがあったようだ。

神明神社の重要性を知った彼は予定していた工事を中止し、社殿を保護することはもちろん、八百比丘尼伝説を後世に伝え残そうと地元の人たちと立ち上がったのだという。

「なぜその神社を保護しようと思ったんです？」

わたしの質問に玉山さんは答えた。

「神社を潰すなんてできませんよ。それと子どもが小浜の学校に進学したんで、小浜に住んだこともあったんです」

もし小浜に縁もゆかりもない人だったら、同じ展開にはならなかっただろう。これまで日本各地を訪ね歩いてきたわたしは、神社や祠（ほこら）がいつの間にか姿を消してしまっている現実に直面したことがある。深刻化する過疎（かそ）や頻発する自然災害などにより、最近では地方の文化財消滅の危険が一層高まっていると感じる。わたしは神明神社が奇跡的な偶然によって、ひとまず最悪の事態を回避できたことを嬉しく思った。日本各地に伝わる八百比丘尼伝説の中心地として存続のチャンスが与えられたのだ。

玉山さんたちは今後、どんな活動を予定しているのだろうか。

「まだ考え中ですけど、小浜の人が地域の伝説に触れる機会を増やしたらええかなと思ってるんです。伝説を共有する他の地域とつながっていくのも大切ですね」

玉山さんはそう返答し、少し緊張の面持ちで言葉を続けた。

「髙橋さんに八百比丘尼伝説を読み解いてもらいたいんです」

人魚や不老長寿になった尼僧の謎解きに挑戦すれば、より多くの人が伝説に関心を持つきっかけになるのではないかという。わたしがこれまで続けてきた物語の追跡は誰か人のためというより、自分に湧き起こった疑問に向き合うものだった。もともと人魚や八百比丘尼の伝説に関心を寄せていたこともあり前向きに取り組むことができそうだ。わたしの活動が危機に直面した伝承地の役に立つならやりがいのある仕事になるだろう。わたしは誘いを快諾し、声をかけてくれた玉山さんにお礼を言った。そしてさっそく彼に尋ねてみる。

「地元で八百比丘尼を研究している人はいませんか?」

玉山さんによれば、かつて郷土史家らが集まって作った小浜市郷土研究会があり、そこに所属していた人たちが詳しいという。そう答えた彼は少し考え、言葉を続けた。

「そう言えば古老のひとりが『八百比丘尼が食べた人魚はジュゴンや』と言ってましたが……」

ジュゴンといえば沖縄以南の暖かい南の海に暮らす海棲(かいせい)哺乳類だ。確かにわたしもジュゴンが人魚のモデルだということは耳にしたことがある。とはいえ小浜が臨む日本海は水温が低く、ジュゴンを見かけることなどないはずだ。わたしはそう思ったが、地元の古老がジュゴンと言い切るからには何か意味があるのだろう。

伝説では八百比丘尼の父が龍宮のような異界に出かけ人魚の肉をお土産として持ち帰ったとされる。もしかしたら小浜の人にとって、ジュゴンが暮らす沖縄以南の暖かい場所が龍宮のような異界とみなされているのかもしれない。わたしはそう思い直し、玉山さんに返答した。

「その方々に直接会って話を聞いてみたいです」

もし八百比丘尼伝説に登場する人魚の肉がジュゴンの肉だったとするなら、背景には小浜と沖縄、あるいはそれ以南の南島との交流の歴史が潜んでいるかもしれない。地元の歴史に詳しい人に尋ねれば何か情報を得ることはできるに違いない。

伝説の背景を探るわたしにとって、伝承地の歴史や地理、民俗を知ることが最初の一歩となる。それらに詳しい郷土史家や、昔のことを知る古老との出会いが成否を決めると言っても過言ではない。

例えば実在のモデルが存在していた浦島太郎について、『日本書紀』や『丹後国風土記』は、若狭湾の西端に位置する丹後半島（京都府）に浦嶋子という者がおり、古代の豪族、日下部首の祖先だと記している。

嶋子は雄略天皇二二（四七八）年、海で五色亀（青・黄・赤・白・黒の色をした瑞亀）を釣り上げ、その化身である亀姫と恋に落ちて海の彼方の蓬莱を訪ねた。蓬莱（蓬莱山、蓬莱島とも）とは不老不死の仙人が住む古代中国の理想郷だ。中国東方の渤海湾に突き出す山東半島のはるか沖合にあるとされる。

嶋子は御殿に招かれて美味しい食事や楽しい宴に時が経つのも忘れて三年を過ごした。やがて故郷が恋しくなった嶋子が亀姫に暇乞い（いとまごい）を告げると、別れを惜しんだ亀姫は嶋子に玉手箱を渡し、「もう一度、ここに戻ってきたいなら蓋（ふた）を開けてはなりません」と言って送り出した。ところが帰国してみると故郷の丹後は様変わりしており、両親の姿はもちろん見知った顔の人もいない。嶋子は途方に暮れ、亀姫に会いたいと願うあまり玉手箱を開いてしまった。すると箱の中から芳しい香りが立ち上り、風雲とともに流れていったという。平安時代にまとめられた『浦嶋子伝』は玉手箱を開いた嶋子はたちまち老人になったと話を結んでいる。

現在知られている「浦島太郎」の話は子ども向けの話に変化してしまったが、本来は異界の神女と結婚する話だった。浦嶋子は実在した地方豪族の祖先だというのだから、彼が出かけた蓬莱とは豊かな異国のことだったのかもしれない。嶋子が蓬莱に行ったとされる五世紀、中国には日本より進んだ文化が華開いていた。

わたしはそのような浦島伝説の背景を訪ねて丹後半島ばかりか中国へも出かけ、地元の古老に教えを乞い物語の種を探った。追跡を終えたわたしは、物語には埋もれてしまった歴史や事実を語り伝える側面があることに気づいた。

「八百比丘尼にもモデルがいたかもしれませんね」

わたしがそう言うと玉山さんは反応した。

「八〇〇歳のお婆さんが？」
わたしは真顔でそう言う玉山さんの表情を見て笑い出しそうになった。まるで八百比丘尼をUMAとでも思っているかのような反応だったからだ。UMAは基本、人間以外の未確認動物を指すが、不老不死の仙人や八百比丘尼のように、UMAに加えたい伝説上の人間もいる。

とはいえ、八〇〇歳の老婆はどう考えても存在しない。秘密は八〇〇という数字の意味にありそうだ。八〇〇は「嘘八百」「大江戸八百八町」など数え切れないほど多いことのたとえとして使われる。八〇〇歳とは長寿という意味だろう。そして高齢の尼僧が八百比丘尼伝説のモデルになったのかもしれない――。

玉山さんと顔合わせをして秋田に戻り、しばらくすると彼は手持ちの資料のコピーをいくつか送ってくれた。その中のひとつにわたしの目が留まった。室町時代の僧侶の日記『臥雲日件録』（瑞渓周鳳著）だ。文安六（一四四九）年七月二六日、自らを八〇〇歳と語る若狭の老尼が京都に姿を現したという。人々は争ってその姿を見ようと居場所を訪ねたが、老尼は門を閉ざして容易に姿を見せようとはしなかった。貴人は一〇〇銭、賤者は一〇銭を出してひと目見ようとしたが、ついぞ会うことはできなかったという。

同じような話が公家の日記『康富記』（中原康富著）にも記されている。同じ年の五月、京都に二〇〇余歳だと語る白髪の白比丘尼が若狭国から来たという。一四四九年と言えば、室町幕府の足利義政が第八代将軍に就任した年にあたる。義政は銀閣寺を造営し、能楽や茶の湯、生け花などが栄える東山文化を生み出した。その一方、一一年も続く応仁の乱が始まり、戦国時代の導火線に火がついた時代でもあった。

『臥雲日件録』と『康富記』はともに一次史料（対象となる出来事と同時代に書かれた史料）とみなされている。一四四九年の京都に姿を見せ、自らを二〇〇余歳や八〇〇歳と語った尼僧が人々の関心を誘ったという出来事は事実とみなしていい。しかも、『康富記』に「若狭国の白比丘尼」とまで書かれている点からすると、八百比丘尼伝説との関係は深い。

伝説と現実は一四四九年に交差するのだ。その名もなき老尼こそが八百比丘尼伝説の実在のモデルかもしれない。京都に姿を現した自称八〇〇歳や二〇〇余歳の尼僧の正体は今となっては確かめようもない。だが、八百比丘尼を思わせる老尼の存在が歴史に刻まれていることは注目に値する。八百比丘尼伝説が遅くともその頃までに成立していたことは確実だからだ。一四四九年という年は伝説に登場する人魚の肉の正体を追跡するうえでも手がかりになる。

伝説が誕生していた室町期の一五世紀半ば、人々が思い描く人魚とはどのような存在だったのか。わたしはこれまでの経験を振り返り、それは現代のマーメイド型よりも、鎌倉中期の一三世紀に人魚木簡に描かれた人面魚身の怪物に近かったのではないかと思った。当時の人魚は稀に目撃されたり捕獲されたりする正体不明の動物として記録された。人魚木簡の怪物の正体はアザラシやアシカなどの鰭脚類と推定されていた。また、八百比丘尼が食べた人魚らしきものの正体として、地元小浜ではジュゴン説があるという。八百比丘尼伝説を現実軸で探るうえで参考になりそうだ。

年が明けた二〇一八年二月、わたしは小浜へと向かった。伝説の現場へと駆り立てるのは「物語の場面と重なる風景を見たい」というシンプルな好奇心だ。

伝承地へ

秋田から小浜は遠い。わたしは新幹線を乗り継いで東京から滋賀県の米原(まいばら)へと向かった。米原からは在来線に乗り換えて琵琶湖の東岸を走り、日本海に臨む福井県の敦賀(つるが)まで北上する。そこまで七時間以上かかり、小浜へはさらに一時間ほどを要する。移動だけで一日が過ぎる。

幸いなことに小浜の人たちが米原まで車で迎えにきてくれた。駅に降り立つと小浜市在住の熊谷久恵さんや馬場淳子さんらが待っていてくれた。どちらもわたしと世代が近く、地域のために何かをしたいと考えて行動している人たちだ。小浜で生まれ育った熊谷さんは神明神社の土地を所有する玉山さんから相談を受け、わたしに白羽の矢を立てたのだと言う。

「地元のことをもっと知らなあかんなと思って勉強会作ったとこなんです」

明るい笑顔から発せられる言葉には関西弁が混じる。福井県は中央部にある木(き)の芽(め)峠を境に、南越前町(みなみえちぜんちょう)から北を嶺北(れいほく)、敦賀市から南を嶺南(れいなん)と呼び二つの地域に分けられる。小浜市が位置する嶺南地方は明治四(一八七一)年の廃藩置県後、滋賀県に含まれていた時期がある。小浜の人の言葉が関西風なのはそのような歴史的背景にもみられる。

流れていく車窓の風景を見つつ、わたしは小浜がどんなところか尋ねてみた。雑談の中で印象に残ったキーワードは鯖街道、杉田玄白、オバマ大統領の三つだ。

小浜は日本海の鯖を山越えで京都へと運んだ鯖街道の起点のひとつだ。郷土が生んだ偉人に『解体新書』で知られる蘭学者の杉田玄白がいる。また、近年では発音が同じというだけの理由で、

図1-2 福井県概略図

アメリカ大統領選に出馬したオバマ氏に声援を送ったことで世間の耳目を集めた。
三つのキーワードを分析すると豊かな海の幸、都とのつながり、近代医学のさきがけ、人々のおおらかさなど、小浜の風土や地域性が浮かび上がる。同じ土壌から生み出された八百比丘尼伝説もそれらとどこかで通じているはずだ。

小浜市の中心部に位置する神明神社に到着した。われわれはそこで玉山さん、歴代宮司の末裔として神社の総代を務めてきた澤田辰雄さん、その息子の実さんらと合流し、彼らに境内を案内していただく。郷土史家として知られる辰雄さんだが、九〇歳を超えても神社の石段を軽々と登り、石塔などの解説にも熱がこもる。

神明神社は深閑とした後瀬山（標高一二四メートル）のふもとに鎮座し、時を経た社殿には風格があった。

祭神は天照皇大神、豊受姫命、豊受皇太神。わたしが打ち鳴らす柏手は周囲の静けさを破り、冷気とともに山の中に消えていった。

周辺には他にも神社仏閣が集中する。戦国武将浅井長政の三姉妹のひとり、次女のお初が眠る常高寺、若狭地方で最大規模の秋祭りとされる放生祭りが行われる八幡神社、八百比丘尼が最期を迎えたとされる岩穴（八百比丘尼入定洞）のある空印寺など。後瀬山はそれらの神社仏閣にとって神聖な霊域とされる。また、中世には後瀬山城（国史跡）として、古代には万葉の歌人、大伴家持が詠んだ歌でも知られている。

写真1-1
神明神社の拝殿。後瀬山のふもとに建つ。

後瀬山後も逢はむと思へこそ死ぬべきものを今日までも生けれ（『万葉集』巻四　七三九）

今は無理でも後にきっと会いたいと思うからこそ、今日まで生きてきたのです。この句は家持が後に妻となる女性に贈ったもので、後瀬を後世にかけ、恋の切なさを歌い上げている。

玉山さんは神明神社の境内から通じる荒れ果てた山道を一部整備し、北東に位置する愛宕（あたご）神社につながる約二・三キロメートルの後瀬山トレッキングコースとして蘇らせた。歴史と文化が重なり合う山道に校外学習でやって来る小学生の声が響くようになったという。彼は神明神社の振興に向

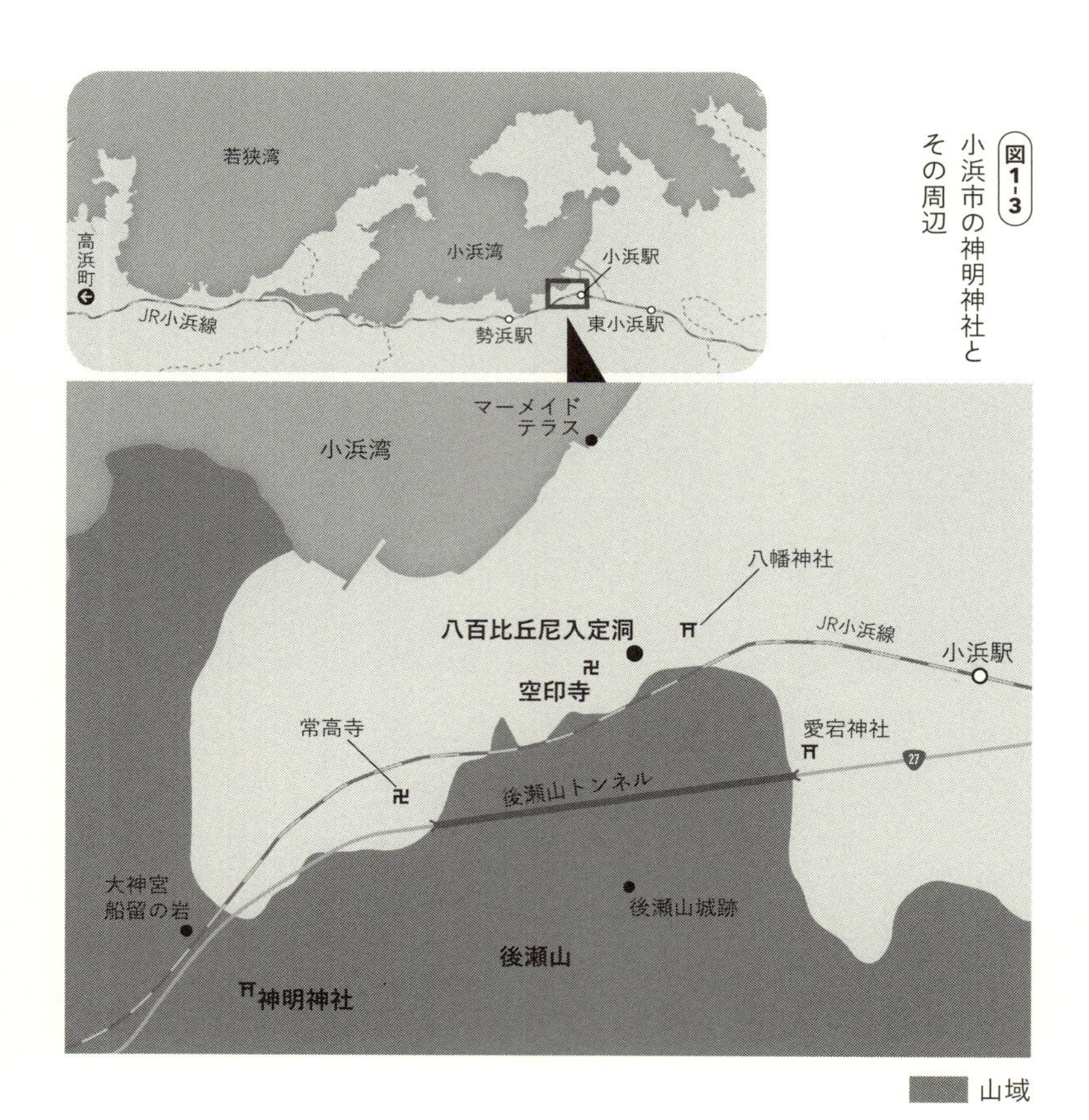

図1-3 小浜市の神明神社とその周辺

けてさっそく行動を起こしていた。

　神明神社拝殿の横には付属する摂社として建てられた小さな社があり、扁額には「八百姫神社」と書かれていた。八百姫とは八百比丘尼のことで、神道ではそう呼ぶ。八百比丘尼と呼ばれたため一般には尼僧と思われているが、本来は八百姫と呼ばれる巫女だったという。尼とは仏門に入った女性を指し、巫女は神に奉仕し、神事を行う女性をいう。日本では古来、仏教と神道が混じり合う神仏習合が普及しているため、八百比丘尼と八百姫は同体とみなされていた。

　かつて八百姫神社には二つの八百比丘尼像が祀られていた。室町時代に制作された本尊と江戸時代に完成した御前立で、どちらも現在は福井県立

写真1-2 神明神社の境内に建つ八百姫神社。

若狭歴史博物館に保管されている。旧像を本尊、新像を御前立と呼ぶのは、八百姫神社の社殿に二像が祀られ、旧像が奥、新像が手前に祀られていたことによるらしい。どちらも坐像で、ふくよかで安らかな顔立ちをし、手に椿（つばき）を持っている。

石段を登った山中には八百姫にちなむ白玉椿（しらたまつばき）があった。すでに花の季節は終わっていたが、古木ながらしなやかな枝ぶりはどこか八百姫の人となりを連想させる。そこはもともと彼女が草庵

写真1-3 木造八百比丘尼坐像（本尊）。
室町時代に制作された旧像。
（神明神社蔵。写真提供：福井県立若狭歴史博物館）

写真1-4 木造八百比丘尼坐像（御前立）。
江戸時代に制作された新像。
（神明神社蔵。写真提供：福井県立若狭歴史博物館）

（草葺きの家）を建てて暮らしていた場所とされ、元和（げんな）五（一六一九）年頃には八百姫を祀る白椿社（しろつばきのやしろ）と呼ばれる祠が建てられていたという。

地元に残る伝説

小浜に伝わる八百比丘尼伝説とはどのようなものか。

江戸中期（一七五七年頃）の小浜の地誌『拾椎雑話（しゅうすいざつわ）』（木崎惕窓（きざきてきそう）著）には次のような話が紹介されている。

むかし勢村（せいむら）に高橋長者という金持ちがおり、折々小浜の裕福な人たちと参会していた。その中に海運を業とする者がおり、ある日彼は高橋長者などを誘って舟を海に出した。舟にはおおいがされ、水中に潜ったかと思うとある場所に到着した。その海辺にある邸宅はこの世のものとは思えぬ豪華さで、家の主人に勧められて中に入ると台所では小女（こおんな）が料理をしていた。やがて一同の前に炙（あぶ）り物が出されたが怪しんで食べる者は誰もいなかった。それを知った主人は帰り際、「この炙り物が今日一番のご馳走であるのに食べてもらえず残念でした」と言ってお土産として渡した。舟は再び水中を潜り、元の場所に戻ってきた。帰宅した高橋長者を待っていた娘はお土産の炙り物を見つけて食べてしまった。彼女は数百年を経ても老いることがなく八百比丘尼と呼ばれるようになった。高橋長者が訪れた海辺の邸宅は龍宮で、炙り物は人魚の肉であったという。

『伝説資料集 八百比丘尼』（小浜市郷土研究会編）には江戸時代前〜中期に記録された八百比丘尼伝説が他にもいくつか記されている。小浜で収録された伝説を調べると、父の名前や八百比丘尼の生誕地が違っていたり、父の行き先も、海の異界の龍宮や蓬萊、釣りに出かけた海、山で会った異人と出かけた別世界などそれぞれで異なる。ただし、ほとんどの話は八百比丘尼が食べたものを人魚の肉と伝えている。

『拾椎雑話』所載の八百比丘尼伝説を読み、わたしは奇妙な印象を持った。話の大部分が海の神界行きの話で占められている。それは八〇〇年生きた少女の生涯を綴った話ではなく、父の異界訪問譚なのだ。

異界訪問譚とは、浦島太郎の話のようにこの世から異界に出かけ不思議な体験をする話だ。八百比丘尼の父が出かける異界が明示される場合、それは浦島伝説と同じ龍宮や蓬萊だったという。八百比丘尼伝説と浦島伝説には何らかの関係がありそうだ。わたしはそのことを神明神社の総代を務めた澤田さんに尋ねてみたが、神明神社に浦島伝説は伝わっていないという。

神明神社の石段を下りたところで玉山さんはわたしを道路脇へと手招いた。彼は木の根がからみついた大きな岩を指差しながら言う。

「船留岩っていうんですよ。つまり、ここまでは海やったんです」

この大神宮船留の岩には次のような伝説が伝わっている。澤田さんの遠い祖先で、神明神社の宮司だった菊池武弘（鎌倉〜室町期頃）は九州日向（宮崎県）の人だった。彼は夢のお告げにより筑

写真1-5
大神宮船留の岩。

紫（福岡県）の一七歳になる姫君につき従って伊勢神宮を参拝した。そこで御託宣を得た姫君は菊池氏を従えて伊勢を船出し、小浜の神明神社のふもとの船留岩に着岸した。

その後、姫君は白馬がやって来た後瀬山の岩の上で一二神を次々と産み、菊池氏は神明神社の宮司を務めるようになったという。神社の縁起を伝える神秘的な伝説だが、神明神社が海とつながりがあることは理解できる。

小浜には他にも海の信仰がからむような神社はあるだろうか。澤田さんに尋ねると、若狭彦神社と若狭姫神社に行ってみることを勧められた。

「行くなら絶対に朝ですよ」

案内してくれることになった熊谷久恵さんと馬

場淳子さんは口を揃えて言う。馬場さんは小浜に縁もゆかりもなかったが、旅行がきっかけで人々のおおらかさや土地に根ざす豊かな文化、海と山が織りなす風光明媚な自然に魅せられて移住してきたのだという。

二人に待ち合わせ時間を決めてもらい、翌日は早朝五時から動くことになった。それにしてもなぜ早朝なのか。わたしは神社に出かける時間帯にこだわったことはないが、二人が口を揃えて言うからにはご利益（りやく）があるのだろう。

若狭の海幸山幸神話

翌朝、迎えにきてくれた馬場さんの車に乗り、小浜市中心部から国道二七号を東へと進む。助手席に座ったわたしに馬場さんが話しかけた。

「髙橋さんがどんな追跡をするか楽しみにしてますよ。八百比丘尼の不老長寿について、わたしだったら水銀と関係があるんじゃないかなと思うんですよね。今から行く若狭姫神社があるのは遠敷（おにゅう）という場所なんです」

わたしはその地名に反応した。

「漢字からはとても『おにゅう』とは読めませんね」

遠敷はかつて小丹生（おにゅう）とも書かれた。丹（に）とは硫黄と水銀が化合した硫化水銀からなる鉱物で、古

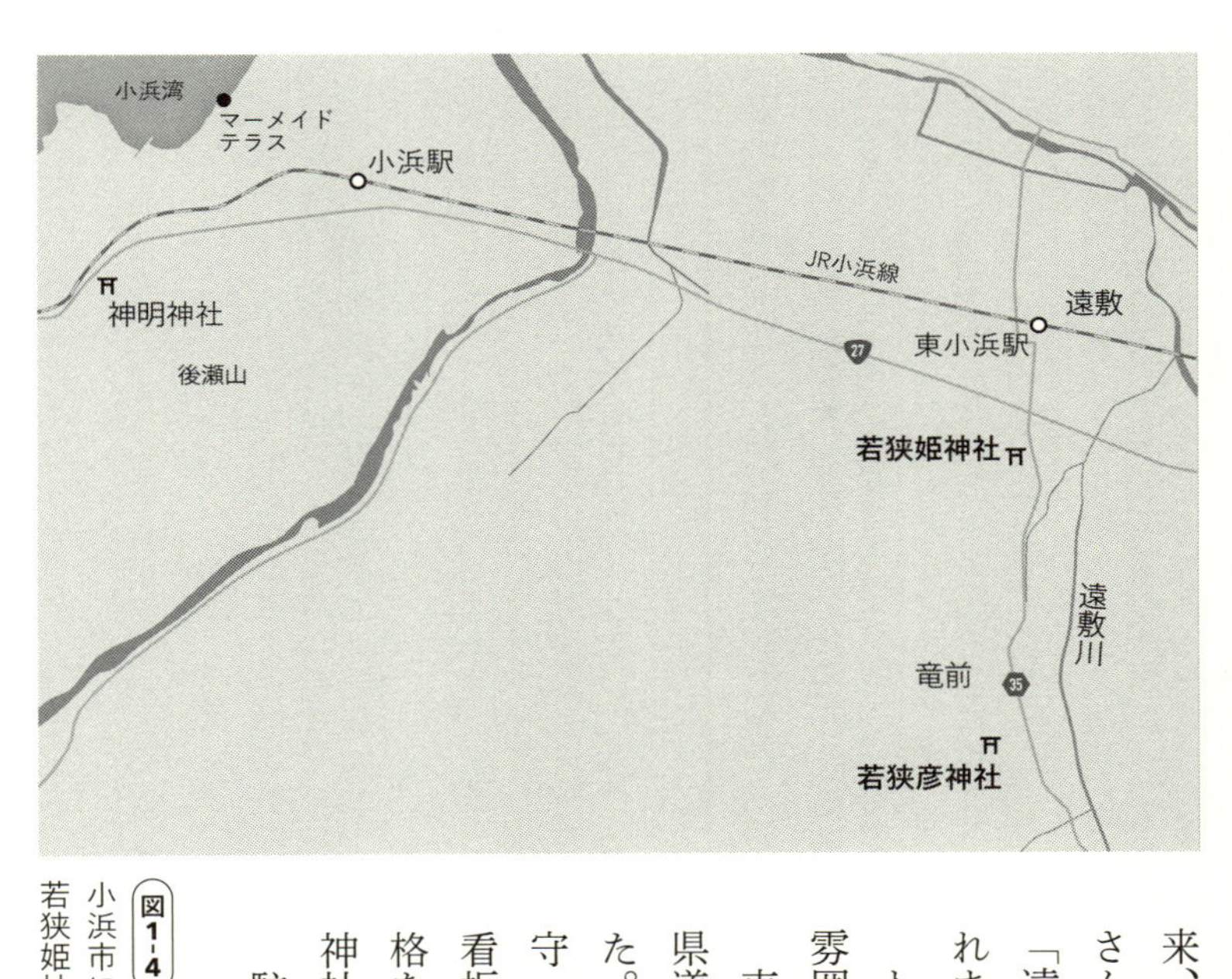

図1-4
小浜市にある若狭彦神社、若狭姫神社の位置

来、不老長寿の薬を指す言葉でもある。馬場さんは赤信号で停車するとまた言った。

「遠敷では丹が採れたんじゃないかって言われますよ」

わたしはこれから出かける神社の神秘的な雰囲気を想像した。

東小浜駅入口の標識が掲げられた交差点で県道三五号に入るとすぐに木立が目に留まった。その前に石灯籠(いしどうろう)が置かれ「若狭の国総鎮守　若狭一(いち)の宮(みや)　若狭姫神社（下社）」という看板が掲げられている。一の宮とは神社の社格を示す称号で、地域ごとに最も格式が高い神社に与えられる。

駐車場に車を停めると、ちょうど現地集合

する約束をしていた熊谷さんもやって来た。一緒に若狭姫神社の境内に足を踏み込む。数日前に降った雪が解けずに残っているためか、空気は冷たく、口元から白い息が漏れた。

鳥居の先には檜皮（ヒノキの樹皮）を葺いた神門があった。薄暗い闇に浮かぶその古く灰色がかった木造の門はどこかの別世界にでも通じているのではないかと思わせる。わたしはゆっくりと門を潜り抜けた。するとその先には思いもしないような空間が広がっていた。本殿へと通じる神門の脇に直径約六メートル、樹高約三〇メートルにもなる巨大な杉の古木が立っていた。「若狭姫神社の千年杉」と呼ばれ、不老長寿の象徴として信仰されてきたという。木があまりにも大きいためか、社殿がミニチュア模型のように見える。早朝のまだ暗い空間を照らす雪明かりに映し出され、まるで異界にでも迷い込んでしまったかのような気分にさせる。

若狭姫神社を出たわれわれは県道三五号をさらに南へと進み、竜前地区の若狭彦神社に着いた。神門や本殿の配置は若狭姫神社と同じだ。夫婦杉と呼ばれる古杉をはじめ巨大杉が境内に点在し、薄暗いその根元から空を見上げると明るみ始めた曇り空に太い幹の黒いシルエットが映し出された。

確かに二人が勧めるように朝の神社に来なければ味わえないものがある。神秘的な光と凛とした空気によって昼間には動かない感性が働く。

若狭彦姫の二社をひと回りすると、熊谷さんが教えてくれた。

「ここはパワースポットとしても有名なんですよ」

パワースポットと聞いて、わたしはどう反応したらいいか戸惑った。神社や観光地などでたまに耳にする言葉だが、いまひとつありがたみがわからない。そこでこう尋ねた。

「どんなパワーなんですか？」

すると熊谷さんは社務所の壁に貼ってある観光用のポスターを指さした。そこに掲載されてい

写真1-6 若狭姫神社の千年杉。巨樹に対して神社の社殿が小さく見える。

る地図を見ると、若狭彦神社、若狭姫神社は京都の平安京、奈良の平城京と藤原京、和歌山の熊野本宮を結ぶ南北一直線上に並んでいる。若狭一の宮であるそれら二社は古都の北方鎮護を担っていたという。

「確かにものすごい力が働いているような気がします」

わたしは納得した。若狭彦神社では若狭彦大神が、若狭姫神社では若狭姫大神が祭神として祀られている。二神は『古事記』と『日本書紀』にみえる海幸山幸神話に登場する山幸彦（ヒコホホデミノミコト）とトヨタマヒメ（豊玉姫）にあたるとされる。

海幸山幸神話は、主人公の山幸彦が兄である海幸彦の釣り針を失くし、海の向こうのワタツミの宮へと探しに出かける話だ。ワタツミ（海神、綿津見とも）は古来日本で信仰される海の神だ。山幸彦はシオツチノオヂ（塩土老翁）という水先案内の神の導きによってワタツミの宮に渡り、無事に釣り針を見つけ、ワタツミの娘であるトヨタマヒメと結ばれて帰国する。山幸彦はワタツミから教えられた通り、釣り針にまじないをかけて海幸彦に返した。すると海幸彦は次第に貧しくなり、山幸彦を恨んで攻めてきた。山幸彦はワタツミの宮でもらい受けた二つの玉、満珠と干珠で潮の満ち引きを自在に操り、海幸彦を懲らしめて支配下においた。この海幸山幸神話は天皇家の祖先にあたる神が天上の高天原から九州の日向に降臨した後の親子三代の物語だが、小浜では古来、地元を舞台とする話として伝えられてきた。

海幸山幸神話は浦島伝説と同じ異界訪問譚だ。海幸山幸神話が記された『古事記』（七一二年）

は、最古の浦島伝説が記された『丹後国風土記』（七一五年）にわずかながら先行する。そのため研究者の中には九州を舞台とする海幸山幸神話が若狭湾に伝わり、浦島伝説はその影響を受けたとみる人もいる。海の向こうの異界を訪ねる八百比丘尼伝説もそれら二つの伝説と無関係ではないだろう。

伝説の岩穴と人魚の絵

次にわれわれは市街地に残るもうひとつの八百比丘尼伝承地、空印寺へと車で向かった。空印寺は神明神社の北東約七〇〇メートルにあり、同じ後瀬山のふもとに位置する（34ページの図1－3参照）。江戸時代に若狭を治めた小浜藩主酒井（さかい）家の菩提寺であり、大きな墓石が居並ぶ歴代藩主の墓所は今なお威容を帯びる。

住職の岸本祐孝さんを訪ね、八百比丘尼が最期を迎えたとされる岩穴を案内していただいた。それは後瀬山の切り立った崖下にあり、懐中電灯をつけて中を覗き込むと通路が奥へと延びている。体を屈（かが）めながら洞内に足を踏み入れ、やがて天井の高い広間に出た。岩穴はまだ先へと続いているがそこからは人が通れないほど狭く、通路は広間で行き止まりになっている。光さえ届かない冷え冷えとした広間の中央に「八百比丘尼」と彫られた石碑が立つ。

そこは彼女の終焉（しゅうえん）の地とされるが、まことしやかに語り継がれている噂によると八百比丘尼は

写真1-7 空印寺にある八百比丘尼の入定洞。八〇〇歳となった彼女はこの岩穴で最期を迎えたという。

「椿が枯れぬうちは死なず」と言い残し岩穴に姿を消したとされる。

暗い岩穴から外に出ると、赤い椿の花が見えた。わたしは彼女の言葉を思い出し、ひょっとすると彼女はまだどこかで生きながらえているのではないかと妄想を膨らませた。

「空印寺は八百比丘尼とは直接の関係はないんですけどね」

岸本さんが言うように、八百比丘尼を祀る神社は神明神社であり、空印寺が八百比丘尼を信仰の対象としているわけではない。八百比丘尼の岩穴は空印寺の山門に隣接しているため、昔から空印寺の岩穴として知られるようになった。

とはいえ空印寺が八百比丘尼伝説の普及に果たしてきた役割は大きい。代々の住職が岩穴を守ってきたことはもちろん、本堂には伝説の一場面が描かれた「八百比丘尼縁起絵」が収蔵されている（48ページの図1－5－1参照）。それはもともと神明神社にあったもので、所有者が代わり空印寺に落ち着いたのだという。一般には非公開とのことだが、わたしは特別に拝観させていただけることになった。薄暗い本堂に掲げられた掛け軸の絵は縦約四六センチメートル、横約五八センチメートルだ。

絵の右側上部に描かれた屋敷の一角では、まな板に乗せられた人魚が今まさに捌かれようとしている（49ページの図1－5－2参照）。わたしは吸い寄せられるように顔を絵に近づけてその場面を凝視した。

人魚は赤い鱗におおわれた魚体を持ち、そこから人間の顔と手が伸びている。すでに死んでしまっているのだろう。まな板の上にだらりと腕を垂らし、目は閉じている。手前に置かれた大きな盥の直径を仮に約六〇センチメートルとみるなら、人魚の体長はその倍の一二〇センチメートルほどということになる。まな板の前で人魚を調理しているのは巻貝と海老の妖精だ。巻き貝の精は包丁と長箸を手にし、海老の精は調理法などが記された書きつけを持つ。

縁起絵には他にナマズや亀など、八百比丘尼伝説には登場しない要素も描かれている。だが、絵の下段には亀の背に乗って異界を訪れる老人（八百比丘尼の父か？）が、また、絵の左上にはその

図1-5-1 「八百比丘尼縁起絵」（空印寺蔵）。手前にナマズや亀の背に乗る神や人が描かれ、彼らが向かった異界の様子は絵の上部に配されている。

図1-5-2
「八百比丘尼縁起絵」(部分。空印寺蔵)
人魚が調理されている場面が描かれている。

老人が客間で若い異界の主人からもてなしを受ける様子が描かれており、八百比丘尼伝説の前半部分が場面ごとに配置されたものとみて間違いない。

「この絵はいつ頃に遡るのでしょうか」

わたしは岸本さんに尋ねてみた。およその年代がわかれば今後の調査の参考になる。

「大学の先生が調べに来おりました。何なら紹介しましょうか？」

わたしは「ぜひ」と二つ返事でお願いした。伝説は人の輪の中で生まれ、そこを根城とする。輪に入ることを許されるとき、伝説世界の扉も開かれるのだ。

小浜にジュゴンは来たのか？

空印寺を後にしたわれわれは車で北西に向かい、海岸通りに出た。そこから見渡す小浜湾は若狭湾内の小さな内湾で、小浜市の中心部に接する。海岸通りをしばらく北に進むと二体の人魚像が見えてきた。マーメイドテラスと呼ばれる観光客向けの撮影スポットだ。車を降りて近づいてみると、小浜湾を背にして立つ人魚像はアンデルセン童話を思わせる可憐な人魚姫の姿をしていた。空印寺で恐ろしげな人魚を目にした直後だけに、わたしは安心感を覚えた。

石組みの台座に掲げられた説明によると、人魚像は八百比丘尼伝説にちなんで造られたもので、小浜市が多くの長寿たちの暮らす理想郷になってほしいとの願いが込められているという。そし

写真1-8
小浜湾を背に建つマーメイドテラス。

てマーメイドテラスの台座に掲げられた説明には気になる部分があった。

遠い南の海の人魚（ジュゴン）が、昔、小浜の海へまよいこんだことから八百比丘尼の伝承がこの町の人たちに語りつがれてきました。

人魚の異名をとるジュゴンは、亜熱帯から熱帯にかけてのインド洋や太平洋に生息する海棲哺乳類だ。日本では沖縄本島や先島諸島にあたる宮古島や石垣島などで見かけるが、現在では絶滅が危ぶまれている。太ったイルカのような体つきで全身は灰色をしており、小さい目と短い胸鰭を特徴とする。海藻を食べて大きさ三メートル、体重四五〇キログラムほどに成長するとされる。マーメイドテラスの説明にあるように、本当にジュゴンが若狭湾まで泳いできたというなら、それは信じられないような出来事だ。温暖な海に暮らすジュゴンが冷たい日本海に姿を見せることは皆無だからだ。

わたしはジュゴンと小浜の接点に疑問を抱きながら、熊谷さんたちが立ち上げた勉強会の会場へと向かった。チャンスがあれば地元の歴史に詳しい参加者に尋ねてみたい。ところが蓋を開けてみると、わたしは講師であるはずの古老たちから「八百姫さんをどう思ってるん?」と質問を受けることになった。参加者の視線が一斉にわたしに向けられる。取材を始めたばかりで今のわたしに語れることなど何もない。とはいえ県外在住の部外者であるわたしがなぜ八百比丘尼伝説に興味を惹かれたのか、どのような角度で問題に取り組んでいくつもりなのか、その胸の内を示さなければ古老たちから協力を得ることはできないだろう。これはいわばテストなのだ。

わたしは伝説を単なる絵空事とするのではなく、背景にある歴史的事実をつかみたいと口にした。文安六(一四四九)年、京都に姿を見せた八百比丘尼を思わせる老尼や八百比丘尼の父の名前が高橋という長者だったとするなど、現実と結びつきそうな点はいくつかある。

そう語ったわたしは参加者に問いかけた。

「マーメイドテラスにジュゴンのことが書かれてましたが、小浜とジュゴンの関係について情報が欲しいんです。どなたかご存じの方はいらっしゃいませんか」

頼れるのは今まさに目の前にいる昔を知る古老たちだ。もちろんそれが間違いだったという指摘だって構わない。そこにも何かしら現実の種があるはずだし、思いもよらない事実に触れるきっかけになるかもしれない。

歴史を知るためには架空の伝説は排除される。逆に、伝説を理解するためには歴史が必要なのだ。物語は歴史とブレンドされ、伝説となるからだ。

小浜にジュゴンが来たかどうか――。

その質問に会場は沈黙し、重苦しい空気が漂い始めた。無言の均衡を破ったのは勉強会の中でも最高齢の澤田辰雄さんだった。

「沖縄の糸満(いとまん)から漁師が小浜に来おったのは覚えてますよ。それと関係あるんじゃないかな」

「沖縄の漁師が小浜に？　なぜ来たんです？」

わたしが反応すると、澤田さんはひと呼吸おいてから答えた。

「出稼ぎやろな」

糸満の漁師のことは澤田さんの子どもの頃の記憶らしく、話はそのぐらいで終わりになった。

「沖縄と小浜には特別の関係があるんですか？」

わたしは食い下がるように質問をしたが、会場ではそれ以上の反応はなかった。ところが帰り際、わたしに近づいてきた参加者があった。

「那覇に若狭(わかさ)と呼ばれる場所があって、不思議だなと思ったことがあるんです。通りかかったときに気づいたぐらいですけど」

バックパックを担いだわたしは帽子を被りながら答えた。

「沖縄に若狭という場所があるんですか!?　そこに小浜との接点が見つかるかもしれませんね。調べてみますよ」

わたしはそう返事し、秋田に戻るため駅に向かった。車に乗り、背後に消えゆく小浜の景色を見つめた。見たこと、聞いたこと、感じたこと、考えたことが渾然（こんぜん）一体となってわたしを包み込む。だが、そんな旅の余韻に浸っていられるのは一瞬でしかない。わかったこと、わからなかったことから新たな疑問が生み出され、気がつけば次の旅の幕はもう上がっていた。

第二章

南海の人魚ジュゴン

沖縄

ジュゴン人魚説

紺碧色の深いベールに包まれた北の海か、翡翠色に輝くシースルーの南の海か――。物語の人魚姫はどこにいるのだろう？

わたしはかつてデンマークを旅したとき、コペンハーゲンの海辺で岩に腰かける人魚姫の銅像を見た。遠くからでは人魚姫に見えないが、近づいて足元を見ると、脛から下が魚の鰭になっていた。それはアンデルセン童話『人魚姫』をモチーフに制作されたもので、人魚が人間に姿を変えるときの様子を表現したものらしい。

銅像は鉛色の雲が空低く垂れ込める冷たい北の海に立っていた。それが脳裏に焼きついてしまっていたためか、わたしは人魚姫が北欧の海に暮らしているものと思い込んでいた。ところが改めて童話を読み返すと、人魚姫はオレンジやレモンの木が茂り、ヤシ科のシュロが高く聳える南国の海に暮らしている。その世界観はディズニーのリトル・マーメイドにも踏襲されている。

日本ではどうだろうか？　キャラクター化された欧米の人魚姫に影響を受けたわれわれにとっても南の海の印象が強そうだ。だが、大正時代の童話『赤い蠟燭と人魚』（小川未明著）は日本海の暗く冷たい海を舞台としていた。人魚には南と北のイメージが混在している。わたしは八百比丘尼伝説を語り継いできた小浜でも似たような印象を持った。市の中心部にあるマーメイドテラスには乙女の人魚像が立つ一方、暖かい南の海からジュゴンが迷い込んだという説明が掲げられていた。だが、小浜はジュゴンなど来るはずもない冷たい日本海に臨んでいる。

小浜市を訪れて地元の歴史勉強会に参加したわたしは、かつて沖縄県糸満市の漁師が小浜に出稼ぎにやって来たと聞いた。当時を知る澤田辰雄さんによれば、若狭湾にジュゴンが流れ着いたのではなく、糸満の漁師がジュゴンの話を小浜に伝えたのではないかという。

北欧生まれのアンデルセンが南の海を舞台に『人魚姫』を書いたように、八百比丘尼伝説を語り継いできた小浜の人たちも、沖縄の海に暮らすジュゴンを神秘の象徴とみなしていたのだろうか。

ジュゴンが属する海棲哺乳類の海牛目(かいぎゅうもく)を人魚、すなわちセイレーンと呼び始めたのは西洋の船乗りたちだった。新世界と呼ばれた中央アメリカに到達したコロンブスもそのひとりだ。彼は一四九三年にカリブ海のイスパニョーラ島で見慣れぬ動物を目撃し、航海日誌にセイレーン(人魚)と綴っている。それはジュゴンと同じ海牛目のマナティとみられている。

ジュゴンが人魚のモデルとみなされるようになった理由について『人魚の博物誌　海獣学事始』(神谷敏郎著)は、ジュゴンの胸鰭とその先端にある前肢は可動範囲が大きく、子どもをしっかりと支えることができるとする。ジュゴンの母がわが子を胸に抱きかかえて授乳する姿が人間のように見えるためではないかと推論している。

船乗りたちが古来伝えてきた海牛目の目撃談は、近代ヨーロッパの生物学者たちを刺激した。

図2-1 サイレンと呼ばれた海獣。一七世紀後半にアフリカを探検したフランス人ジョン・バルボットの航海記の線刻版画。

図2-2 ギリシア神話の一コマ。船乗りを誘惑するセイレーン（左手前）は海中から下半身の魚体をのぞかせている。

彼らは海牛目の学名をサイレニアとしたが、それはギリシア神話にルーツを持つ半人半魚の海の妖怪であるセイレーンにちなんだものだった。セイレーンはやがて上半身が美女、下半身が魚体をしたマーメイド型の人魚へと変化し、美貌と甘い声と乳房を露（あら）わにした妖艶さで船乗りを惑わし破滅へと導く魔物とされた。非常時に鳴らす警笛がサイレンと呼ばれるようになったのも、人魚の誘惑がよほど恐れられていたためだ。

ジュゴンを人魚のモデルとみなす西欧の考えを初めて日本に紹介したのは民俗学者で生物学者の南方熊楠（みなかたくまぐす）だった。大英博物館に勤務した経験のある彼は帰国後、在野で研究を続けながら西欧の知識を日本に普及させることに貢献した。彼は明治四三（一九一〇）年に発表したエッセイ「人魚の話」に次のように記している。

> 今日、学者が人魚の話の起源と認むるは、ジュゴン（儒艮）とて、インド、マレー半島、豪州等に産する海獣じゃ。

ジュゴンを人魚のモデルとみなす西欧の解釈は二〇世紀に入ってから日本で広まった。だが、沖縄ではそれ以前からジュゴンと人魚は似たものとみなされていたようだ。

民俗学者の谷川健一が記した『神・人間・動物』によれば、ジュゴンは奄美から八重山（やえやま）に及ぶ琉球弧で「ザンの魚（いお）」と呼ばれており、その語源は「犀（さい）の魚」だという。土地の方言で「さい」

とは津波の意であり、ザンの魚を「津波を起こす魚」と解釈できるのではないかと谷川は言う。この犀の魚とは別に、沖縄では古来、人面魚身で物言う魚のヨナタマと呼ばれる人魚が知られ、大津波を起こす存在とされる。ジュゴンとヨナタマが重なり合って人魚のイメージを作り上げているようだ。

八百比丘尼伝説が小浜で誕生した時期は自称八〇〇歳（二〇〇余歳とも）の尼僧が京都に出現した文安六（一四四九）年に遡ることができる。その年には琉球王国（一四二九―一八七九）がすでに存在していた。小浜と琉球の交流がその頃にあったとするなら、ジュゴン説は筋が立つように思った。現地に行けば、もっと確信的な事実をつかめるのではないか――。わたしにとって必然、次の行き先は沖縄だった。

伝説と地域おこし

現実の駒は好奇心の赴くまま進んでいくとは限らない。最初に小浜を訪れた七カ月後の二〇一八年九月、わたしは市民グループの招きで小浜を再訪し、小浜市立図書館で開催された八百比丘尼伝説のトークセッションに加わった。地元の歴史家らと伝説の背景を話し合った後、参加者とともに図書館にある関連資料を確かめてみた。さすが伝承地の図書館だけあって「八百比丘尼」で検索をかけると八一点もヒットする。八百比丘尼は地元で知られる伝説集以外に『南総里見八犬伝』（滝沢馬琴著、一八一四―四二）などの古典文学、現代では『火の鳥』（手塚治虫作、一九五四―八八）、『名探偵コナン』（青山剛昌作、一九九四年～）、『妖怪ウオッチ』（小西紀行作、二〇一二年～）などの漫画、アニメ、ゲームやそのノベル版にも登場するという。物語は時代やメディアの風に乗ってどこへでも飛んでいくのだ。

そこから意外な盲点が浮き彫りになった。神明神社が存続の危機に瀕する一方、八百比丘尼は漫画やライトノベルなどのサブカルチャー世界でしっかりと活躍している。上京して活躍する子どもがそのまま戻らず地方が寂れていくといった現代社会の有り様は伝説世界にも反映されているのだ。

わたしはその年の一一月にも小浜に出かけ、小学生と一般の大人向けに伝説のフィールドワークを行った。小学校の校外学習では八百比丘尼の岩穴内部を計測してみようと提案した。岩穴の広さを正確に把握して自分の家や部屋と比較すれば、そこで暮らした八百比丘尼の気持ちを想像できるだろう。そんなテーマを持ち出したのは何よりわたし自身がそれを知りたいと思っていたからだ。わたしは自分の体験や知識を話して聞かせるだけではなく、自分が抱える疑問や課題を子どもたちとシェアし、ともに取り組んでみたいと思った。探検とは現場に行って知らないことを調べてみることであり、伝説を頭ではなく、体で感じることが最初の一歩になる。実際に体験してみなければ、そのおもしろさを理解できない。

地域おこしに関わる馬場さんが中心になって学校側と下準備を進め、空印寺からの理解と協力を得て実現の運びとなった。玉山さんの建設会社から測量道具を借り、その役割や使い方の説明をしてもらった後、子どもたちはヘルメットにつけたヘッドランプを灯し、岩穴に入っていった。「真っ暗で怖い」「思ったより深かった」「岩がゴツゴツしている」「お金（お賽銭）がある！」など、小学生たちの興奮気味の声が洞内に響いた。計測の結果、岩穴の入り口は高さ一・五メートル、横幅二メートルほどで、通路が奥へと延びている。七メートルほど先に進んだところで天井が高くなり、奥行と高さが三メートル以上の広間になっていた。子どもたちは学習発表会で岩穴探検の成果を発表したという。

一般の大人向けの裏山探検では、神明神社の御神体にあたる山中の磐座（いわくら）を探しに出かけた。磐座とは神仏の依代（よりしろ）として信仰された巨岩だ。わたしはその存在を澤田辰雄さんから聞き、現場を確かめてみたいと思っていた。

神明神社の伝説では筑紫から来た姫君が御神体の岩で一二神を次々と産んだとされ、その岩が神明神社の拝殿の裏に存在するらしい。八百比丘尼に関わる地元の信仰を理解するうえでも調べておきたい。地味でニッチなテーマだが、山歩きに興味がある人に声をかけると、地元だけでなく県外からも参加者があった。実際に場所を知っている澤田辰雄さんの案内で出かけると、なだらかな山中に忽然（こつぜん）と巨大な奇岩が姿を現した。そこが伝説にいう神々が誕生した現場かはわからないが、樹林帯に屹立（きつりつ）する露岩の特異さは霊場と呼ぶにふさわしい。磐座の存在を知る澤田さんがいなければ、そこにたどり着けなかったことを考えると、貴重な体験となった。

わたしはそれらイベントの合間を縫って小浜市にある八百比丘尼の伝承地を訪れた。奇妙なことに彼女の生誕地は市内に四カ所もある。そこでジュゴンや沖縄につながりそうな手がかりを探したが何もつかむことはできなかった。

写真2-1
後瀬山の磐座に登る。

沖縄へ

気がつけば最初に小浜を訪れて、沖縄行きを計画しようとしてから一年以上が経過していた。小浜で開催されたイベント等に加わり時間は過ぎてしまったが、小浜に合計三度出かけたことで八百比丘尼伝説の理解を深め、伝承地の様子をつぶさに観察することができた。

二〇一九年五月、わたしは玉山さんと大阪伊丹(いたみ)空港で合流し、彼とともに沖縄行きの飛行機に乗った。那覇空港に着陸して空港の外に出ると、梅雨空はどんよりと曇り、半袖では肌寒いぐらいだ。

モノレールに乗り、那覇空港駅から五駅目の旭橋(あさひばし)駅で降りた。玉山さんが若狭地区の近くに宿を見つけてくれたので、荷物を置いてさっそく周囲を歩いてみることにする。那覇の若狭地区は小浜の歴史勉強会の会場で教えられた場所だ。われわれは福州園(ふくしゅうえん)という中国庭園を過ぎ、交差点の信号機の表示に若狭という地名を見つけた。そのまま歩いて行くと前方に巨大なクルーズ船が姿を見せた。そこは国内外の船が行き来する那覇クルーズターミナルだ。近くには海に突き出した珊瑚礁の断崖があった。那覇港を見下ろす崖の上には大きな鳥居が建ち、扁額に波上宮(なみのうえぐう)と書かれている。沖縄総鎮守とされる波上宮は主神を伊奘冉尊(いざなみのみこと)などとする。隣に並ぶ護国寺は薩摩の僧侶によって室町前期（一三六八年）に開山された。どちらも日本本土で信仰される神社仏閣だ。沖

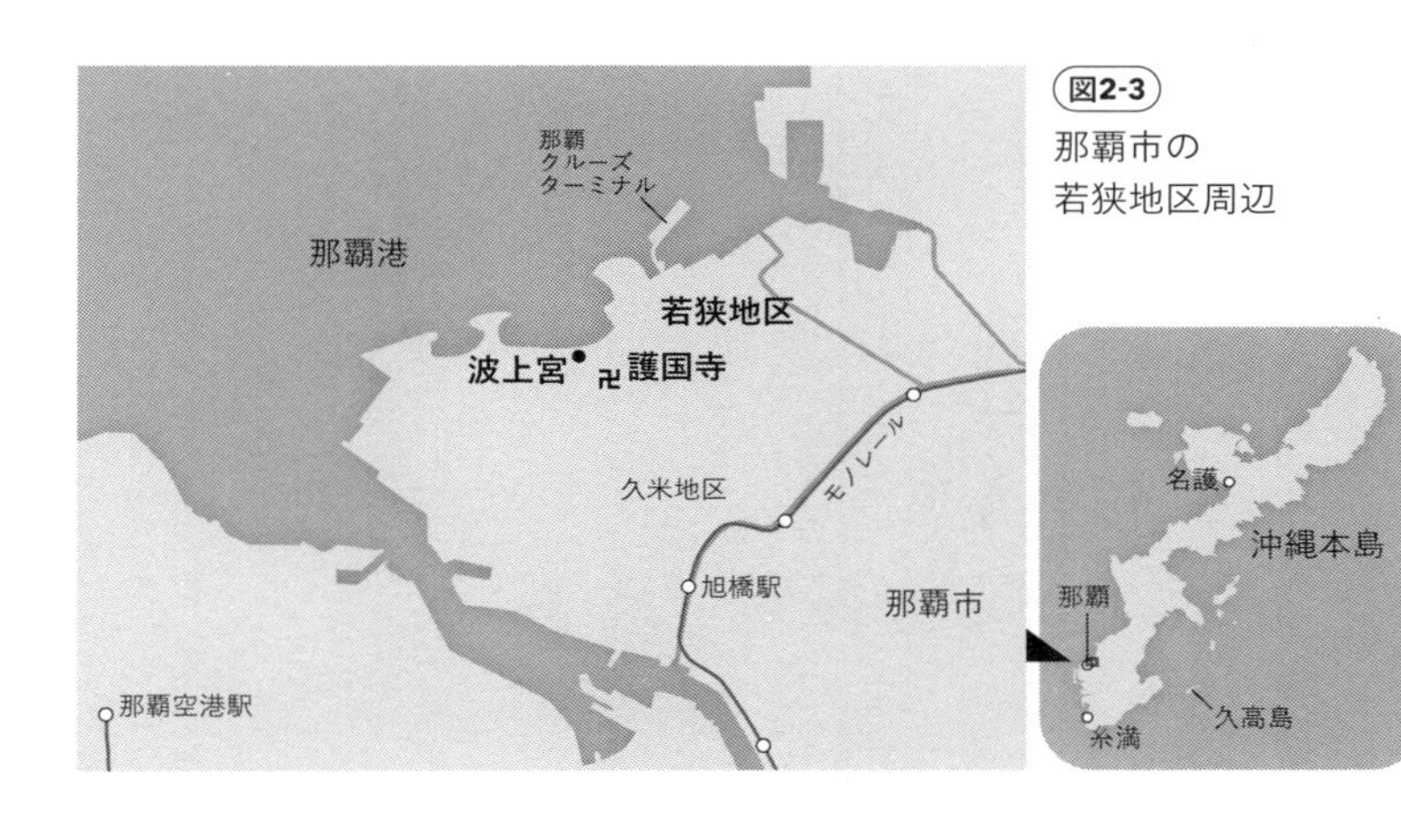

図2-3
那覇市の
若狭地区周辺

縄では御嶽（うたき）と呼ばれる拝所が信仰の中心をなすことから、神社仏閣のような本土の文化が根づく若狭地区は那覇の中でも特殊な場所と言っていいだろう。

周辺を歩き回るうち、地域の歴史を記した案内板が目に留まった。若狭の隣にあった辻村（ちーじむら）は江戸初期から昭和初期にかけて花街として栄え、寄港する船乗りや商人たちの憩いの場になっていたという。巨大クルーズ船が停泊する若狭地区周辺は昔から那覇の港町として知られていた。

若狭地区公民館には地元の古い写真や地図などが展示されている。那覇港は一四二九年に始まる琉球王朝時代に交易拠点として整えられ、福州園のある久米（くめ）地区には中国人が、若狭地区には日本本土（薩摩藩）の商人が移り住んでいたという。八百比丘尼伝説が誕生していたとみられる一四四九年当時、すでに琉球王国は存在し、護国寺が建つ若狭地区に日本本土から商人が往来していたのだ。とはいえ、那覇にある若狭という地名の由来ははっ

写真2-2
若狭地区に近い那覇港に
入船中の巨大クルーズ船。

写真2-3
糸満ハーレーの競艇で
使われるサバニ船。

きりしない。北陸の若狭との接点が見つけられないのはどうにも歯がゆい。

次にわれわれは那覇から糸満市へと出かけた。沖縄本島の最南端に位置し、水平線を越えたその先約六〇〇キロメートルに台湾、約一〇〇〇キロメートル先にフィリピンのルソン島がある。それらの異国までの距離と比較しても小浜は遠く、一三〇〇キロメートルほど離れている。

通りかかった糸満漁港には龍が描かれ鮮やかに彩色されたサバニ船が置かれていた。それは南西諸島で古くから知られる漁船を元型とし、伝統行事の競艇、糸満ハーレーで使われるものだ。昔のサバニ船は一本の大木をくり抜いて造る刳舟で、それで海に乗り出すことが糸満ウミンチュ（海人）の誇りとされてきた。

若狭湾に出稼ぎをした糸満漁民の末裔が見つかるなら直接話を聞いてみたい。そう考えたわたしはあらかじめ糸満市教育委員会に協力を求めた。担当の三枝大悟さんが昭和八（一九三三）年頃に小浜に姿を見せたという糸満漁民について調べてくれた。

『日本における海洋民の総合研究 下巻』（中楯興編）に記録が残されており、それは糸満に住む漁師、玉城徳三郎が率いる「玉城組」と判明した。リーダーの彼は三〇歳、仲間は二〇歳までの若者が二〇人おり、京都府舞鶴市の瀬崎、三浜を基地に冠島（舞鶴市の北方約二三キロメートルの若狭湾に浮かぶ小島）付近でイサキを獲っていた。彼らが舞鶴市の東方約三〇キロメートルにある小浜市に姿を見せるようになったのは昭和八（一九三三）年以後というから、大正一五（一九二六）年生まれで当時七歳くらいだった澤田さんが見聞きしたという話とも合致する。

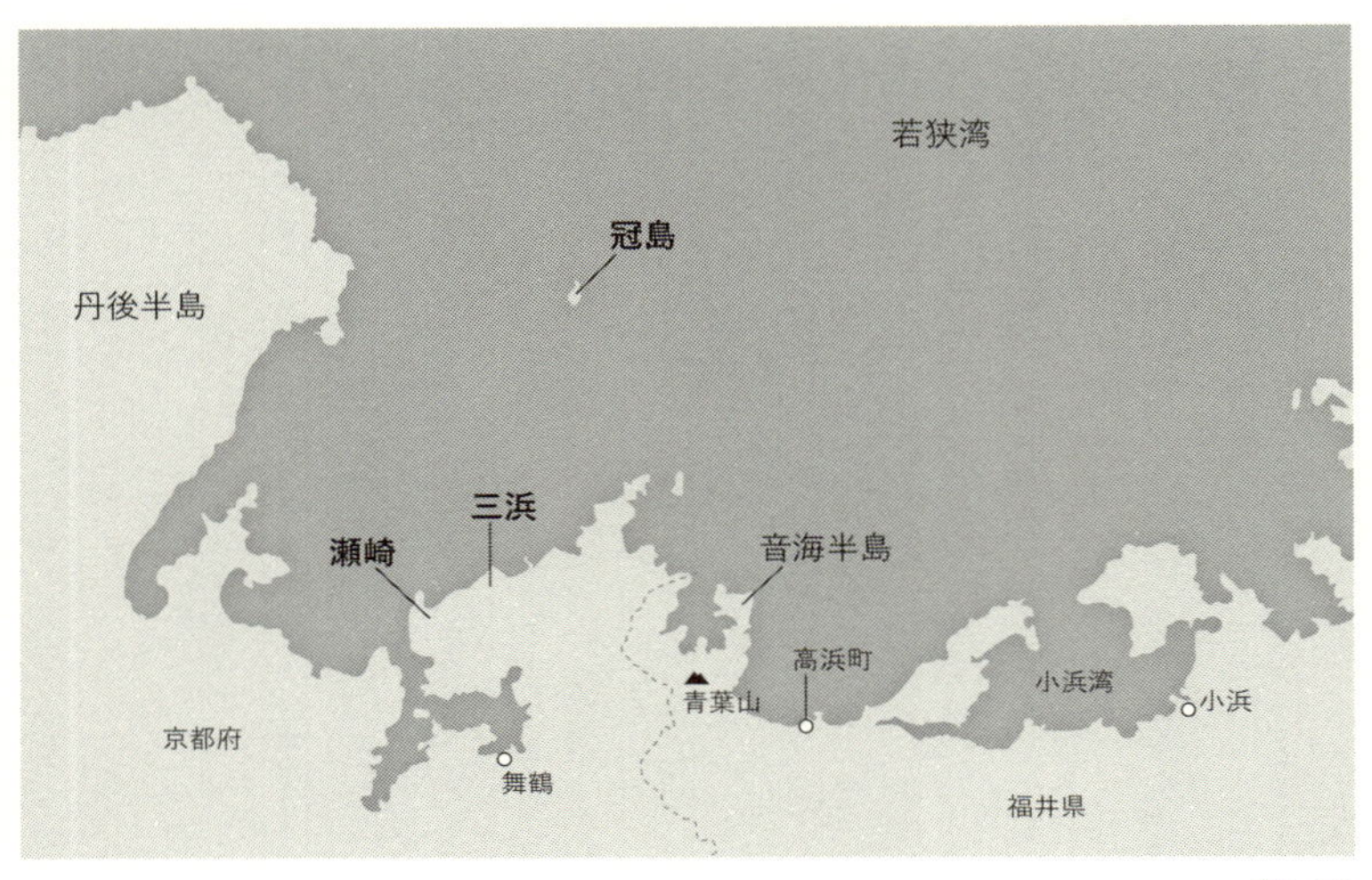

図2-4 若狭湾に来た糸満漁師の拠点

ところが、当時の糸満には玉城徳三郎を名乗る同姓同名の漁師が複数いたことが判明した。すでに相当の年数が経ち、どの人が若狭湾に出かけた徳三郎さん本人だったかを特定することは難しいという。そのうえで三枝さんは九州南部に出かけていた方のお孫さんなら紹介できると連絡をくれた。わたしは遠く離れた土地に出稼ぎに出た糸満漁民がどういう人たちだったのかを知りたいと思い、取材をさせてもらうことにした。

待ち合わせ場所に出かけると、三枝さん、取材に応じてくれる玉城裕泰（ひろやす）さんもちょうど姿を見せた。挨拶をした後、わたしは念のため裕泰さんの祖父が若狭湾へ出稼ぎに行っていなかったかと尋ねてみた。

「そこまでは行ってないようです」
そう答えた裕泰さんは持ってきた家系図を広げた。玉城家の本家は鹿児島の奄美にあり、彼の祖先は糸満に移り住んだ分家筋だという。網元だった徳三郎さんは明治三八（一九〇五）年生まれ。丁稚奉公の下積みを経たのち三〇代で自分の船を手にし、それを一〇艘に増やして二〇人の漁師とともに鹿児島や宮崎へと出かけた。本家を奄美に持つ徳三郎さんは親族の伝手を頼って活動範囲を広げたようだが、部外者が見知らぬ漁場に入り込むのは至難の業だ。遠方の若狭となると頼れる親族などいなかっただろう。一体どのように出稼ぎの道を切り拓いたのだろうか。

わたしの質問に裕泰さんが答えた。

「アギヤーとミーカガンのおかげですよ」

アギヤーとは糸満の漁師が考案した追込漁のことで、漁師たちが海中に潜って魚を網に追い込む漁法だ。それを安全確実に行うため、ミーカガンと呼ばれる双眼式の水中メガネが発明された。水泳用ゴーグルとそっくりの形をしており、その原型とも言われる。糸満漁師はいわばそれら先進的な漁業技術を買われて出稼ぎすることができたのだ。

糸満市教育委員会の三枝さんからもらった資料「若狭湾における沖縄漁民の追込網漁業について」（島田正彦著）によれば、糸満漁民の世話役は入漁権獲得や受け入れ態勢の整備などの一切を取り仕切る代わりに、糸満漁民がそこで得た漁獲物のすべてを買い占めて市場で売り捌いた。糸満の追込網漁を事業として展開していたことになる。糸満漁民らは舞鶴市を拠点としていたが、そのひとつ瀬崎では地元の人とほとんど交流することがなかった。川に生活用水を汲みに行くときに姿を見せるぐらいだったという。もうひとつの拠点であった三浜地区では現地の人と若干の接点はあったようだが、それでも深い交流と呼べるものではなかったらしい。糸満漁民の若狭湾への出稼ぎは昭和八（一九三三）年から一六（一九四一）年まで続いたという。

そのような背景から糸満漁民が若狭の人に沖縄のジュゴンの存在を伝えたとは考えにくい。だが、わたしは食い下がった。

「糸満の周辺でジュゴンを獲ってたって聞いたことないですか」

「ないねえ」

裕泰さんは糸満ではジュゴン漁の話を聞いたことがないという。祖父の徳三郎さんが活躍していた昭和初期、糸満ではサメ漁が盛んだったようだ。中国でフカヒレに対する大きな需要があったためだ。

「沖縄にはサメが人魚だっていう言い伝えはありますか」

わたしの質問に、裕泰さんは少し考えて答えた。

「イルカだったらあるかもしれない。イルカのことをピトゥとかヒートって言うんですけど、発音が人（ヒト）に聞こえるしね」

「イルカがヒートで人魚！　なんかおもろいな」

横で話を聞いていた玉山さんが身を乗り出してきた。

「どうです高橋さん、新説じゃないですか？」

玉山さんが言う通り、八百比丘尼が食べた人魚がイルカだったという話は聞いたことがない。裕泰さんによれば、ヒート漁は伝統的に沖縄本島中部の名護（なご）に伝わるものだという。もし若狭湾に出漁した漁師の中に名護出身者がいたなら、イルカを「ヒート」などと呼び、若狭の人たちは玉山さんみたいに「人魚！」と反応したかもしれない。

小浜でジュゴンと見られてきた動物は実はイルカだった⁉

いや、そんなはずはないだろう。糸満漁民は地元民とほとんど交流がなかったという。奇想天外な発想と会話は、ＵＭＡ追跡ならではの楽しさだとは言えるが……。

糸満漁民の活動時期は昭和初期に限られる。そのため彼らは一四四九年に遡る八百比丘尼伝説の成り立ちとは無関係だ。糸満漁民が八百比丘尼伝説の誕生に関わったという事実はない。

そこでわたしは話題を変え、那覇の若狭地区のことを話してみた。一四四九年当時、すでに本土の人がそこに住み着いていた。沖縄の若狭地区と小浜の接点を探る手がかりはないだろうか。

すると三枝さんが記憶をたどるように言葉を吐き出した。

「確か、福井の朝倉（あさくら）氏の話を聞いたことがあったような……」

福井の朝倉氏とは南北朝時代に、現在の福井県北部にあった越前国を拠点に活躍した戦国武将だ。朝倉氏と琉球の関係を示す資料として、朝倉義景（よしかげ）（一五三三―七三）の書状が存在する。彼が薩摩の島津義久（しまづよしひさ）に宛てた手紙から当時の越前が琉球に関心を示していたことが読み取れるらしい。

そこに八百比丘尼伝説の誕生に関わる琉球と小浜の接点が潜んでいないだろうか……。わたしは三枝さんからその情報元である研究者の名前や所属先を教えてもらった。そして二人にお礼を述べて糸満市を後にした。

珍味を食べて考える

取材を終えて那覇に戻り、夕食に出かけた居酒屋のメニューには珍しいものが並んでいた。中でもヤシガニには「絶品」「当店おすすめ中のおすすめ」「本土では高価で食べれません！」と宣伝文句が添えられている。

「そこまで言われたら、食っとかなあかんな」

玉山さんがいきなり受けて立つ構えを見せつつ、わたしに尋ねた。

「でもヤシガニって何です？」

「巨大なヤドカリみたいなやつですよ」

青紫色をしたヤシガニの写真が店に掲示されていた。そのポスターを見た彼は思わずのけ反った。

「そんなん食えんの？　髙橋さんは食った？」

わたしはこれまで世界各地で見慣れないものを口にしてきたが「ヤシガニはまだない」と答え

ると、玉山さんは店のおばあに手を挙げ注文してしまった。

そんなに気軽に注文してもいいのだろうか。「本土では高価」と書かれているが、店のメニューには肝心の値段が書かれていない。時価と言ってふっかけられたら困る。

いや、孕んでいる危険はそれだけではない。ヤシガニの内臓には強い毒があり、食べると腹痛ぐらいでは済まされない。呼吸困難、脱水症状、最悪は死に至るという。だがそのカニミソは濃厚で一度食べたら病みつきになるらしい。ハイリスク、ハイリターンな一品だ。

やがて茹でられて赤くなったヤシガニが皿に載って運ばれてきた。茹でると急にうまそうに変身するから不思議だ。

カニミソをひと口頬張ってみる。カニを食べると無口になるというが、ヤシガニは逆に饒舌にさせる。口に入れた次の瞬間に「うまい!」「濃厚!」などと言葉が口をつく。われわれは目の前にあるものをあっという間に平らげてしまった。

通過儀礼を終えた玉山さんは再びメニューを物色し始めた。

「イラブー汁って何です?」

店のおばあが淡々と答える。

「ウミヘビの煎じ汁ね」

「あの、海でニョロニョロしてるやつ?　マジかあ」

怖気づく玉山さんにおばあは「絶品ねー」と勧めた。

写真2-4
イラブー汁のウミヘビ。

「どうします？」と玉山さんがわたしの顔を覗き込むように見た。

イラブーには陸のヘビの一〇倍もの毒がある。ヤシガニと毒比べをするなら、今度こそ覚悟が必要かもしれない。ところが、イラブー汁は琉球宮廷料理の流れをくみ、かつては首里城の王侯貴族といった特権階級しか食べられなかった。滋養効果があり珍重されていた食材だ（『沖縄の食文化』外間守善著）。その存在は八百比丘尼の父が海の理想郷を訪れ、お土産にもらった不老長寿の霊薬である人魚の肉を思わせる。

「いっときましょう！」

そう言うわたしに玉山さんは絶句したが、覚悟を決めたらしくおばあに手を挙げた。おばあは伝票とボールペンを取り出して「二つ？」と聞いたので、玉山さんは「ひとつで！」と念を押した。

どんぶりに盛りつけられたイラブー汁はインパクト十分だ。ぶつ切りにしたウミヘビがゴロリと二切れ入っている。しかもご丁寧にも鱗つきだ。わたしは箸でそっとつまみ口に運んでみた。調理前の燻製イラブーは生臭いというが、茹でて戻し、一口大に切ったものは上手くスープと一体化して、滋味に富む。生薬や漢方薬を食事に取り入れた薬膳料理のような趣がある。

イラブー漁は伝統的に沖縄本島の東南沖にある久高島で継承され、かつて漁獲権はノロ（女性司祭）が握っていたとされる。五月頃に洞窟で産卵するため海から上がってくるものを捕まえるという命懸けのものだ。美容と健康長寿に効果があるばかりか希少性も高く、まさに王の食膳の逸品にふさわしい食材と言えるだろう。

玉山さんも目をおおいながら口に入れたが、味は見た目ほど悪いものではなかったらしく、「ウミヘビ食っちゃった」と言って箸を下ろした。

食べ物とはとても思えないような獣などが皿に載り目の前に出されると、一気に血圧が上がる。これまでわたしは南米アマゾンでアルマジロやピラニア、ピラルク、極北グリーンランドでシロクマ、アザラシ、カリブー、トナカイなどを食べたことがある。日本では水族館か動物園でしか見かけないような動物ばかりだが、どれも現地の人が伝統食としているものだ。

今思えば「これ食べるの!?」と言わしめる食体験は、現地の人から受けた最高のもてなしだった。王宮料理として賓客に供されたイラブーはエンターテインメント性の高いもてなしだったに違いない。

ならば、毒を食らわば皿まで。わたしは玉山さんとハブ酒で締めの乾杯をすることにした。ガラスの大瓶にはとぐろを巻いた猛毒ハブが浮かんでいる。

好奇心と恐怖心がないまぜになったような酔い心地の中で、玉山さんが言う。

「人魚を食べるって、どんな感じやったんやろな」

一八世紀後半の紀行『笈埃随筆』（百井塘雨著）には著者が誰かから聞いた話か、彼自身が想像したものかはわからないが、人魚を食べた八百比丘尼に起きた体調の変化が具体的に書かれている。

人魚の肉の味わいは甘露のようで、食べ終わると体から力が抜け夢見心地になった。しばらくして目覚めると気分はしっかりとして、目は遠くまで見通せ、耳は微かなことでも聞こえ、気分は晴れやかで、明鏡のように曇りがなかったという。

ジュゴンの干し肉

ジュゴンの肉はどのようなものだったのだろうか。『沖縄のジュゴン』（盛本勲著）によれば、石垣島の博物館にジュゴンの乾燥肉が保管されているという。その著者で考古学者の盛本氏に那覇で会って話を聞くと、それは文化財として博物館に収蔵されているため食べてみることはできないが見た目はビーフジャーキーのような感じらしい。

琉球王朝は、西表島の南東約七キロメートルに浮かぶ新城島（上地島、下地島、二島の総称）にジ

図2-5
琉球王朝にジュゴン肉を納めた新城島

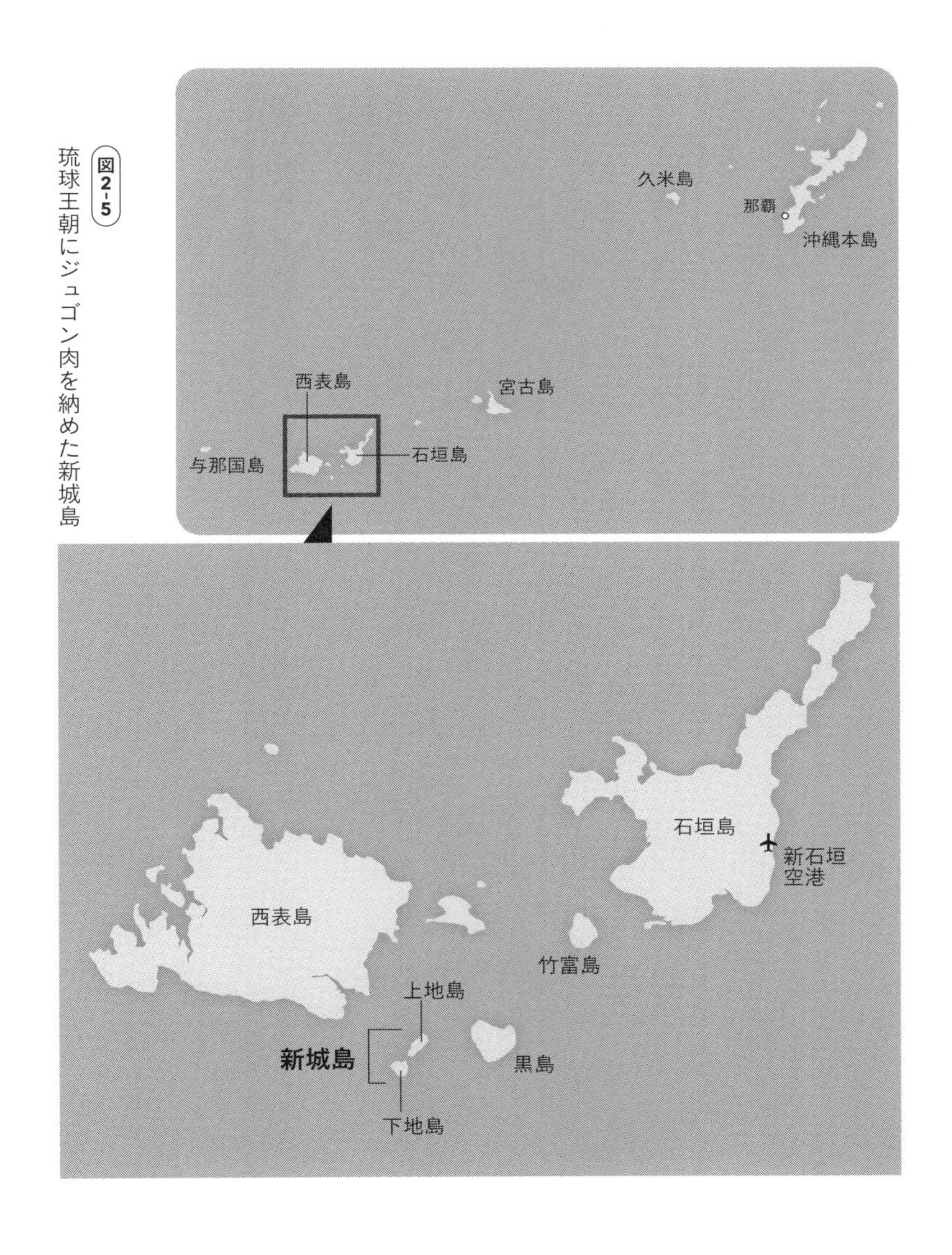

ュゴンの干し肉の貢納を義務づけていた。盛本氏が調査に加わった七門御嶽は下地島にあり、ジュゴン漁を司る神の霊域には奉納されたジュゴンの骨が残されていたという。『沖縄のジュゴン』（同前）によれば、七門御嶽は、入り口を七つ持つ構造をしていた。七門は獲物であるジュゴンが入ってくる入り口が多いことを表し、豊漁を祈願したものだと伝えられている。その御嶽を上から見ると放射状に広がったジュゴンを獲る網を模した形をしているという。

話を聞いているうちに現場を実際に確かめてみたくなった。

「今も七門御嶽はあるんですか？」と、わたしは盛本氏に尋ねた。

「ありますよ。でも島外から来た心無い人に荒らされたことがあったんで、今は入るのはとても難しいと思います。しかも沖縄で御嶽は男子禁制の聖地です。わたしは特別許可された調査団に加わったので入れましたが」

日本本土では江戸時代以前、宗教的な理由で「女人禁制」とされていた場所は多かったが、明治以後、禁が解かれるようになった。沖縄のパナリ島のような離島にはまだ古いしきたりが残っているのかもしれない。パナリ島といえば、そこで行われる豊年祭は部外者には非公開で、取材はおろか撮影、録音、他言は無用の秘祭が行われる島としても知られている。

障壁が多いほど、好奇心が焚きつけられる。八百比丘尼が口にした人魚の肉の謎がパナリ島の七門御嶽や豊年祭にからむなら、何としてでもそこに行かねばならない。だが、さしあたり関係はなさそうだ。わたしは自らの取材に対して「無理が通れば、道理引っ込む」ようなことはしない。道理にかなった取材には、たとえ困難はあっても無理は存在しないからだ。探検に困難はつきものだが、無理をすればリスクはより大きくなる。

盛本氏によると、ジュゴンの骨は首里城からも出土し、歓会門（かんかいもん）、久慶門（きゅうけいもん）、右掖門（うえきもん）付近で見つかったという。ジュゴンを城内に運び込む際に特定のルートが使われていたようだ。そこにどんな意味があったのかは不明だ。琉球王朝とジュゴンの関係は今なお神秘のベールに包まれているという。

現存するジュゴンの乾燥肉を八百比丘尼伝説の目線で調べれば、何か新しい発見があるかもしれない。盛本氏と別れたわれわれは那覇から石垣島に飛び、石垣市立八重山博物館へと出かけた。あらかじめ連絡しておいた学芸員の寄川和彦さんを訪ねると、すぐに作業部屋に案内された。

目の前に登場したのは、光沢のある濃い琥珀色をした乾燥肉の塊だ。それは半分に割った竹材のように内側が窪み、長さおよそ二六センチメートル、幅七センチメートルほど。わ

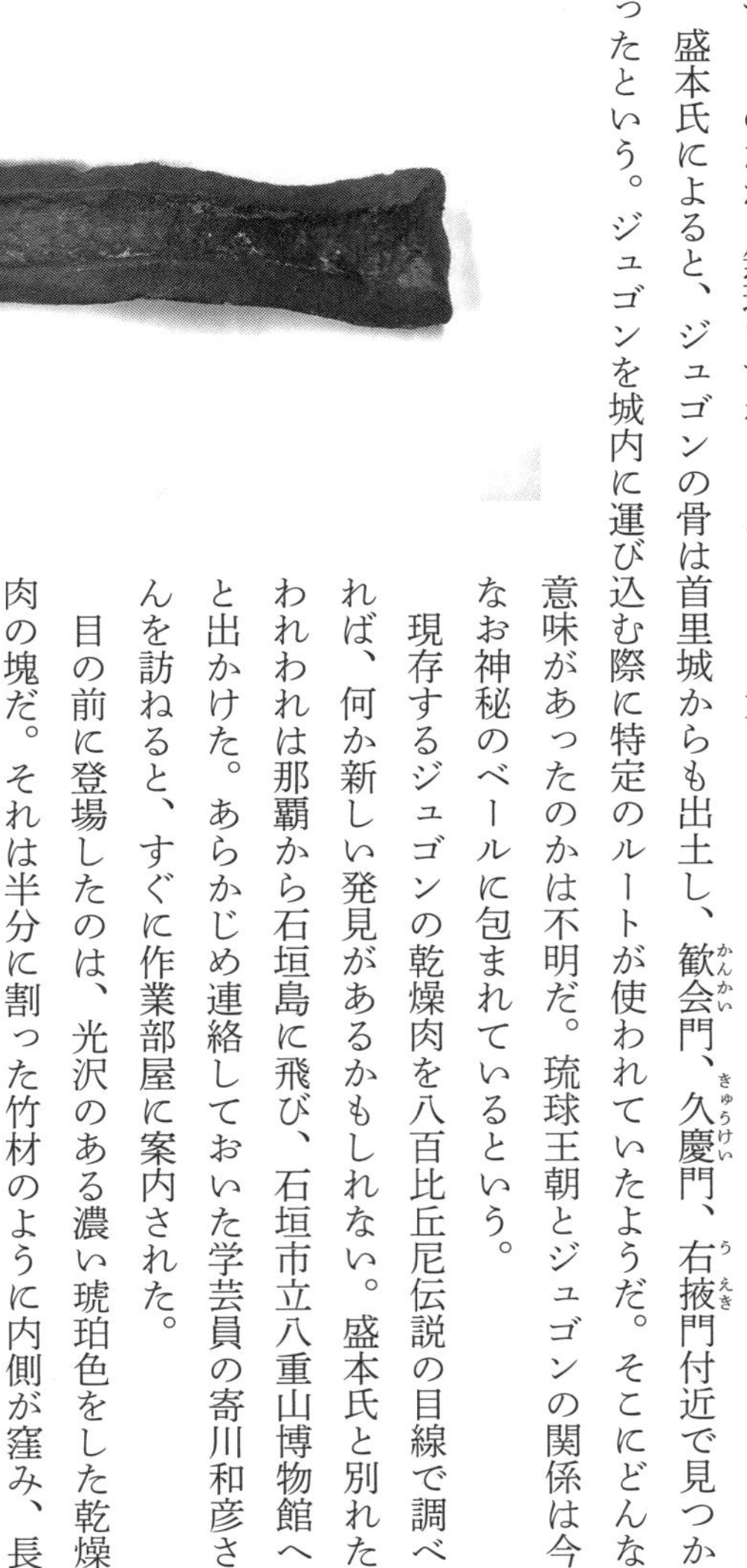

写真2-5 ジュゴンの乾燥肉。（石垣市立八重山博物館蔵）

たしは実際に手に取って確かめてみたが匂いはほとんどなく、よく乾いていて硬い。それは昭和七（一九三二）年に九州大学の研究者が石垣島の人から譲り受けたものだという。

盛本氏から「ビーフジャーキーのようだ」と聞かされていたためか、その濃い飴色をした乾燥肉を見ると食欲がそそられた。それをひと舐めしたら、どんな味がするのだろう。八百比丘尼伝説の人魚の肉を追っていると、自分が調査する動物の肉を実際に食べてみるまでは謎が解けないような錯覚に陥る。だが、この乾燥肉を含めて絶滅危惧種に指定されたジュゴンを食べるということは現在では不可能だ。

発想を違う方向に変える。寛文（かんぶん）年間（一六六一—七三）刊の『若狭国伝記（わかさのくにでんき）』（桜井曲全（きょくぜん）著）に記された八百比丘尼伝説によれば、八百比丘尼の父は蓬莱島を訪れ、お土産にもらった人魚の肉片を着物の袖に入れて持ち帰ったとされる。わたしはお土産の肉がどのようなものかイメージできなかったが、ジュゴンの乾燥肉を手に取ってみるとそれは小ぶりなサイズで、袖に入れることができる。八百比丘尼の父が持ち帰った人魚の肉も、そのようなものだったのかもしれないと思った。

三つの条件から検証する

ジュゴンの肉は、八百比丘尼が口にした人魚の肉と言えるだろうか。それを確かめるためにわたしは三つの条件を設定して検証してみることにした。

第一は海の異界との関係だ。八百比丘尼伝説の中で人魚の肉は龍宮のような異界からもたらされる。ジュゴンには海の異界との関係を示す伝説や民間信仰があるだろうか。

第二は不老長寿の霊薬とみなされていたかどうか。八百比丘尼は人魚の肉を食べて不老長寿になったというが、ジュゴンの肉には不老効果があるだろうか。

そして第三はそれら二つの年代感だ。八百比丘尼伝説が誕生していた一四四九年以前に遡ることができるかどうか。

もし三つの条件すべてに当てはまるなら、ジュゴンは八百比丘尼が食べた人魚の条件を満たしていると言える。

第一の条件についてみていこう。「南島歌謡における動物の表現：ジュゴンを中心として」（大竹有子著）によれば、じゃん（ザン）と呼ばれるジュゴンは一二世紀から一七世紀にかけて謡われた宗教儀式歌ウムイに登場する。

我身のねらがみや〈我がネラ神は〉
じゃんの口どと取ゆる〈ジュゴンの口につけた手綱を取った〉
いとうはやみり〈急ぎ早めよ〉（〈　〉は引用者注。以下同）

これはジュゴンの背に乗った神が他界へと移動する場面を詠んだものだ。ジュゴンがこの世とあの世を行き来する神の乗り物であり、ニライカナイの神獣とみられていたことがわかる。沖縄のニライカナイは本土の龍宮に相当する海の向こうにある神界だ。ジュゴンは第一の条件に当てはまる。

では第二の条件はどうか。一八三二年に完成した『御膳本草』（渡嘉敷通寛編）によれば、海馬（ジュゴン）の肉には強壮の効能があるという。『御膳本草』は琉球で唯一の食物に関する漢方医術の本で、王の食卓に供する食材の薬効などを記したものだ。琉球王朝（一四二九―一八七九）においてジュゴンの肉が不老長寿の霊薬として認められていたことがわかる。

また、「御冠船料理にみる中国食文化の影響」（金城須美子著）によれば、琉球王朝には中国皇帝の勅書を携えた冊封使が来朝し、彼らを歓待するもてなしの食膳にジュゴンの肉が供されていたという。

干し肉として納められたジュゴンの肉は王宮でどのように振る舞われたのか。中国から来た冊封使の李鼎元は一八〇二年に刊行された『使琉球記』の中でジュゴン料理を簡単に紹介している。彼が食べたものは、肉を薄切りにしてくるくると巻いたもので、かんなくずのようだったという。色はサルノコシカケ科の茯苓に似ていたとあるから、白っぽかったようだ。また彼は「惜しむらくは、いまだ生けるものを見るを得ず」と書いているように、生きたジュゴンを実際に見たことがなく、それが希少な存在であったことを示している。

時代は下り昭和一四（一九三九）年に刊行された日本民藝協会の機関誌『月刊民藝』に「人魚の

吸い物」〈柳兼子著〉というエッセイがある。著者が琉球での体験を綴ったものだ。

> いつまでも若い人の事を、きつと人魚でも喰べたんだらう、といふ言葉を昔よくきいたものです。それを喰べることになつたのですから一寸(ちょっと)興奮させられました。男爵の御説明によれば、以前八重山あたりでは折々人魚が捕れたさうで、これを非常に骨折つて割いた肉塊を干して保存し、お産の時に〈干し肉で〉お腹を撫でれば安産し、又ホルモン剤〈滋養強壮効果がある食材〉として食膳に珍重したさうで、昔の大概の大名(でーみょー)〈現在の市町村にあたる地域のリーダー〉の家には備へられて居たさうです。お碗の中の人魚は、三分〈約九ミリメートル〉位の幅に細く長く削られたもので、丁度鯨の白身の晒し肉を細く切つた様で、味も似て、もつと上品に思へました。

二つの資料からジュゴンの肉は鰹節のようにカンナで薄く削ったものとして食膳に供されていたようだ。ジュゴンの肉は不老長寿をもたらす食材とみなされており第二の条件も合致する。

第三の条件である年代感も確かめてみる。ジュゴンをニライカナイの神獣とみる信仰は、一二世紀に遡る宗教儀式歌ウムイに表れている。また、ジュゴンの肉は一四二九年に成立した琉球王朝で不老長寿をもたらす霊薬とみなされていた。どちらも八百比丘尼伝説が誕生した一四四九年以前に遡る。

このようにジュゴンの歴史的な背景を調べると、それは龍宮のような海の神界と関係があり、肉には不老長寿の効能もある。どちらも八百比丘尼伝説が誕生していた一四四九年以前に遡ることができそうだ。ジュゴンの肉は八百比丘尼が口にした人魚の肉としての条件を満たしている。もし中世の琉球と小浜に人的な交流があったとしたなら、ジュゴンやその肉の話が小浜に伝えられ、八百比丘尼伝説の誕生につながった可能性があることになる。

大災害と人魚

沖縄に来たわたしにはもうひとつ確かめてみたいことがあった。石垣島や宮古島など、沖縄本島の南西側に連なる先島諸島には「ヨナタマ」と呼ばれる津波を起こす人魚の伝説が伝わり、現地にはその災害の痕跡が残っているという。寛延（かんえん）元（一七四八）年に完成した『宮古島記事仕次（しつぎ）』に登場するヨナタマの伝説とは次のような話だ。

宮古島東方の属島、伊良部島（いらぶじま）の沖合に浮かぶ下地島（しもじしま）に住む漁師が「ヨナタマ」という魚を釣り上げた。人面魚身でよく物を言う魚であったという。漁師が珍しがって明日、隣の人々を集めて食べようと思って炭を起こし、炙り網にのせていたが、夜更、隣の家の子どもが早く伊良部島に行こうと泣き叫んだ。なだめすかしても泣きやまないので母は子を抱いて外に出た。すると遠くから「ヨナタマ、ヨナタマ、どうして帰りが遅いのか」という声が聞こえ、それにヨナタマが答

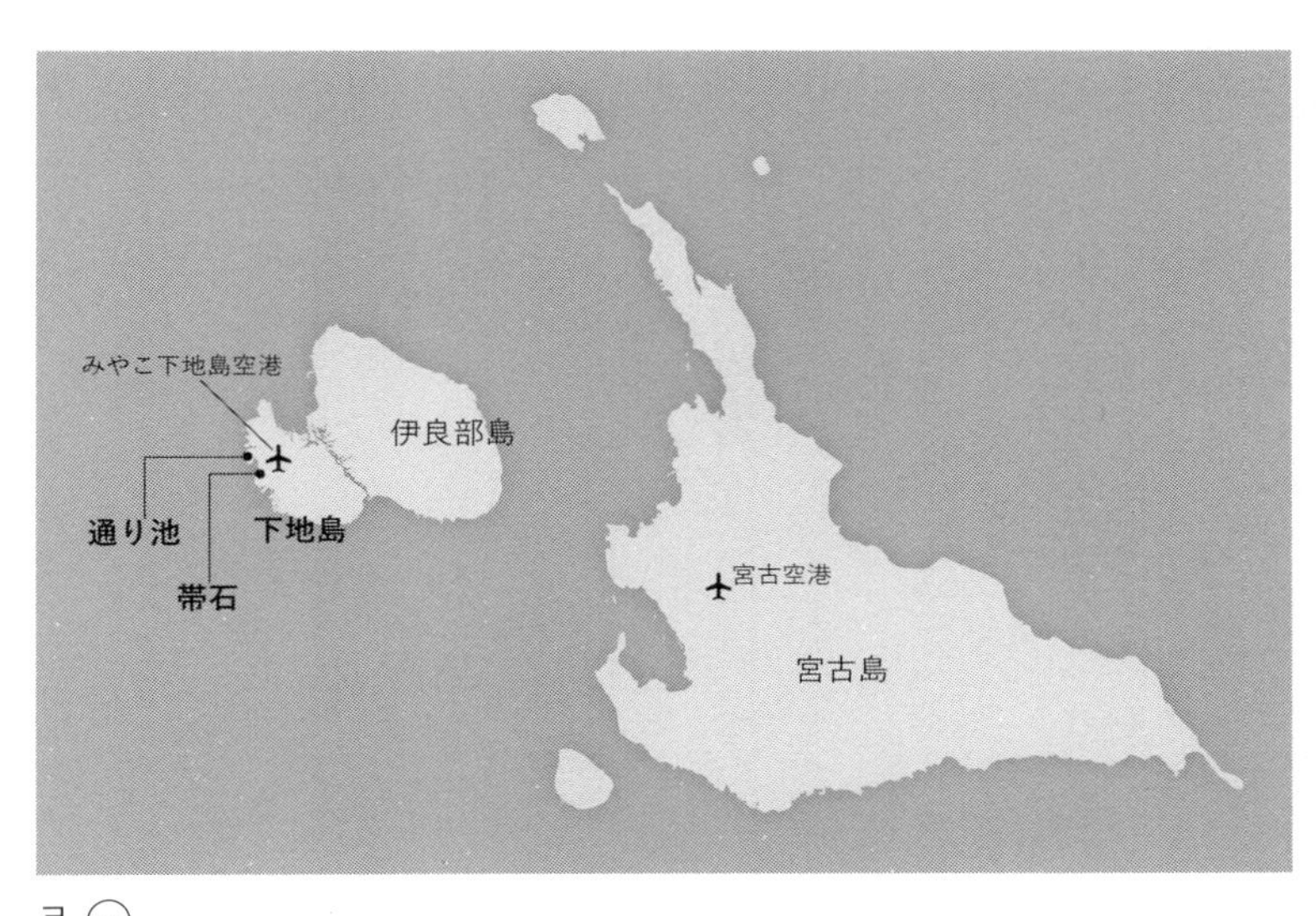

図2-6 ヨナタマ伝説が伝わる下地島

えて、「自分はいま網の上にのせられて炙り殺されようとしている。早く犀(さい)(津波)をやって救ってください」と言うのを耳にした。その声がいかにも恐ろしく、身の毛がよだつ思いがしたので、母は子を抱いたまま走って伊良部島に着いた。するとその途端に、轟々(ごうごう)たる物音とともに大津波が襲ってきて、下地島は人家もろとも牛馬も残らず洗い尽くされて跡形もなくなった。

大災害を引き起こしたとされる人魚ヨナタマの正体とは何か? ヨナとは寄魚(よるな)の発音が詰まった言葉で「海」を表す。タマは女性名称で、ヨナタマとは海女(うみおんな)と解釈される。一方、民俗学者の柳田國男(やなぎたくにお)はタマを霊とみなした。その大惨事は海霊(うみだま)の怒りに触れて引き起こされたという見方もできる。つまり、ヨナタマとは妖怪のような人魚であり、海の神なのだ。

わたしは玉山さんと下地島に出かけてみることにした。石垣島から宮古空港に降り立ったわれわれは車で北西方向に進んだ。やがて全長三五四〇メートルの伊良部大橋が見えてきた。エメラルドブルーに輝く海上を一気に駆け抜け、まずは伊良部島へ。伊良部島は周囲二七キロメートルほどの卵形をした珊瑚礁の島だ。その西隣には同じ卵形をした周囲一七・五キロメートルの下地島が浮かぶ。

現在、下地島は伊良部島との間に六本の橋がかかり、みやこ下地島空港への人の往来は絶えない。だが、大津波によって下地島のキドマリ村が飲み込まれてしまった後、長い間無人島だったという。村があったのは空港西側の海岸付近とみられ、津波の惨事を物語る爪痕が残されている。

そのひとつが現在の景勝地である通り池だ。国の天然記念物に指定された二つの池で、一の池と呼ばれる海側の池は直径約七五メートル、水深約四五メートル。二の池と呼ばれる陸側の池は直径約五五メートル、水深約二五メートルある。二つの池は地下でつながり、海側の池は海底洞窟によって海とつながっているためダイバーに人気のポイントだ。津波が引いた後、キドマリ村の二軒の家があった場所に通り池ができたとも言われている。

もうひとつは通り池の南東約七〇〇メートルに位置する帯岩(おびいわ)だ。その名の通り着物を着た人が帯をきつく締めているように中央部が窪んでいる。岩は高さ一二・五メートル、周囲約六〇メートルにも及び、重さは不明だという。

写真2-6 大津波により造られたとされる通り池。
二つのうち海側にある一の池。

写真2-7 大津波で海底から地面に持ち上げられた
とされる帯岩。

二〇一二年に行われた調査（「伊良部・下地島キドマリ村跡調査成果報告」山本正昭他著）では、通り池の近くからキドマリ村の一部と思われる石積み遺構が出土した。また、大津波で海底から持ち上げられたとされる帯岩の年代分析を行った琉球大学理学部加藤祐三氏の報告「沖縄県宮古群島下地島『帯大岩』の起源」によると、帯岩が陸に打ち上げられたのは一七七一年に起きた明和の大津波（八重山地震津波）によるものだと推測している。

巨岩を海底から持ち上げ、地面を陥没させて池まで造ってしまったという津波の威力は凄まじく、それがヨナタマという得体の知れない人魚の仕業だと恐れられるようになっていったのではないか。

残された可能性に賭ける

沖縄での追跡を終えたわたしは、沖縄の人魚と八百比丘尼伝説の接点を整理してみることにした。ジュゴンはその肉を食べれば不老長寿になるとみなされた実在する動物であり、人魚のヨナタマは大津波を引き起こす海の精霊であり、想像上の存在だ。ジュゴンは犀の魚と呼ばれ、津波（サイ）との関係が指摘される。ヨナタマとイメージが重なることから、古くからジュゴンは人魚のようなものだともみなされていたようだ。

八百比丘尼伝説が誕生していた一四四九年、琉球王朝の那覇は日本本土から人が集う港町であり、いつしかその一地区が若狭と呼ばれるようになった。もし若狭湾（日本海）の人が琉球王国と交流していたなら、琉球からジュゴンの存在が伝わり、八百比丘尼伝説が生み出されたのかもしれない……。

若狭と琉球の人的な交流は、昭和期に行われた糸満漁民の出稼ぎの例があった。それは八百比丘尼伝説の形成期である中世とは時代が離れすぎている。だが、わたしはもうひとつの可能性を握っていた。越前国を統治していた戦国武将、朝倉義景の書状から、一六世紀の越前国が琉球に関心を示していたことが判明した。わたしはその史料に詳しい琉球史研究者である上里隆史（うえざとたかし）氏に問い合わせた。すると、確かに書状は存在するが、その文面からは越前と琉球の間にどのような交流があったかまでは具体的にわからないという。

だが、上里氏は同じ一六世紀に越前から琉球に渡った者がいたことを教えてくれた。上里氏の著書『最新歴史コラム　目からウロコの琉球・沖縄史』を参考にすると、一五五四年に越前で生まれた山崎守三（しゅさん）は、中国伝来の優れた医術が琉球にあることを知って出かけていった。そして那覇で医学に打ち込んで腕を上げ、ついには王府お抱えの医師に取り立てられた。その後一六〇九年、彼は琉球に攻め込んできた島津藩の武将を撃退したため、同じ日本人に対して攻撃を仕掛けたことを罪に問われた。その守三を救ったのは琉球国王、尚寧王（しょうねいおう）（一五六四―一六二〇）だった。王府の医師になった山崎守三であれば、王宮料理に供されていたジュゴン肉は身近な存在だったに違いない。

わたしは思いもよらない事実が歴史の中に地下茎として潜んでいることに少し興奮した。医師である彼がジュゴン肉や不老長寿と言われるその効能を故郷の福井に伝えたのだろうか？　それが小浜の八百比丘尼伝説につながる？

いや、山崎守三が生まれたのは一五五四年だというから、八百比丘尼伝説はすでに若狭で誕生していた。彼が琉球にそれを伝えることはあったとしても、彼が琉球からジュゴン肉の効能を本土に伝え、それが伝説の誕生に一役買ったとみなすことはできない。

追跡の結果、残念ながら一四四九年以前に遡る若狭と琉球の交流史にはたどり着けなかった。

第三章

淡水の人魚
オオサンショウウオ

石川・和歌山・滋賀・岡山・福島

人魚のモデルとなった動物

沖縄での追跡を終え、わたしは日本における人魚とみなされるものの出現記録を整理してみた。『日本書紀』に記録された飛鳥時代の六一九年から江戸後期の一八二九年までの約一二〇〇年間に四三件の事例が知られている（94〜95ページの表3−1参照）。その中で小浜や若狭湾での目撃事例は三件ある。

1　鎌倉後期の延慶三（一三一〇）年、若狭小浜の津（現在の小浜湾）

2　安土桃山時代の天正七（一五七九）年、若狭（現在の若狭湾）

3　江戸中期の宝永頃（一七〇四―一一年）、若狭、大飯郡乙見村（現在の若狭湾に突き出た音海半島にある音海集落）

そのうち1は人魚が出現したという以外、詳細は書かれていない。

2の事例では人魚の顔や四肢は人のようで長さは五尺（約一・五メートル）ほどあり、発見当時、岩の上に寝ていたという。

3の事例でも人魚らしきものは岩の上に寝ているところを発見された。頭は人間、下半身が魚身で、襟元に鶏冠（とさか）のような赤いものがひらひらとまといついていたという。

若狭湾に出現した人魚らしきものを整理すると、2と3の人魚は岩の上に寝ていたとあり、3では襟元に鶏冠のような赤いものがあったという。それらの特徴をもとに人魚とみなされた動物に迫ってみる。人魚のモデルとして候補に挙げられているのは、ジュゴン、イルカ、鰭脚類のアザラシやアシカ、海女（人間）、オオサンショウウオ、リュウグウノツカイ、サメ、ウミガメなどであった。

これらのうち海女を除き、岩に上がって寝転がる習性があるのは鰭脚類のアザラシやアシカだ。ウミガメは産卵のため砂浜に上陸するが、淡水ガメのように岩の上で甲羅干し（こうら）をしない。

襟元に鶏冠のような赤いものを持つ動物は、深海魚のリュウグウノツカイだろうか。それは最大で体長八メートルを超える世界最長の硬骨魚類だ。銀色をしたリボン状の体に鮮やかな赤い紐（ひも）のような背鰭と腹鰭を持つ。世界各地の温かい海域に生息すること以外、生態はほとんど知られていない。中国では鶏冠刀魚（けいかんとうぎょ）と名づけられ、赤い腹鰭が鶏冠にたとえられる。リュウグウノツカイの腹鰭はエラの下部から伸びているため、3の記録にある襟元に鶏冠のようなものがあったという人魚の記述に当てはまりそうだ。

若狭湾に出現し人魚とみなされたものの特徴から、モデルとなった動物の候補として鰭脚類とリュウグウノツカイが浮上する。

ジュゴン説の検証を終えたわたしは、次に鰭脚類やリュウグウノツカイと八百比丘尼伝説の関

表3-1 六世紀から一九世紀までの人魚出現記録

時代	年		場所		文献など
飛鳥時代	推古天皇御代（593〜628）		近江	神崎郡（滋賀県）	西国三十三所観音霊場記図会
	推古27（619）	夏4月	同	蒲生河（滋賀県）	日本書紀
	同	秋7月	摂津	堀江（大阪府）	同
奈良時代	天平勝宝8（756）	5月2日	出雲	安来浦（島根県）	嘉元記
	宝亀9（778）	4月3日	能登	珠洲岬（石川県）	同
平安時代	弘仁年間（810〜824）		近江	琵琶湖（滋賀県）	広大和草本
	寛平9（897）〜昌泰3（900）頃		同	小野村（滋賀県）	天満宮略縁起ならびに人魚塚由来
	正暦5（994）	11月7日	伊予	ハシラの浦（愛媛県）	嘉元記
	崇徳・近衛帝期（1123〜55）		伊勢	別保浦（三重県）	古今著聞集
鎌倉時代	文治5（1189）	夏	陸奥	そとの浦（青森県）	北条五代記
	同	8月14日	安芸	イエツの浦（広島県）	嘉元記
	建仁3（1203）		陸奥	津軽の浦（青森県）	北条五代記
	建保元（1213）	4月	同	津軽の海（青森県）	吾妻鏡
	同	夏	出羽	秋田の浦（秋田県）	北条五代記
	貞応元（1222）	4月	筑前	博多（福岡県）	龍宮寺縁起
	宝治元（1247）	3月11日	陸奥	津軽の浦（青森県）	北条五代記
	同	3月20日	同	津軽の浦（青森県）	吾妻鏡他
	宝治2（1248）	秋	同	外カ浜（青森県）	北条五代記
	同	9月	同	津軽の浦（青森県）	同
	宝治年間（1247〜49）		同	海（青森県）	鎌倉史

『人魚の動物民俗誌』（吉岡郁夫著）、『ものと人間の文化史143 人魚』（田辺悟著）を参考に筆者・髙橋の調査分を加えて作成

時代	年代	月日	国	場所	出典
	弘安9（1286）頃		出羽	八郎潟（秋田県）	人魚木簡（出土品）
	正応5（1292）	11月7日	伊予	ハシラの海（愛媛県）	嘉元記
	延慶3（1310）	4月11日	若狭	小浜の津（福井県）	同
室町時代	正平12・延文2（1357）	4月3日	伊勢	二見の浦（三重県）	同
	長禄4（1460）	6月28日	東の海		碧山日録
	天文19（1550）	4月21日	豊後	大野郡の海（大分県）	江源武鑑
安土桃山時代	天正7（1579）	春	若狭	（福井県）	当代記
	天正9（1581）		近江	琵琶湖（滋賀県）	家忠日記
江戸時代	寛永12（1635）		肥前	（長崎県）	長崎見聞録
	延宝5（1677）	10月	同	唐津の海（佐賀県）	遠碧軒記
	元禄元（1688）	7月20日	陸奥	津軽野内浦（青森県）	津軽一統志
	宝永年間（1704〜11）頃		若狭	大飯郡乙見村（福井県）	諸国里人談
	元文年間（1736〜41）		越後	海（新潟県）	広大和草本
	元文2（1737）		能登	鳳至郡海中（石川県）	同
	延享元（1744）		遠江	浜松 米津浜（静岡県）	浜松の伝説
	延享年間（1744〜48）		玄海	（長崎県）	甲子夜話
	同		能登	鳳至郡海中（石川県）	広大和草本
	宝暦年間（1751〜64）？	8月上旬	陸奥	津軽野内浦（青森県）	六物新志
	宝暦8（1758）	3月	同	津軽石崎村湊（青森県）	津軽日記
	天明年間（1781〜89）頃？	8月上旬	出羽	秋田男鹿郡（秋田県）	六物新志
	文化2（1805）	5月	越中	放生渕四方浦（富山県）	街談文々集要
	文政元（1818）	春	讃岐	四嶋（香川県）	未完甲子夜話
	文政年間（1818〜30）		陸奥	津軽夏泊半島（青森県）	平内志

係を探り始めた。沖縄から戻った五月のうちにリュウグウノツカイを追って富山県に、六月に鰭脚類を追って島根県に出かける計画を立てた。するとタイミングよく小浜の空印寺住職、岸本さんから連絡が入った。彼は「八百比丘尼縁起絵」を調査したことがある金沢大学の黒田智教授を紹介してくれるという。都合がいいので富山に行くタイミングで先に金沢で話を伺うことにした。

「八百比丘尼縁起絵」の謎に迫る

小浜市の空印寺が所蔵する「八百比丘尼縁起絵」にはインパクトがあった。そこに描かれているのは龍宮のような異界で今まさに調理されようとしている人魚だ。その赤い鱗でおおわれた魚体から乙女の顔と手が伸びていた。

二〇一九年五月、わたしは黒田氏と金沢駅の改札口で待ち合わせ、近くの喫茶店に入った。縁起絵を調査することになった経緯を尋ねると、それは学生の卒論指導が目的だったらしいが、縁起絵は一般に公開されていない寺宝であり貴重な機会だったという。そう話し始めた彼の口から思いがけない言葉が飛び出した。

「描かれているのは琵琶湖ですよ」

「海ではないんですか！」

拍子抜けしたわたしに彼は補足した。

「絵に描かれているナマズが判断の決め手です」

「でもなぜ琵琶湖とわかるんです？」

彼が着目したのはナマズが琵琶湖で神聖視されている点だった。

琵琶湖にはナマズ、ビワコオオナマズ、イワトコナマズの三種類のナマズが生息している。体長が最大一二〇センチメートル、体重二〇キログラムにもなるビワコオオナマズは湖の主のような存在だ。イワトコナマズのうち稀に存在する金色の個体は弁天ナマズと呼ばれ神格化されている。ただし、弁天ナマズに限らず、琵琶湖ではナマズ全般が弁財天の使いとみなされてきた。弁財天はインド発祥の水の女神で、商売繁盛や芸術などの守護神とみなされる。日本では七福神のひとりとして信仰を集めてきた。

「縁起絵の中でナマズの背に乗っている女神が弁財天ですよ」

黒田氏はそう言い、縁起絵が弁天信仰を題材にしていると説明した（48ページの図1-5-1参照）。

縁起絵には蓑亀（みのがめ）の背中に乗った老人も登場する。蓑亀とは別名「藻引き亀」と呼ばれ、甲羅についた藻を引きずるイシガメが由来とされる。イシガメは琵琶湖周辺にも生息している。

ナマズと弁財天、イシガメ。それら琵琶湖と縁が深い動物や神が描かれた「八百比丘尼縁起絵」の舞台は琵琶湖とみてよさそうだ。黒田氏によれば、小浜藩は現在の滋賀県高島（たかしま）市にあたる琵琶湖北西岸に代官所を構えており、その沖合には琵琶湖における弁天信仰の中心地である竹生島（ちくぶじま）（107ページの図3-2参照）が浮かんでいる。小浜藩は琵琶湖とも縁が深いという。中でも初代藩主酒井忠勝（一五八七―一六六二）と二代藩主忠直（一六三〇―八二）は弁財天を厚く信仰していた。忠勝か忠直のどちらかが縁起絵の制作に関わった可能性があると黒田氏はみる。

手がかりとなるのは酒井家の菩提寺である空印寺の石碑だ。八百比丘尼の岩穴にある「八百比丘尼」と彫られた石碑は寛文年間（一六六一―七二）頃に作られたものとされ、当時、八百比丘尼伝説の人気が高かったことをうかがわせる。明確な証拠とは言えないものの、年代が合う忠直が八百比丘尼縁起絵の発注者として濃厚ではないかと黒田氏は言う。その見立てに従うなら「八百比丘尼縁起絵」は一七世紀後半に成立したものとなる。若狭に伝わる八百比丘尼伝説の人魚を描いた絵としては最古のものとなる。そして何より江戸前期の人が八百比丘尼伝説に登場する人魚の姿をどのようなものと考えていたのかを知る貴重な手がかりと言える。有用な情報を手にすることができたわたしは黒田氏にお礼を述べて別れた。

黒田氏と面会したわたしは、「八百比丘尼縁起絵」が琵琶湖と関連づけられている点に注目した。八百比丘尼伝説の異伝の中に琵琶湖を連想させる話がひとつ伝わっている。江戸前期の寛永一五（一六三八）年から正保二（一六四五）年に成立した『本朝神社考』（林羅山著）によれば、若狭の白比丘尼の父は山で会った異人とともに別世界へと出かけ、お土産に人魚の肉を持ち帰ってきたという。人魚が琵琶湖からもたらされたと明記されているわけではないが、小浜からひと山越えれば琵琶湖に行きつく。能楽「竹生島」に描かれているように、その湖底に龍宮があるという信仰が存在する。八百比丘尼の父が山で会った異人と出かけた別世界とは琵琶湖の龍宮だった可能性もありそうだとわたしは考えた。

この伝説は京都生まれの儒学者、林羅山（一五八三―一六五七）が幼い頃に耳にしたものだと書いていることから一五九〇年頃に遡る可能性がある。人魚が登場する八百比丘尼伝説のうちでは最古のものだ。

オオサンショウウオ説が浮上

日本における人魚とみなされるものの出現記録（94～95ページの表3－1）によると、琵琶湖がある近江国（現在の滋賀県）での発見事例が五件ある。中でも特筆すべきは七二〇年に成立した『日本書紀』の記録だ。

飛鳥時代の推古天皇二七（六一九）年、近江と摂津で正体不明の生物が発見された。四月に近江の琵琶湖東岸に注ぐ蒲生川（現・滋賀県東部付近）で見つかったものは「その形人の如し」、七月に摂津の堀江（現・大阪市西区付近）では「漁師ありて、網を堀江にかけた。網にかかったものは、形児（赤子）の如し。魚に非ず、人にも非ず、名前も知らない」とある。

『角川日本地名大辞典　二七　大阪府』を見ると、堀江は大阪市西区の大川に相当する。つまり、『日本書紀』に記された人魚らしき動物はどちらも川で発見されたものだった。その形は近江・蒲生川の事例では人のようであったとされ、摂津・堀江の事例ではたとえとして赤子を挙げていることから、サイズ感としては赤子に近かったのだろう。また摂津の堀江では、謎の動物を漁師が網で捕ったと書いている。

『日本書紀』を読む限り、それは人魚と書かれているわけではない。もしその動物が架空の存在ではなく、見知らぬ動物だったとするなら何にあたるだろうか。南方熊楠は「人魚の話」(前出)の中で『日本書紀』の謎の動物は「山椒魚(さんしょううお)のことだろう」と書いている。確かに人魚のモデルとされる動物のうち淡水に棲(す)むものはオオサンショウウオしかいない。

日本列島には四〇種類以上のサンショウウオが生息し、その中でも最大のオオサンショウウオは体長五〇～一五〇センチメートルほどになる。岐阜県以西の本州、四国、九州の一部に生息し、滋賀県では琵琶湖の西岸に注ぐ大津市の大谷川(おおたにがわ)などで発見事例がある。

オオサンショウウオの一般的な大きさは人の新生児の平均的な身長である五〇センチメートルに近く、『日本書紀』が六一九年に出現した謎の動物について赤子のようだったとするサイズ感とも矛盾しない。「八百比丘尼縁起絵」に描かれた人魚が琵琶湖を舞台としているのであれば、その人魚の正体はオオサンショウウオだった可能性が急浮上してくる。

わたしが行う人魚の追跡はアザラシ・アシカの鰭脚類、リュウグウノツカイ以外に、琵琶湖に生息するオオサンショウウオが加わることになった。二〇一九年五月、金沢で黒田氏と会った後、わたしはリュウグウノツカイ説を追って富山県へ、翌六月にはアザラシ・アシカの鰭脚類説を追って島根県へ行く予定だったが、それに加えて七月にはオオサンショウウオ説を調べるため滋賀県などへと出かけることにした。各テーマを同時並行で進め始めていたところ、その後、コロナ禍によって中断を余儀なくされた。できそうなことから五月雨式に再開したのは三年後の二〇二二年になってからだ。それら一連の追跡を時系列で記せば各テーマの内容が錯綜してわかりづらくなる恐れがある。そのため本章ではオオサンショウウオ説の追跡を、以下の章でアザラシ・アシカ説、リュウグウノツカイ説の追跡を記述していくことにする。

人魚のミイラを見にいく

『日本書紀』に記された人魚らしきものを探ると意外な事実に遭遇した。それをミイラにしたとされるものが和歌山県橋本市学文路（かむろ）にある西光寺（さいこうじ）に納められ、崇拝を集めてきたという。取材の申し込みを快諾されたわたしは玉山さんに連絡を取り、琵琶湖に出かけるタイミングに合わせて彼と訪れてみることにした。橋本市は和歌山県の北東端、大阪と奈良の県境付近にあり、学文路は仏教の聖地、高野山の北約九キロメートルに位置している。

二〇一九年七月、わたしは大阪で玉山さんと合流し、大阪駅からＪＲ線で関西空港行きの電車に乗った。新今宮（しんいまみや）で南海高野（こうや）線の極楽橋（ごくらくばし）行き電車に乗り換える。学文路駅まで一時間二〇分ほどの電車旅だ。終着駅の極楽橋は、その名から極楽に渡る橋があるのかと想像力が刺激される。そこは高野参拝道の入り口にあたる。一方、その手前にある学文路駅を別の聖地とする人たちもい

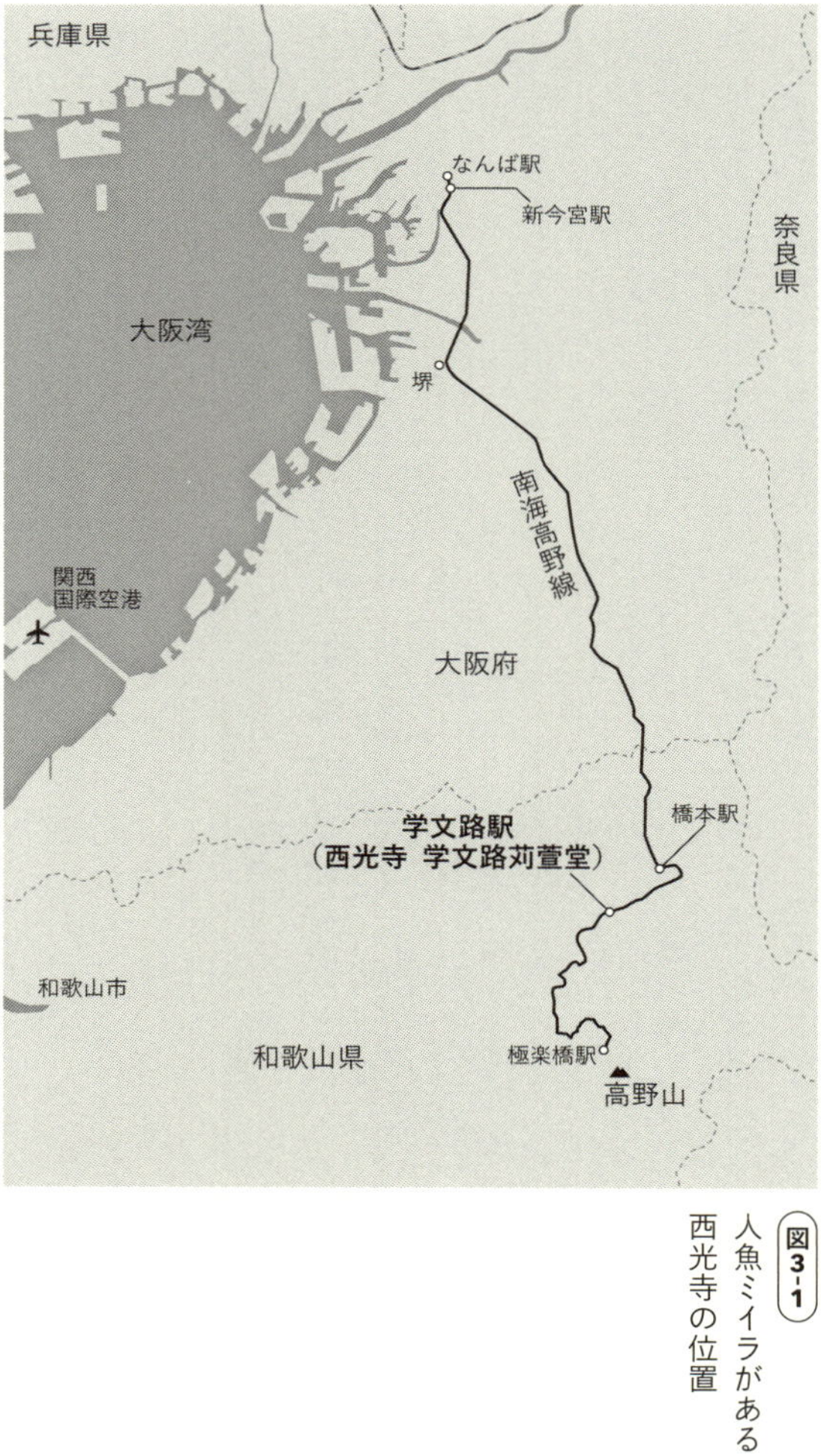

図3-1 人魚ミイラがある西光寺の位置

る。その名を「学問の道の入り口」と解釈できるため、学文路駅の入場券は受験生にとって合格祈願の縁起物として人気があるらしい。

われわれは学文路駅で下車し、蛇行する細い道を南方に一〇分ほど進んで西光寺に着いた。境内にある学文路苅萱堂には「人魚のお堂」という看板が掲げられ、住職の田野賢朗さんが中で待っていてくれた。

「人魚はこちらになりますよ」

　住職が指し示す箱の中には半人半魚の怪物がいた。目玉は落ち窪み、大きく開いた口から鋭い牙がのぞく。爪が生えた五本指の手や胸部に浮き上がる肋骨など、その上半身は霊長類のようであり、下半身は鱗を持つ魚体だ。折れ曲がった尾鰭を伸ばせば体長六〇センチメートルほどになるだろう。何より両手を口元付近に振り上げた絶叫ポーズや断末魔の形相にただならぬ妖気が滲む。この人魚のミイラは和歌山県有形民俗文化財に指定されているという。

写真3-1
学文路苅萱堂に納められている人魚のミイラ。両手を口元に上げ、絶叫するような姿をしている。

「結構グロいわ」

玉山さんはそう言いながらも目が離せないといった様子で人魚を見つめた。わたしもネットなどで写真を目にしてはいたが、実物を前にするとその迫力に圧倒されるばかりだ。

「八百比丘尼が食べたんは、実はこれやった？」

そう言う玉山さんは何やら恐ろしげな想像をしているらしい。確かにその人魚を食べたら、不老長寿になるなど想定外のことが身に起こりそうだ。

収蔵箱には人魚ミイラの由来が書かれていた。それは『日本書紀』に書かれている推古天皇二七（六一九）年、近江の蒲生川に出現した動物を捕獲しミイラにしたものだという。

わたしは目の前のミイラを仔細に観察し、オオサンショウウオらしさが微塵もないことに気づいた。強いて言うならそれは「八百比丘尼縁起絵」に描かれた人魚とイメージが重なる。人魚ミイラは干からびていて、見た目も恐ろしげであるため、縁起絵に描かれた人魚とは印象が異なる。だが、鱗を持つ魚体から人間の顔と手が伸びる姿は共通する。西光寺にある人魚がミイラになる前の姿を想像してみると、案外、縁起絵の人魚に近い姿をしていたのではないかと思われる。

そして何よりわたしは「ようやくＵＭＡらしい謎めいた怪物にお目にかかったな」と思った。

一般に人魚といえば物語の人魚姫を想像する。だが、昔の人がイメージした人魚は半人半魚の怪物（ＵＭＡ）だった。わたしはその怪物は現存する動物が誤認されたものだったのではないかと推測して追跡を始めた。ジュゴンやオオサンショウウオ、鰭脚類、リュウグウノツカイなどが候補に挙がる。それらは昔の人にとっては謎めいた「人魚」だったかもしれないが、現代のわれわれにとっては正体が知れた存在だ。UMAは単なる動物の誤認だけではない神秘のヴェールをまとっている。ネッシーが巨大ウナギを見間違えたものという結論で終わらないのは、それが見知らぬ恐竜の生き残りではないかと想像を掻き立てるからだ。この人魚ミイラはそんなミステリアスなUMAそのものであり、現代人にも訴えかける不思議な力がある。このミイラを探れば、UMAとしての人魚の正体に迫れるはずだ。

人魚ミイラはどういう経緯で西光寺に納められたのか。

西光寺に伝わる石童丸物語によれば、その人魚ミイラは主人公である石童丸の早逝した母の形見とされる。六一九年に蒲生川で捕らえられた得体の知れないもので、彼女はそのミイラを実家にあたる近江の名族、朽木家から授かった。彼女は人魚と対面を繰り返すうち、それが醜く歪んだ顔つきをしているのは人々の苦しみを取り除き、自身の身に引き受けてきたためではないかと考えた。そしていつしか彼女の心には人魚に対する感謝の気持ちや信仰心が芽生え、自らの不老長寿と無病息災を祈るようになったという。

この人魚ミイラは西光寺の寺宝として、信仰の対象とされてきた。ここで『日本書紀』に記された六一九年出現の怪物について、二通りの解釈が浮上する。南方熊楠はその正体をオオサンショウウオと考えたが、橋本市の西光寺では人魚ミイラのようなものだと伝えてきた。オオサンショウウオと人魚ミイラではイメージのギャップが大きい。わたしは琵琶湖やその周辺で六一九年に目撃された怪物を追いかけてみることにした。

竹生島の龍神信仰

学文路苅萱堂で人魚ミイラを拝観したわれわれは大阪に戻り、玉山さんの車で琵琶湖へと向かった。まずは「八百比丘尼縁起絵」に描かれていた弁財天信仰について調べてみる。琵琶湖でその霊場とみなされるのは竹生島だ。

琵琶湖北部にポツンと浮かぶ竹生島へは北東岸に位置する長浜(ながはま)港から琵琶湖汽船のクルーズ船に乗り込む。波風のない穏やかな湖を進む約三五分の船旅はあっという間に感じられた。竹生島は人気の観光地とあって船にはそれなりの乗客がいたが、島の波止場に着くと大勢の人だかりができていて驚かされた。島には琵琶湖北西岸の今津(いまづ)港からも観光船がやって来る。

竹生島に住人はおらず、宝厳寺(ほうごんじ)や都久夫須麻(つくぶすま)神社が鎮座する霊域だ。港から内陸へはそれらの寺社へと続く参道が延びている。豊臣秀吉の墓所である京都の豊国廟(とよくにびょう)から移築した唐門は見どころのひとつとされるが、わたしが訪れた時は改修中だった。わたしは弁財天堂とも呼ばれる宝厳寺本堂へと進み、弁財天坐像(ざぞう)を拝観した。

竹生島の中で八百比丘尼伝説との接点を求めるわたしの目に留まったのは都久夫須麻神社の龍神拝所だ。琵琶湖の湖底に龍宮があると信じられており、その拝所から見える鳥居は龍宮との結界に立つとされる。

そこでは丸い豆皿大の土器（かわらけ）に願いごとを書き、湖岸に立つ鳥居に向かって円盤投げのように投げるという一風変わった祈禱（きとう）作法が行われる。投げた土器が鳥居を潜れば願いが叶うとされる。

わたしはしばらく参拝者の様子を見ていたが、龍神拝所からは一〇メートルほどの距離があるた

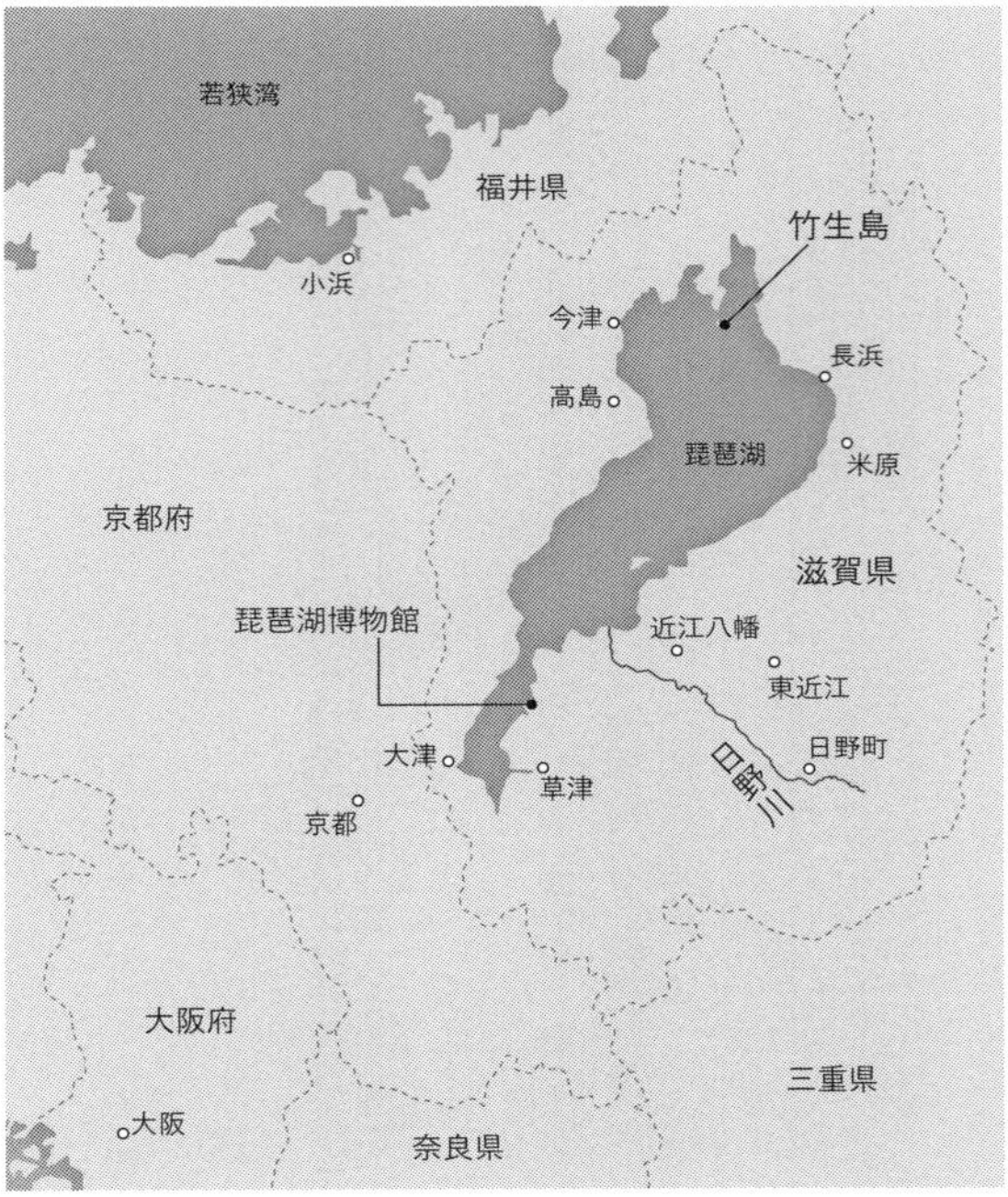

図3-2 琵琶湖周辺図

め鳥居の内側に投げ入れられる人は少なかった。

　龍神信仰はみられるものの、竹生島にはオオサンショウウオや人魚ミイラに直接つながりそうな情報はなかった。

写真3-2　都久夫須麻神社の龍宮拝所から見える鳥居。参拝者はここに向かって土器を投げる。

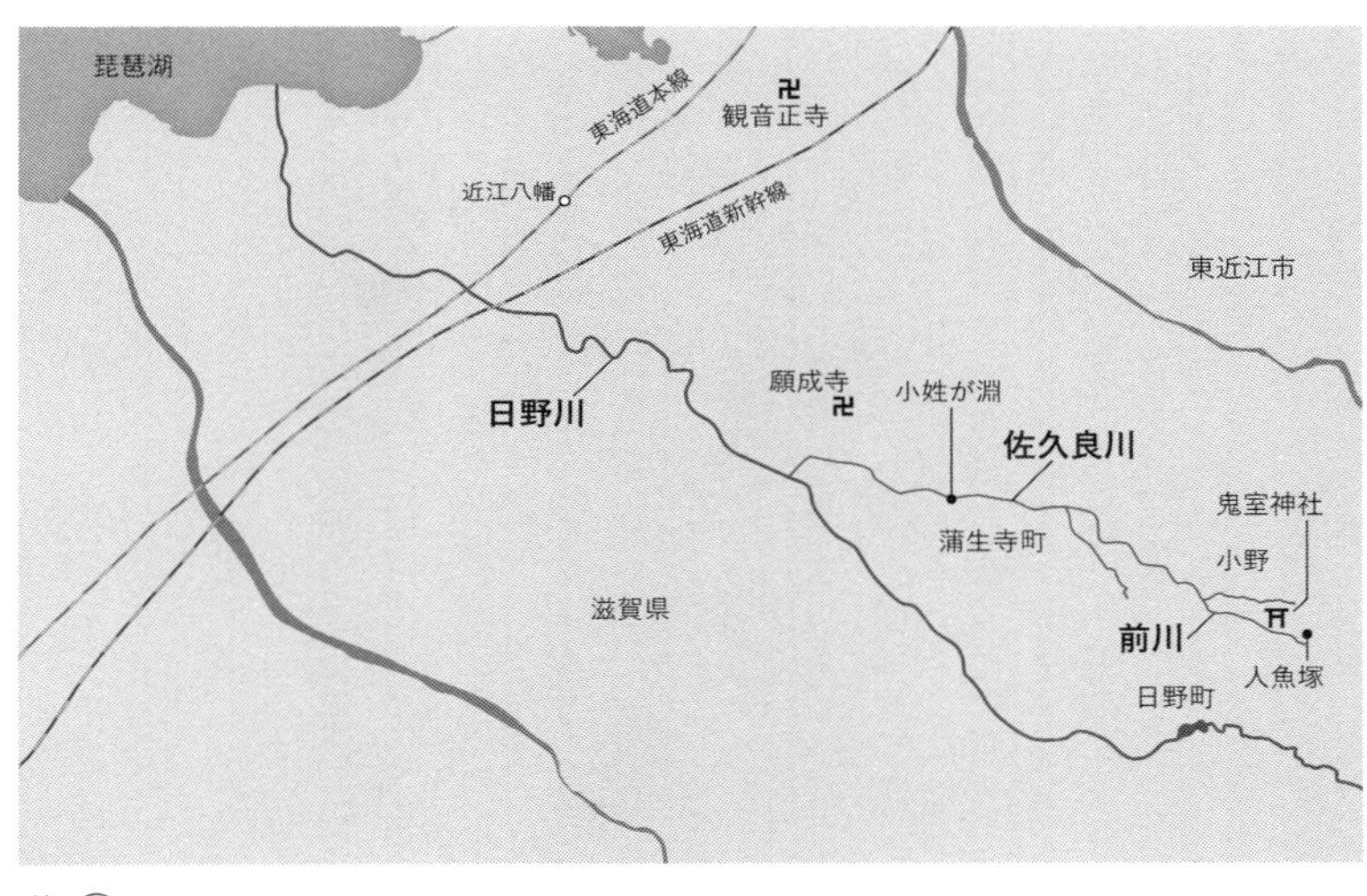

図3-3
滋賀県南東部の人魚伝説関連地

人魚ミイラと聖徳太子の関係

帰りの船に乗って長浜港に戻ったわれわれは琵琶湖南東部に注ぐ日野川(ひのがわ)をめざした。そこは六一九年、正体不明の動物が出現したと『日本書紀』に書かれている蒲生川に相当する。

日野川は滋賀県中部を流れる淀川水系の一級河川だ。琵琶湖に注ぐ河口から遡ると、一五キロメートル上流で佐久良川(さくらがわ)と合流する。佐久良川を遡ると一〇キロメートルほどで前川(まえかわ)が合流する。わたしはネット検索で佐久良川と前川が流れる湖東(ことう)地方に人魚伝説がいくつか伝わっていることを知った。この二〇一九年は『日本書紀』の記録から

写真3-3 日野町小野にある人魚塚。

ちょうど一四〇〇年目の節目にあたっていた。そこは一体、どんな場所なのか――。伝説の現場へと向かうわたしの胸中には好奇心が立ち上がってきた。

最初に訪れた前川の流域にある日野町小野（こや）の集落には人魚塚があるという。わたしはあらかじめ連絡を取っておいた東桜谷（ひがしさくらだに）公民館を訪ねて行き方を確認し、地図や伝説などの資料を受け取った。

滋賀県道五二五号を南東に進み、鬼室（きしつ）神社を通り越したところに人魚塚の看板が出ていた。古びた石の角柱の下に漬物石のような丸い自然石が据えられている。かつて近くを通りかかった通行人がその塚に向かって小石を投げつける風習があった。人魚が不吉なものとみなされていたからだという。

地元の伝説によると、淵に身を投じた村の女性が鯉（こい）に助けられ、鯉との間に生まれた人魚が災いを招く物の怪（け）とされた。その魔力は強く、醍醐（だいご）天皇（八八五―九三〇）の病気を誘発し、調査に乗り出した家臣たちも高熱を出す始末で「にんぎょーにんぎょー」と叫び苦しんだという。菅原道真（みちざね）がその物の怪を退治して葬り、三尺（約九〇センチメートル）の墓標を建ててこの地を久世旁（きゅうせいぼう）（救世旁とも）と名づけた。その地に平和が恒久的に続くことを願ってつけられたのだろう。また、近くの鬼室神社にも人魚塚と伝わる八角形の柱状石碑が祀られている。なぜ人魚塚が集落内に二つあるのかははっきりとしていない。

現在の前川は水量が少なく、岸辺に設けられた護岸ブロックは草におおわれていた。人魚伝説の地というイメージからはほど遠い。山裾にあるのどかな集落を前に、遠い昔に起きた奇怪な出来事を想像するのは難しい。

小野を後にしたわれわれは川の下流へと進んだ。次に訪れたのは佐久良川沿岸の蒲生寺町（がもうてらまち）だ。寺村橋（てらむらばし）のたもとには人魚園という小さな公園があり、寂れたマーメイド型の像がポツンと建っていた。茂みの間を流れる佐久良川の風景に「ここなら人魚と出会うかも……」と想像力が刺激される。

そこは小姓が淵と呼ばれ、地元の人魚伝説が紹介されていた。

日照り続きで水不足に悩まされたある年、小姓が淵の水だけは涸れることがなかった。不思議に思った村の若者が見にいくと、観音堂で働いていた三兄妹が人魚である本来の姿を露わにし、下半身の尾を使って水を小姓が淵へと掻き出していた。それを知った村人たちは捕獲に乗り出し、三匹の人魚のうち捕らえられた一匹はミイラにされて和歌山県橋本市にある西光寺に納められたという。また、川を遡って逃げた他の二匹のうち一匹は菅原道真によって退治され日野町小野の人魚塚に埋葬された。残る一匹も小姓に化けて東近江市川合町にある願成寺の尼僧につき従っていたが、正体を暴かれて捕らえられミイラにされた。

われわれが西光寺で見た人魚ミイラをはじめ、日野川水系に伝わる伝説の人魚は小姓が淵にいた三匹の人魚が元だったようだ。

わたしはもうひとつの人魚のミイラがあるという願成寺にも足を運んでみることにした。小姓が淵からは北西に三キロメートルほどのところにある。境内に足を踏み込むと人魚サミットの石碑が目についた。人魚サミットは二〇〇〇年に蒲生町（現在の東近江市）で開催され、日野町、小浜市、橋本市、新潟県大潟町から参加者があった。人魚伝説を持つ地域が町づくりのために連携を深めようとするイベントだったようだ。これとは別に、小浜市では八百比丘尼サミットが開催（一九九一年）され、その間の一〇年ほどは各地で伝説を積極的に活用していこうという機運が盛り上がっていた時代だったことがわかる。

寺務所で人魚ミイラの拝観について尋ねると現在は非公開とのこと。調査できないのは残念だが、それが寺宝として信仰の対象になっていることを考えれば仕方のないことだろう。願成寺にある人魚ミイラの写真が掲載された『[決定版]妖怪ミイラ完全FILE』(山口直樹編)を見ると、その姿は半人半魚で口を大きく開き、両手を口の両側に添えている。その仕草は西光寺の人魚ミイラとそっくりだ。

わたしは寺の縁起が書かれたパンフレットをもらった。すると、そこに気になる事実が記されていた。願成寺は六一九年、聖徳太子によって創建されたとある。わたしはふと思いついた。六一九年は人魚らしき正体不明の動物が出現した年ではないか——。後日、調べてみると、聖徳太子と人魚にはただならぬ関係があった。

聖徳太子の伝記『聖徳太子伝暦(でんりゃく)』(著者未詳、一〇世紀頃成立)によると、太子は六一九年に近江に出現した謎の動物について国司から「人の形の如くして人にあらず。魚の如くして魚にあらず」と報告を受け、次のように答えたという。

太子左右〈臣下〉に謂ふ。禍(わざわ)いこれより始まる。その人魚は瑞物(ずいぶつ)〈吉兆のしるし〉にあらず。今飛兎(ひと)〈優れた子ども〉無く、出ず人魚は是国の禍なり。

聖徳太子は『日本書紀』に登場する六一九年出現の怪物を人魚と呼び、国家にとって不吉な前兆とみなしたという。彼は世を救う優れた子どもがいないことを憂い、禍いの前兆である人魚が出現したこの国の未来は明るいものではないとしている。

聖徳太子によって不吉とされた人魚はなぜ神聖な寺に納められたのか。「聖徳太子と人魚」（鬼頭尚義著）によれば、願成寺から北へ八キロメートルほど離れた近江八幡市の観音正寺にも、聖徳太子と人魚にまつわる開基伝説が伝えられていた。ここにも人魚ミイラが安置されていたというが、平成五（一九九三）年の火災で焼失してしまった。『［決定版］妖怪ミイラ完全ＦＩＬＥ』（前出）に掲載された写真を見ると、その姿は半人半魚で、口を大きく開いてのけ反るように横たわっている。その印象は西光寺や願成寺の人魚ミイラと同じだ。

観音正寺の縁起『観音霊験記眞抄』（一七〇五年）によれば、人魚の前世は殺生を好んだ漁師であり、彼は湖水の魚を獲って商売をしていた。聖徳太子は人魚を哀れに思い、悟りの境地に導こうとした。人魚は太子に伽藍（観音正寺のこと）を建立してほしいと願い、後に忉利天（仏教の天界）の者になったとされる。

観音正寺は解脱を求める人魚の願いによって建立された寺院であり、不吉な人魚はそれにより仏の悟りを得ることができたのだという。聖徳太子によって国難とみなされた人魚は、太子によって魂が救済され、仏教の信仰対象となった。人魚ミイラが西光寺や願成寺、観音正寺の寺宝とされているのはそのような背景があったのだ。

海を渡った人魚ミイラ

半人半魚の人魚ミイラはＵＭＡを象徴するようなインパクトのある存在だ。寺院で信仰対象とされていたことから、それを本物だと信じ込む人がいた一方、人工物だと見抜く人もいた。幕末の出来事を記した『藤岡屋日記』（須藤由蔵著）には、嘉永六（一八五三）年五月、頭が猿、尾が鮭の人魚が作られ、六〇両で取引されていたと書かれている。

そのような人魚ミイラは欧米人の手に渡り、海を越えた。一八二二年にロンドンで日本の人魚ミイラが「フィジーの人魚」として展示されるや、動物学界ではちょっとした議論が巻き起こった。それを贋作と疑った者がいた一方、海から陸に上がって進化を遂げた生物の失われた間隙（ミッシングリンク）と考えた者もいた（Laurent,2017）。人と魚を合体させたような人魚ミイラは生きる化石というわけだ。

大英博物館には一八世紀に日本沖合で捕まえられたというふれ込みの人魚ミイラが複数収蔵されている。両手を口元に振り上げて絶叫するようなポーズをとり、それは西光寺にある人魚ミイラとそっくりだ。Ｘ線撮影の調査によれば、頭部は石膏や粘土で成型されていた。下半身には魚の背骨が見え、尾鰭は金属棒で補強されていたという（Bondeson,1999）。

結果的に贋物だと見破られることになるが、人魚ミイラが西欧にもたらされたのはちょうどダ

図3-4　ロンドンで展示中の「フィジーの人魚」を伝えるポスター。（ボドリアン図書館蔵）

ーウィンの進化論が誕生する以前のことであり議論を呼んだ。精巧に作られた人魚ミイラは日本において精神文化の一翼を担ってきたばかりか、進化論の醸成期に世界から注目される特異な存在だったのだ。

『日本書紀』の謎の生物とは

西欧社会をざわつかせた人魚ミイラは何をモデルに作られたのか？　そのルーツを遡れば『日

本書紀』に記された六一九年出現の怪物に行きつく。だが、『日本書紀』の記述は「人のよう」とか、「赤子のよう」と書かれているだけで詳しい姿形はわからない。それを人魚とみなしたのは聖徳太子だったとするが、典拠である『聖徳太子伝暦』の成立年代は一〇世紀頃とみられ、『日本書紀』が成立した八世紀前半とは随分隔たりがある。

そもそも人魚はいつから日本で知られていたのだろうか。それは平安前期、宇多天皇の治世（八八七―八九七）に中国から伝来した地理書『山海経』が最初とされる。『平凡社ライブラリー三四　山海経』（高馬三良訳）には人魚と呼ばれていた動物を含め人面魚身の怪物が四つ出てくる。それぞれの違いがわかるように整理してみる。

人魚　鯑魚（サンショウウオ）のようで、獣の四肢を持った魚体。声は赤子のようだ。これを食うと認知症にならない。

赤鱬　身体は魚で頭部が人の顔をしている。手足はなく、今でいう人面魚にあたるだろう。人面魚とは頭部の模様が人の顔に見える鯉のことで、平成の初め頃話題になった。赤鱬の声はオシドリのようでこれを食うと疥（マラリア性の熱病）にならない。

陵魚　身体は魚で、人に似た顔と人の手足を持つ。赤鱬に人の手足を加えたような印象で海中に棲むという。

図3-5 人魚

図3-6 赤鱬

図3-7 陵魚

図3-8 氐人

＊4点とも『山海経』（国際日本文化研究センター蔵）より。

氐人（ていじん）　中国内陸部の辺境にあると考えられた氐人国の人。上半身が人、下半身が魚の半人半魚。人の手はあるが足はない。

挿絵を参考に人の姿に近い順に並べると、上半身が人間の姿をした氐人、顔と両足、両手が人間の陵魚、顔だけが人間の赤鱬、人体に似たところがほぼない人魚となる。これらのうち氐人は中国辺境の国の人、それ以外は魚類だという。

わたしが対面した西光寺の人魚ミイラとそれら四つを比較してみる。人魚ミイラは霊長類風の上半身と魚体の下半身を持つ半人半魚だ。干からびて異様な雰囲気を漂わせているが、その姿は『山海経』の氐人とそっくりだ。わたしは人魚ミイラは氐人をモデルとして作られたのではないかと考えた。そして「八百比丘尼縁起絵」の人魚も氐人型と言っていいだろう。

一方、四つの怪物の中にはその名も人魚と呼ばれるものがいる。挿絵（図3-5）を参考にすると、それは獣の四肢を持つ魚で人体と似たところはない。『山海経』はそれを鯑魚（サンショウウオ）に似ているとする。日本においてサンショウウオが目撃された初期の事例のうち八七九年に成立した『文徳実録』は仁寿二（八五二）年に近江国で奇魚が捕らえられ、それを見た古老は椒魚と呼んだとする。はじかみとは山椒の古名だ。

『聖徳太子伝暦』（一〇世紀頃成立）の著者は『山海経』や『文徳実録』の知識をもとに、六一九年に近江に出現した怪物を椒魚とみなし、聖徳太子がその怪物を人魚と呼んだと記したのではないか。『日本書紀』によれば、近江と同じ六一九年に摂津に出現したものは赤子のようだったというから、実際にはオオサンショウウオだった可能性は高いだろう。

日本における人魚のルーツは『山海経』にあった。氐人や人魚と呼ばれるサンショウウオに似た動物の存在が中国から伝えられ、それぞれ『日本書紀』の怪物に結びつけられて解釈された。また、日本独自の解釈でも人魚が定義づけられるようになる。一〇世紀前半（九三一―九三八）に

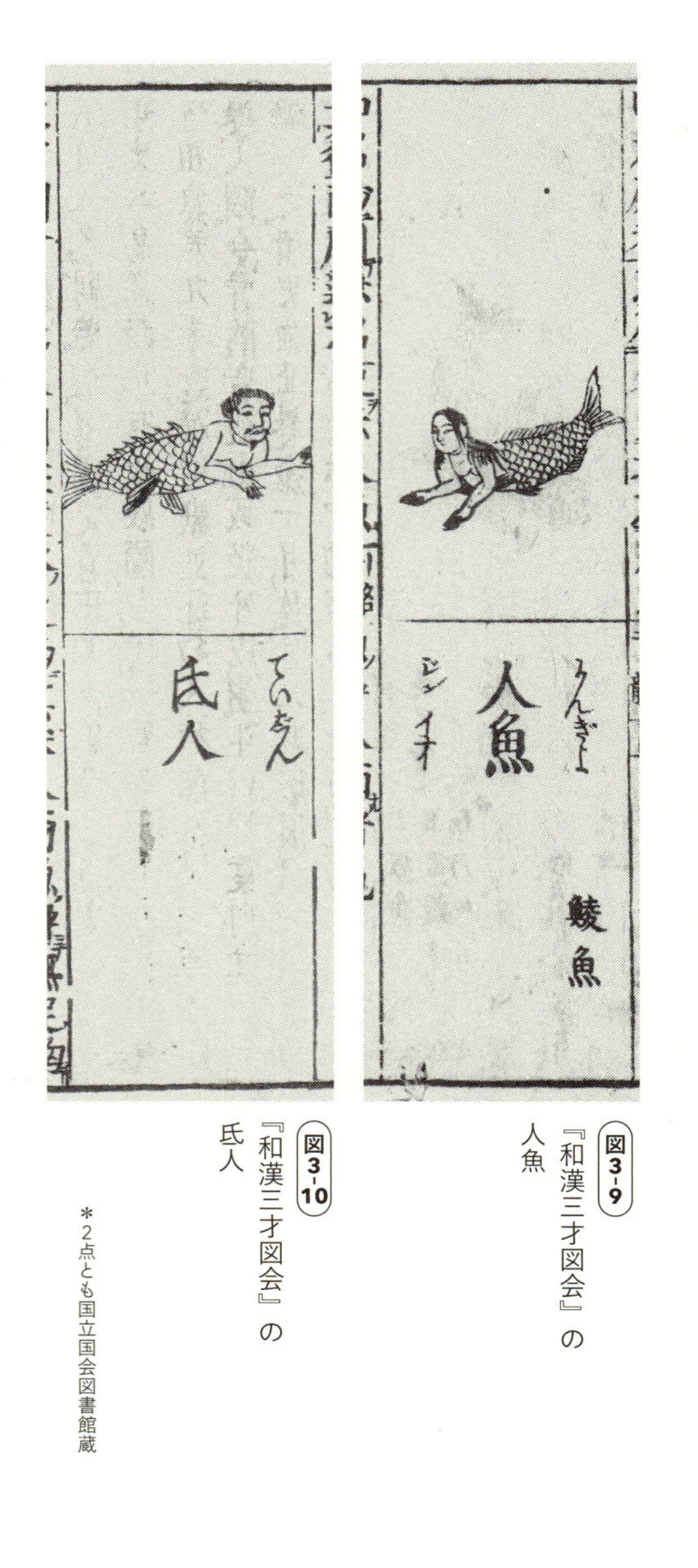

図3-9 『和漢三才図会』の人魚

図3-10 『和漢三才図会』の氐人

＊2点とも国立国会図書館蔵

成立した辞書『和名類聚抄（わみょうるいじゅしょう）』（源順（みなもとのしたごう）著）によれば、人魚は『山海経』の中の陵魚だという。『山海経』に記された人魚を「人魚」とは呼ばず、海に棲む陵魚を人魚と定義している。

時代が下り、江戸前期に成立したとみられる「八百比丘尼縁起絵」に氐人型人魚が登場する。江戸中期の正徳（しょうとく）二（一七一二）年に成立した百科事典『和漢三才図会（わかんさんさいずえ）』（寺島良安（てらしまりょうあん）著）を見ると、「人魚」は氐人のように描かれており、氐人と人魚の違いは前者が男、後者が女というくらいだ。遅くとも江戸前期までに人魚は氐人のようなものとみなされていたのだ。

日本の人魚を時系列で整理すると、『山海経』をもとにして九世紀末頃にサンショウウオに似た「人魚」が知られ、一〇世紀前半には海に棲む「陵魚」という解釈が登場した。そして江戸前期には「氐人」のようなものへと変わっていく。日本の人魚のイメージの変遷を俯瞰（ふかん）すると、時代を経るごとに、人体の比率が増えていく。当初、サンショウウオに似たとされる人魚には人体を思わせるところがなく、次に登場した陵魚は人面魚身（顔と手足が人、胴体は魚）とされ、さらに半人半魚（上半身は人、下半身は魚）の氐人のようなものと考えられた。そのような変化が起きたのは、われわれ日本人にとって、より人間らしい姿の怪物の方が人魚としてわかりやすかったからではあるまいか……と、わたしには思えた。

『［図説］人魚の文化史』（前出）によれば、日本古来の人魚は西洋文化の影響を受けて、美しい女性の上半身と魚の下半身を持つ西欧型の人魚になっていった。そのきっかけは享保五（一七二〇）年八代将軍徳川吉宗によって行われた洋書の輸入禁止の緩和だ。マーメイド型の人魚が描かれたオランダ語版『動物図譜』（ヨンストン著。原著はラテン語）が日本に紹介されたことで氐人型の人魚はマーメイド型に変化し、現在のわれわれが抱く人魚のイメージへとつながっていったのだ。

日本における人魚の変遷を確かめると、もうひとつの特徴がみてとれる。人魚のモデルとみなされるのはジュゴンだが、沖縄では人魚はヨナタマという架空の存在としても語り継がれてきた。それぞれが別物かと思えば、必ずしもそうではなく、どちらも津波を引き起こすものと伝えられている。わたしは人魚には現実っぽいところと、明らかに架空と思われるところの二面性があることを知った。日本人にとって人魚とは、身の回りの自然で見かける未知の動物と『山海経』の幻獣の両面を持つ存在なのかもしれない。琵琶湖周辺で語り継がれる人魚にも、それと似たような側面がある。オオサンショウウオと人魚ミイラは琵琶湖に伝わる人魚の現実と非現実と言えないだろうか……。

八百比丘尼伝説としての検証

八百比丘尼が口にした人魚の肉として、人魚ミイラとオオサンショウウオが該当するかどうかを確かめてみる。

「八百比丘尼縁起絵」の中で調理されていたのは氏人型の人魚だった。その絵は江戸前期(一七世紀後半)に成立したとみられ、すでに当時の人にとって人魚は氏人型の姿をしたものだったことが確かめられる。氏人を人魚とほぼ同じものとして定義しているのは江戸中期の『和漢三才図会』だが、そのような解釈は八百比丘尼伝説が成立していた一四四九年頃に遡れるだろうか。

氏人型の人魚が登場する資料を遡ってみると、徳川家康の家臣、松平家忠(いえただ)(一五五五―一六〇〇)が記した『家忠日記』の天正九(一五八一)年の記録に挿絵つきで次のように書かれている。

正月廿日(はつか)ニかんてんちへあかり候、安土ニ而食人をくい候、聲(こえ)ハとのこほしと鳴候、せ

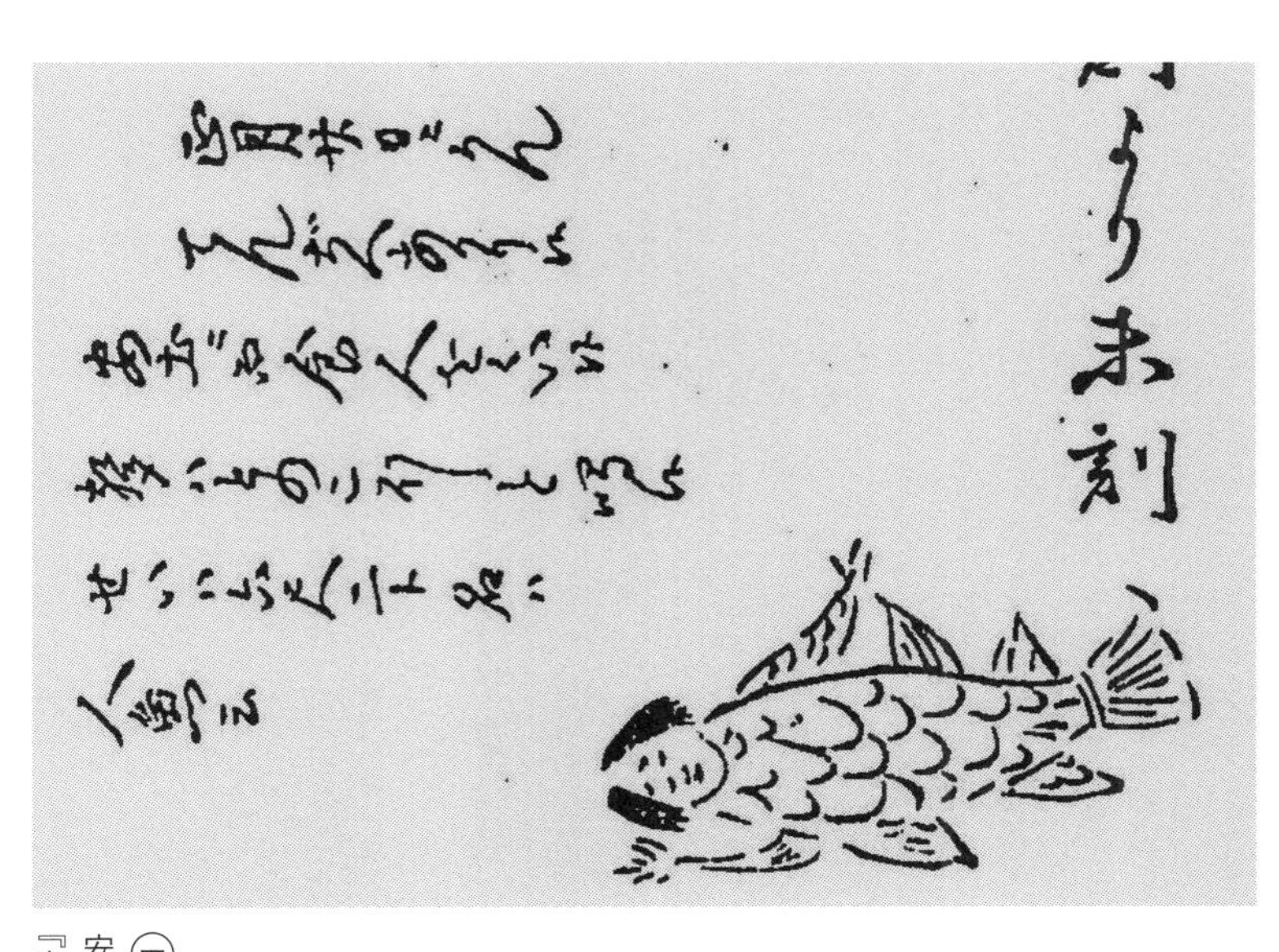

い八六尺二分、名ハ人魚云
（正月二〇日に乾天地〔陸？〕に上った。
それは安土で人を食い「とのこほし」〔不
明〕と鳴いた。身長一八二センチメートル
ほどで、名は人魚という）

この人魚は半人半魚ではないが、二本の手を持つことから氐人の姿に近い。また、博多の龍宮寺所蔵の人魚図（一五五八—七〇年頃成立）はリュウグウノツカイの特徴を持つが、その姿は氐人に似ている（179ページの図5—6参照）。日本における氐人型人魚は安土桃山時代に遡れそうだが、八百比丘尼伝説が誕生していた一四四九年以前の資料は見つける

図3-11 安土桃山時代の一五八一年に遡る氐人型人魚。『家忠日記』より。（国立国会図書館蔵）

ことができない。当時氏人の存在は知られていたが、まだ人魚とははっきりとみなされていなかったようだ。

オオサンショウウオはどうだろう？『山海経』によれば、サンショウウオに似た人魚は、赤子のような声を出し、それを食べると認知症にならないとする。認知症予防になるとすれば不老効果が期待でき、八百比丘尼が食べた肉の条件に近くなる。その特徴はオオサンショウウオにもみられるだろうか。玉山さんとの会話の中で、彼は琵琶湖博物館でオオサンショウウオを見たことがあるという。わたしはそこへ行き疑問を解いてみたいと思った。

われわれは願成寺を後にして草津市の琵琶湖博物館を訪れた。そこでは琵琶湖や周辺の河川にいる約一五〇種類の生物が展示されている。「八百比丘尼縁起絵」の中で弁財天が背に乗っていたナマズ、八百比丘尼の父がその甲羅に乗っていたイシガメなど、伝説に登場する動物を前にわたしはふと考えた。土地の人は目には見えない琵琶湖の神を実在する動物と結びつけることでよりリアルに感じようとしていたのかもしれない。

博物館の奥に進んだわたしはひときわ大きな展示水槽にたどり着いた。水中の岩陰には体長一三〇センチメートルを超えるオオサンショウウオが潜み、その足がチラリと見えた。

実際に対面してみると恐ろしげな怪物に見える。その黒く岩のような巨体の怪物と実際に川で遭遇したら腰を抜かしてしまいそうだ。夜行性らしくまったく動く気配はない。食に対しては貪(どん)欲(よく)で魚やカニばかりかヘビ、ネズミなどを丸呑みし、共食いをすることもあるという。

展示には「オオサンショウウオ（交雑種）」と書かれている。それは中国から持ち込まれたチュウゴクオオサンショウウオと交雑した雑種だという。オオサンショウウオは日本固有種として国の特別天然記念物とされるが、絶滅危惧種にも指定されている。雑種化が進んでいることも問題のひとつだ。

オオサンショウウオは琵琶湖にもいるのだろうか。わたしは近くにいた学芸員に尋ねてみた。

「川から流されてきて琵琶湖で見つかることがあるんですよね。本来は川の上流にいます」

日野川の場合、人魚伝説はその上流にあたる前川と佐久良川流域に伝わっていた。オオサンショウウオの生息域と重なる。

わたしはまた質問した。

「オオサンショウウオは琵琶湖の神さまと言われることはありますか？」

「ナマズならそんな話はありますけど……」

琵琶湖の湖底には龍宮があるとされ、琵琶湖周辺の寺院では人魚のミイラが信仰の対象になっている。だが、人魚のモデルとされるオオサンショウウオを神格化する考えはないようだ。ただし、博物館に掲げられていた展示によると、岡山県真庭（まにわ）市でオオサンショウウオが神として祀られているらしい。

わたしは質問を続けた。『山海経』の人魚は赤子のような声を出すというが、オオサンショウウオの声はそれと似ているのだろうか？

学芸員はあっさりと答えた。

「声帯がないので啼くことはありませんよ」

「啼かないんですか……」

オオサンショウウオは見かけによらず声は発さないという。ただし、水中から鼻先を出して息継ぎするときの呼吸音はあるらしい。

では、オオサンショウウオを食べると認知症予防など不老効果が期待できるだろうか。わたしの疑問に学芸員は「実際に食べたという話は聞かない」と言った。オオサンショウウオは昭和二七（一九五二）年に国の天然記念物に指定されているからだという。後日、それ以前に遡って記録を調べてみると、食通で知られる陶芸家、北大路魯山人（一八八三—一九五九）が自ら調理し実食に及んでいたことがわかった。

『魯山人の料理王国〈新装復刻〉』によると、いつのことかは不明だが、六〇センチメートルほどのオオサンショウウオの腹を割いた途端、山椒の匂いがプーンと立ち、家全体が芳香に包まれた。ぶつ切りにした肉は二、三時間煮ても硬いままで、ようやく歯で嚙み切れるぐらいになったものを口に入れたら、スッポンを上品にしたように美味だったらしい。

見た目はグロテスクでとても食べてみたいという気にはならないが、魯山人のエッセイを読むと、うまそうに思えてくるから不思議だ。魯山人はその薬効などには触れていない。だが、『江戸の性愛文化　秘薬秘具事典』（蕣露庵主人著）を見ると、オオサンショウウオは江戸時代に強精薬として使われていたという。

まだ追跡できそうな余地はありそうだ。わたしはチャンスをみてオオサンショウウオを神として崇拝している岡山県真庭市へ行こうと思った。ところが新型コロナ感染症が拡大し、取材を中断せざるを得なくなった。

実際に現場で調べるチャンスが訪れたのはコロナ禍が一段落した二〇二二年だ。

岡山県北部にある真庭市は中国山地の真ん中に位置し、北は鳥取県と境を接する。オオサンショウウオを神として祀る鯢(はんざき)大明神は、湯原(ゆばら)ダム湖を水源とし、その南へと流れる旭川(あさひがわ)上流部で信仰されてきた。旭川は岡山市中心部を貫流し、瀬戸内海に注ぐ一級河川だ。

オオサンショウウオは捕食するときに大きな口を開け、体が半分に裂けるように見えたことからハンザキ(半裂き)とも呼ばれている。あるいは、体を半分に切断しても生き続けるほど生命力が強いという俗信がその名のいわれという説もある。

車で現地に向かったわたしは旭川上流部にさしかかり、湯原温泉郷の看板を見つけた。霞がかかるように湯けむりがたちのぼる山間部はどことなく浮世離れした異界のようで、オオサンショウウオが祀られている地域にふさわしい神秘を感じさせる。鯢大明神の社に隣接してオオサンショウウオを展示するはんざきセンターが建っていた。

鯢大明神の社は思ったより小さかったが、祀られているオオサンショウウオは途方もない大きさだという。立ち寄ったはんざきセンターで地元の伝説が紹介されていた。

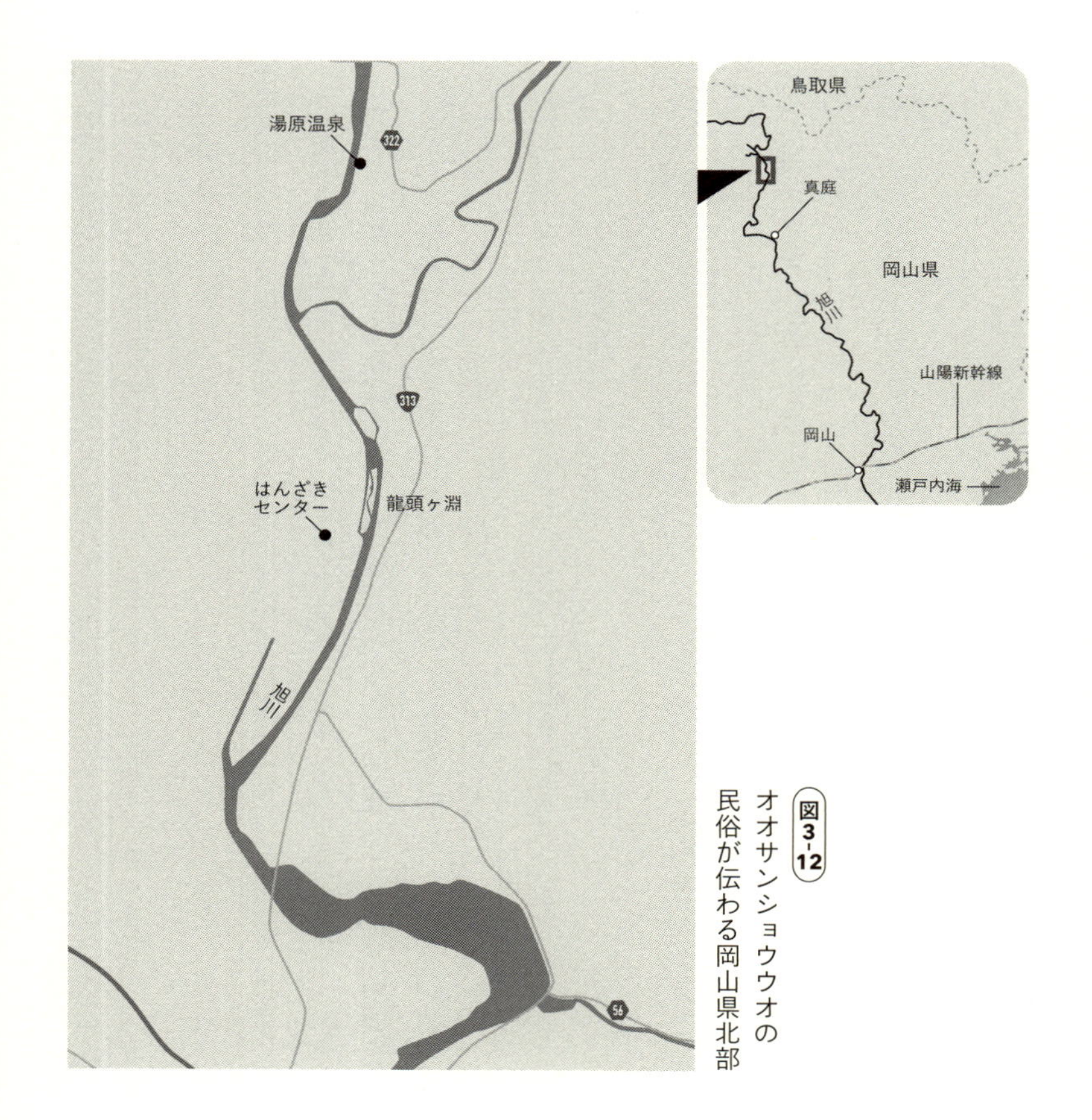

図3-12 オオサンショウウオの民俗が伝わる岡山県北部

現在、社が建つ旭川の上流周辺は龍頭ヶ淵と呼ばれる峡谷で、そこに長さ三丈六尺（約一一メートル）胴回り一丈八尺（約五メートル）の巨大オオサンショウウオが棲み、通りがかりの牛馬や人を食っていたという。文禄元（一五九二）年頃に、近くに住む三井彦四郎という若者が退治に乗り出し、口に短刀をくわえて淵に飛び込んだ。オオサンショウウオは彼をひと飲みにしたが、川の水が真っ赤に染まったかと思うや、彦四郎は腹を内側から裂いて飛び出してきてオオサンショウウオは息絶えた。ところがその後様々な災いが起きるようになり、退治されたオオサンショウウオ

写真3-4
はんざき祭りで使用されるオオサンショウウオの山車。

の霊を鎮めるため鯢大明神として祠に祀られるようになったという。

　はんざきセンターを出ると、巨大なオオサンショウウオを模（かたど）った山車（だし）が保管展示されていた。牛馬や人を飲み込んだ怪物が再現され、その大きさに圧倒される。現在でも八月に行われるはんざき祭りでその山車が温泉街を練り歩くのだという。

　わたしははんざきセンターの裏を流れる旭川を一望する場所に出てみた。護岸工事が施され、かつて龍頭ヶ淵と呼ばれた峡谷の面影はないが、その水はよく澄み、今でもオオサンショウウオが生息しているという。神として祀られたオオサンショウウオが棲んでいたという龍頭ヶ淵だが、オオサンショウウオを龍宮の神獣とみなす言い伝えなどはなさそうだ。

　次に、わたしはサンショウウオの食文化が残る福島県南会津郡檜枝岐（ひのえまた）村にも出かけた。そこは尾瀬（おぜ）国立公園の入り口にあたる観光拠点だ。周囲を会津駒ヶ岳（こまがたけ）、燧ヶ岳（ひうちがたけ）、帝釈山（たいしゃくざん）といった二〇〇〇メートル級の山に囲まれた集落には平家の落人（おちゅうど）伝説が伝わる。地元にはその末裔がまだいるのだろうか……。静けさに満ち溢（あふ）れた檜枝岐には今も隠れ里ではないかと思わせるような夢幻的な空気が流れている。

　檜枝岐では山仕事をする山人（やもうど）たちがハコネサンショウウオを生きたまま丸呑みすればすばらしい強壮効果が得られると語り伝えていた。大きいもので一九センチメートルほどになるといい、それを丸呑みすることには想像しただけでも強い抵抗感を覚える。

『檜枝岐村文化財調査報告書 第1集　檜枝岐の山椒魚漁』（関礼子編著）によれば、昭和三〇年代頃ハコネサンショウウオを食べるという物珍しさから話題を呼び、旅館などではその天ぷらがお膳に並び、山菜や川魚を主とする山人料理の一品として定着した。また、その燻製は「秘境の強精食品」として東京などで販売されるようになったという。

現地を訪れたわたしは売店で販売されていたハコネサンショウウオジェラートを口にしてみた。アイスクリームに突き刺さった一〇センチメートルほどのハコネサンショウウオの燻製は嚙み砕くとほろ苦い味がした。食後に強壮効果をあまり感じなかったのは、やはり生きたまま丸吞みしなかったからだろうか。

オオサンショウウオは八百比丘尼が食べた

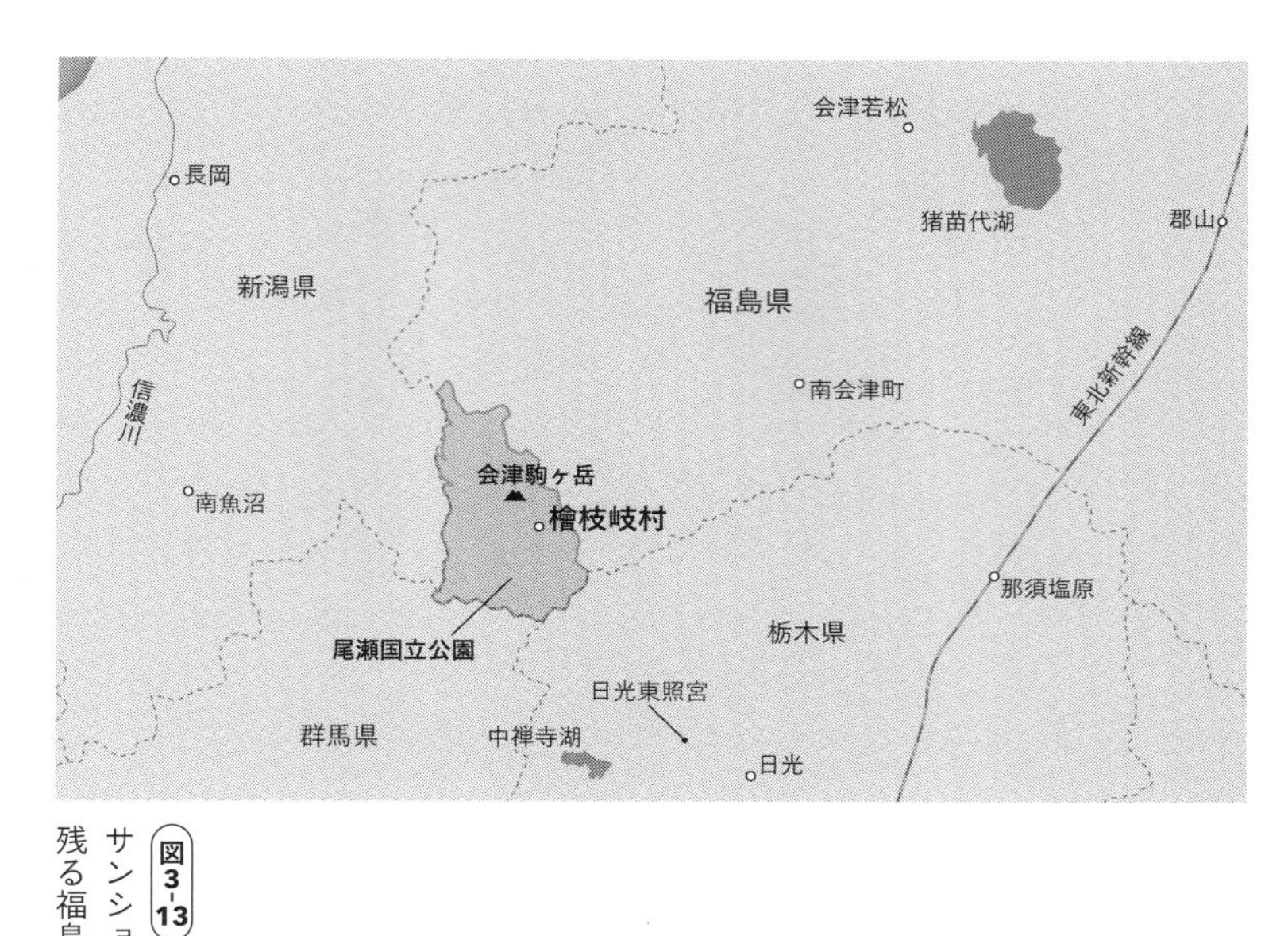

図3-13 サンショウウオの食文化が残る福島県南部

人魚と言えるだろうか。一連の追跡を終えたわたしは得られた情報を整理してみることにした。ジュゴン説を検証した際の八百比丘尼伝説に関わる三つの条件をもとに検証を行う。

条件1　その動物は龍宮のような異界と関係があるか
条件2　その肉には不老長寿の霊薬とたとえられるほどの効果があるか
条件3　上記1と2は八百比丘尼伝説が誕生していた一四四九年以前に遡れるか

八百比丘尼伝説に登場する人魚のモデルを特定するうえで、それら三つは必須条件だ。

条件1を確かめてみる。琵琶湖は龍神信仰の聖地で、その湖底に龍宮があると信じられていた。だが琵琶湖周辺でオオサンショウウオは神格化されておらず、龍神信仰とも結びついていない。岡山県真庭市では鯢大明神として崇拝の対象になっているが、龍宮とは直接の関係はなさそうだ。

条件2はどうだろう。オオサンショウウオは江戸時代に強壮薬として使われていた。

条件3については、条件1、2ともに一四四九年以前に遡れないため基準を満たさない。

人魚のモデルとされるオオサンショウウオだが、八百比丘尼伝説の成り立ちに関与した事実はなさそうだ。

第四章

北洋の人魚
アザラシ・アシカ

隠岐島

アザラシ・アシカ説を探る

ジュゴン説とオオサンショウウオ説。人魚のモデルとされる二つの動物を追跡して、人魚が持つ二面性が見えてきた。ジュゴンとヨナタマ。オオサンショウウオと『山海経』に記されたサンショウウオ似の人魚。

現実と非現実を併せ持つ人魚はミステリアスな輝きを放つ。現実世界で捕まえようとすると人魚は物語世界に姿を移す。架空のものとみなすと、見知らぬ動物として現実世界に再び顔を出す。それは人魚に限らず、UMAにも言える。UMAはリアルとフィクションのカクテルだ。ネッシーが世界中の人々を魅了し続けているのは、それが恐竜の生き残りとされるからだけではなく、現実に生息する動物という側面もあるからだ。UMA検証は現実と非現実の接点を探り、その背景にある歴史や民俗を視野に入れ、深掘りすることで解像度が上がる。

人魚の候補とされるアザラシ・アシカなどの鰭脚類はどうだろう。

振り返れば二〇一二年、わたしが秋田県の八郎潟周辺で行った人魚木簡の取材は最初の人魚追跡だった。洲崎遺跡から出土した木簡に描かれていたものは、その姿形や遺跡に隣接する八郎潟が汽水湖であることなどから鰭脚類だった可能性が指摘されている。また、一緒に出土した板材は鎌倉中期の弘安九（一二八六）年頃のものと判明した。八百比丘尼伝説の追跡を進めるうえで、そのときの見聞は参考になる。

若狭湾に出現した人魚とされる動物の記録三件のうち二件が鰭脚類の特徴を示していた（第三章92ページ）。二つの事例を詳しくみてみよう。

一つ目の出来事は安土桃山時代の天正七（一五七九）年に遡る。江戸前期の史書『当代記』（松平忠明著?）によれば、その年の春、若狭で捕獲された人魚が京都にいた織田信長に献上された。発見当時、その人魚は岩の上に寝ていたとされ、顔や四肢は人のようで体長は五尺（約一・五メートル）ほどだったという。岩の上に寝ていたという点と体長のサイズ感からすると鰭脚類が当てはまりそうだ。

信長に人魚を献上した若狭国の丹羽（にわ）五郎左衛門（丹羽長秀（ながひで）　一五三五―八五）は天正元（一五七三）年、越前国や若狭国で勢力を振るっていた朝倉義景（あさくらよしかげ）を倒し、その功により若狭国を与えられた。献上された人魚に信長がどのような反応をしたのかは不明だが、すでにその一五七九年には八百比丘尼伝説が知られていた。人魚を食すれば不老長寿になるという若狭の伝説とともに信長に進上されたのかもしれない。

二つ目は江戸中期の宝永年間（一七〇四―一〇）に起きた。江戸中期の雑書『諸国里人談（しょこくりじんだん）』（菊岡沾凉（せんりょう）著）を見ると、人魚らしきものが小浜市の北西約一八キロメートルに位置する音海（おとみ）半島で岩の上に寝ていたところを目撃された。頭は人間、襟元に鶏冠のような赤いものをつけ、下半身は魚だったという。漁師がそれを櫂（かい）で打ち殺すと、大地震が起こり音海集落は大津波に飲まれて壊

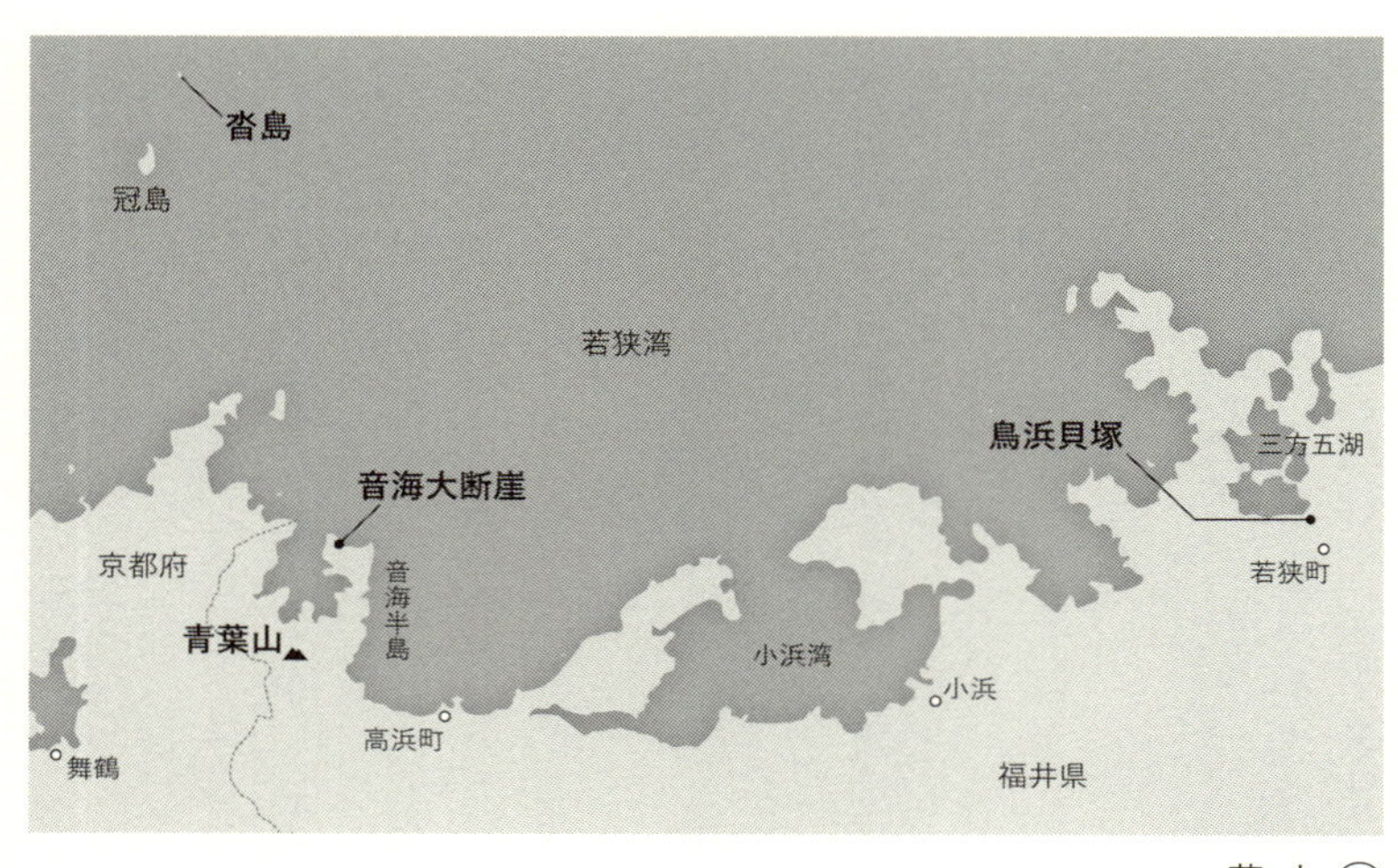

図4-1 人魚伝説が伝わる若狭湾の音海半島周辺

滅的な被害を受けた。人魚はその村から約四キロメートル南西に聳える青葉山（あおばさん）の神の使いとみなされていたため、天災はその祟りと恐れられた。

この人魚も岩の上に寝ていたとされ鰭脚類の可能性が考えられる。人魚が目撃された音海半島には高さ二六〇メートルもある音海大断崖があり、その絶壁の下に鰭脚類が好みそうな岩礁が広がっている。そこは小浜に近いことから、八百比丘尼伝説に登場する人魚も同じく鰭脚類だったのではないかと想像が広がる。

ただし、音海に出現した人魚の襟元には鶏冠のような赤くひらひらとしたものがあったとも記され鰭脚類にはない特徴だ。それは長い腹鰭の先端に赤い突起物を持つリュウグウノツカイを思わせる。

鰭脚類の候補を絞り込む

鰭脚類は海棲哺乳類だ。その分類については諸説あるものの、アザラシ科、アシカ科、セイウチ科で構成される。どれも鰭状の四肢を持ち、泳ぐのに適した体をしている。

そのうちセイウチ科はユーラシア大陸北部や北極海を生息域とする。日本近海への迷入記録はあるものの、経常的ではない。日本ではその姿を見かけることはほぼない。

アザラシ科の特徴は陸上では立つことができず、イモムシのように腰を上下に動かして地面を這って進むことだ。世界に一九種類生息するうち日本で見かけるのは五種類に限られる。北海道以北から回遊してくるゴマフアザラシ、クラカケアザラシ、アゴヒゲアザラシ、ワモンアザラシの四種と、北海道に定着しているゼニガタアザラシだ。魚やイカ、タコなどを餌とし、出産するときは陸か海氷に上がる。ゴマフアザラシは一夫一妻だが、他は一夫多妻のハーレムを作る。現代でもたまにゴマフアザラシが本州以南で目撃され、ニュースで報じられることはあるが、日本沿岸では見かけることは稀な存在だ。

一方、アシカ科のうち日本周辺の海域にいるのはオットセイやトドで、かつてはニホンアシカの姿も見られた。アシカ科の特徴は上体を起こして支え、よちよちと歩くことができる点だ。アザラシと同じく魚やイカなどを食べ、海岸の岩場や砂浜に上がり一夫多妻のハーレムを作る。

オットセイは日本の沿岸に回遊してくることはあるが、ベーリング海やオホーツク海など寒冷な海域に暮らす。外洋で過ごすことが多く、岸に近づくことがほとんどない。そのため人目につくことは稀だ。日本周辺では太平洋の銚子以北、日本海の佐渡島(さどがしま)以東に分布し、生息域に若狭湾は含まれていない。だが、小浜市中心部から一五キロメートルほど北東にある若狭町の縄文遺跡、鳥浜(とりはま)貝塚からニホンアシカやオットセイとみられる骨が出土している(『日本の遺跡五一 鳥浜貝塚』小島秀彰著)。遠洋にいるオットセイが若狭湾に迷い込むことがあったのではないか――。

北海道沿岸で確認されるトドはアシカ科の中では最も大きく成長し、オスは体長三メートル、体重一トンを超えるものもいる。トドは北海道近海に限られる。

ニホンアシカは温暖な海域を好む。日本沿岸や周辺の島々などを生息地としていた。そのため日本でアシカと言えばほぼニホンアシカを指す。若狭湾で捕らえられ信長に献上された人魚や大津波を起こした人魚が鰭脚類だとするならニホンアシカだった可能性が高そうだ。現代の若狭湾でも発見事例があり、昭和三(一九二八)年に湾の西側に浮かぶ沓島(くつじま)で目撃されている。洞穴の中にトドのタナ(店)と呼ばれる場所があり、そこで休んでいる姿が度々確認されたという(「ニホンアシカの復元にむけて(九)ニホンアシカの分布の復元」伊藤徹魯・中村一恵著)。環境省のレッドデータブックは、一九九一年にニホンアシカが絶滅したとする。ただし、カムチャッカ半島など調査が進んでいない地域もあり、研究者の中には生存に希望をつなぐ見方も存在する。

これらの鰭脚類のうち、八百比丘尼伝説と接点があるものを絞り込んでみる。セイウチ科、アザラシ科、アシカ科に属するトドは、北海道以北を生息地としている。北海道には八百比丘尼伝説は伝わっていないので、それらは候補から除外される。八百比丘尼伝説の発祥地、若狭湾に足跡を残しているのはアシカ科のうちトドを除くオットセイとニホンアシカだ。

ニホンアシカとオットセイの違いを確かめてみる。オスの成獣の平均体長と体重はニホンアシカが二四〇センチメートル、四九〇キログラムに達する。オットセイは二〇〇センチメートル、二一〇キログラムだ。ニホンアシカのオスは成獣になると頭の上がコブ状に盛り上がり、ヒゲが黒から白へと変色する。それはオットセイのオスには見られない特徴だ。また、どちらのメスもオスに比べて小さく、ニホンアシカのメスは体長一八〇センチメートルで体重一二〇キログラム、オットセイのメスは体長一三〇センチメートル、体重五〇キログラムだ。ニホンアシカはオットセイに比べて体は大きく、体重は倍以上違う。

日本最古の「海の人魚」

わたしは八百比丘尼伝説とオットセイやニホンアシカの関係を探るため、その伝承地と生息地が重なる場所を探してみた。すると島根県の隠岐(おき)諸島が浮上した。そこには八百比丘尼伝説が伝わり、かつてニホンアシカ猟が行われていたという。現地の人と連絡をとった玉山さんが興奮気味に連絡をくれた。

「八百比丘尼の子孫やっていう人がいるらしいですよ」

小浜には八百比丘尼の末裔と名乗る人はいなかった。隠岐に血がつながった子孫がいるというならぜひ会ってみたい。

玉山さんと伊丹の大阪国際空港で待ち合わせをしたのは二〇一九年六月だった。それは五月に沖縄でジュゴン説を追跡し、金沢大学の黒田氏と金沢で面会後、リュウグウノツカイ説を追って富山県へと旅を続けた後のことだ。

隠岐行きの船は鳥取県の境港から出航する。境港市は日本海の美保湾と中海を隔てるように延びる長さ約二〇キロメートルの弓ヶ浜半島北部に位置する。われわれはその半島南部を占める米子市にも八百比丘尼伝説が伝わると知り、車で大阪から境港に向かう途中に立ち寄ることにした。

米子市に入り集落と農耕地の間を進んでいくと、遠くにこんもりとした丘が見えてきた。その手前には「粟嶋神社」と彫られた石碑や石の鳥居が建つ。車を下りたわれわれは本殿への参道をそのまま進み、一八七段あるという階段の下に出た。頂上にはどんな世界が待っているのか……。そのように自らの好奇心を焚きつけつつ長い階段を息はずませながら登る。たどり着いた本殿の敷地には、二本の柱にしめ縄が結びつけられただけの拝所が二カ所設けられており、柱にはそれぞれ出雲大社と伊勢神宮の遥拝所と書かれていた。拝所はそれぞれの神社がある方角に置かれており、その正面に立って拝むだけで二社の神様を礼拝できるのだという。茂みの間から眼下を眺

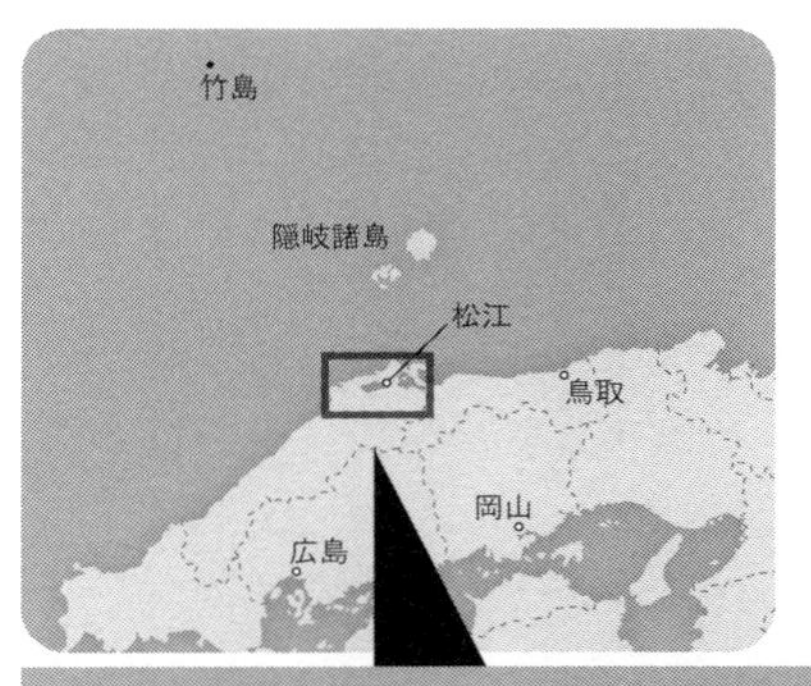
竹島
隠岐諸島
松江
鳥取
岡山
広島

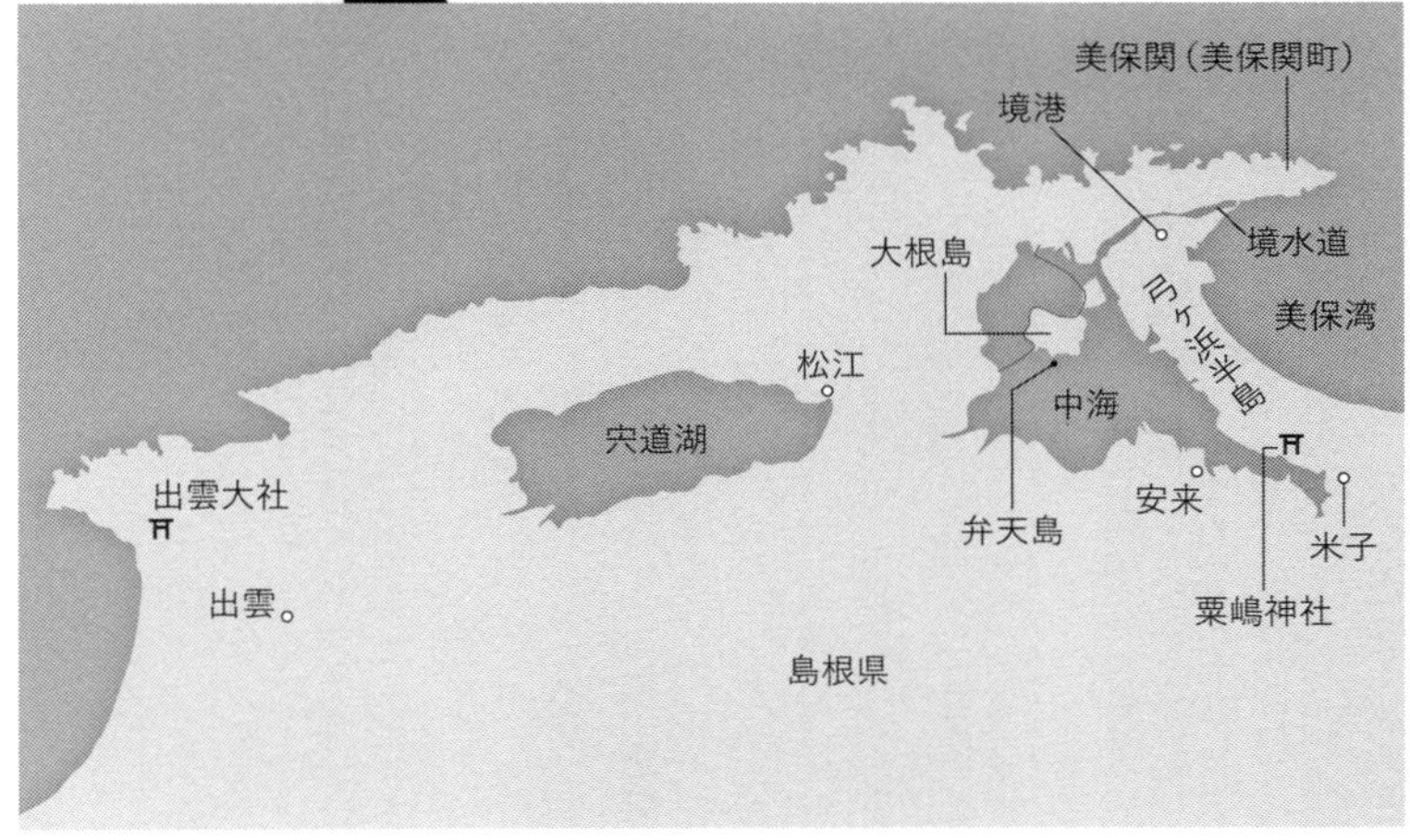
美保関（美保関町）
境港
境水道
大根島
弓ヶ浜半島
美保湾
松江
中海
宍道湖
出雲大社
安来
弁天島
米子
出雲
粟嶋神社
島根県

図4-2 島根県北部

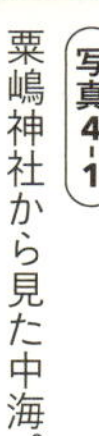
写真4-1 粟嶋神社から見た中海。

めると、雲の色と同じ灰色に染められた中海が横たわっていた。スマートフォンの地図アプリを起動して周囲を確認すると、粟嶋神社から中海を隔てた対岸、わずか一・五キロメートルの至近距離に安来市がある。

一四世紀の法隆寺の出来事などが書き綴られた『嘉元記』によれば、天平勝宝八（七五六）年に人魚とされるものが出雲国安来浦に出現した。残念ながら具体的な姿や特徴などは記録されていないが、島根県安来市が臨む中海は汽水湖だ。

日本における人魚とみなされるものの出現記録（94〜95ページの表3-1参照）を確認すると、六世紀から一九世紀までの間に人魚らしきものの出現記録は四三例を数える。その中で天平勝宝八（七五六）年は四番目の古さだ。それ以前が琵琶湖周辺や摂津の堀江といった淡水域であるため、安来浦は日本で初めての海（塩分を含む水域）での人魚の発見現場ということになる。

　時代は随分と隔たってはいるものの、いつの間にかわたしはその現場近くに来ていた。しかも、ここは八百比丘尼伝説の伝承地でもあるというのだから、人魚と八百比丘尼が交差する場でもある。小浜に伝わる八百比丘尼伝説のほとんどが人魚を海のものとしていることから、海の人魚の出現現場を確認することは追跡を進めるうえで不可欠だ。何か見えない力に導かれてここにやって来たかのような宿命的なものを感じた。

　中海から弓ヶ浜半島をひとつ隔てた美保関町（みほのせきちょう）（現・島根県松江市）では明治一九（一八八六）年にニホンアシカが捕獲され、その剝製（はくせい）が島根大学に保管されている。美保関町が接する美保湾は境（さかい）水道（すいどう）により中海とつながっている。ニホンアシカは餌を求めて汽水湖に入り込むことがあり、海の人魚として日本で最初に目撃された安来浦の人魚の正体もニホンアシカだった可能性が考えられる。

　ところで、アシカ科やアザラシ科など鰭脚類の存在は日本ではいつ頃から知られていたのだろうか。古くは八世紀の『古事記』にみえる。そこに記された海幸山幸伝説の中で、ワタツミの宮を訪れた山幸彦（ヒコホホデミノミコト）は美智（みち）（海驢（あしか））の皮を八枚重ねにした席に招かれ丁重なもてなしを受けた。その美智とはアシカの古語とされる。八世紀にはアシカ科のオットセイ、トド、ニホンアシカが区別されることはなかった。そのため美智がどれに該当するかは不明だ。ただし、本州以南で見かけることが少ないオットセイやトドの可能性は低い。美智とは日本沿海や周辺の島々に幅広く生息していたニホンアシカを指すものと考えられる。

美智の「み」とは水の意で、水神の使いとされる蛇（へび）の巳（み）につながる。「ち」とは霊のことで、水（みず）霊（ち）や雷（いかづち）のように神がかった存在を指す。美智と呼ばれたニホンアシカは水神であり、ワタツミの宮の神獣とみなされていたのだろう。

また、一〇世紀前半（九三一―九三八年）に成立した辞書『和名類聚抄』にはアシカとアザラシが出てくる。それぞれの説明を現代語訳してみると次のようになる。

葦鹿（あしか）　日本の延喜式に葦鹿皮として記されているもの。阿之賀（あしか）。陸奥（むつ）、出羽（でわ）から中央にもたらされた品の中に見える

水豹（すいひょう）　中国の詩集『文選（もんぜん）』に収められた漢詩のうち、西安や洛陽の風俗をテーマにした西京賦（さいきょうふ）に、水豹（阿左良之（あざらし））を捕えると詠まれているもの

平安中期のアシカやアザラシに対する認識は随分と漠然としたものだった。アシカは毛皮を産する動物としては認知されているが、具体的にどのような姿形をしたものかは不明だったようだ。

また、アザラシに至っては海から遠く離れた内陸にある西安などで詠まれた中国の詩に登場するというだけで、日本にいる動物かどうかも知られていなかった。

前述の葦鹿（アシカ）の説明で、その毛皮が出羽から中央にもたらされたとある。「古代・中世前期のアザラシ皮と北方交易」（武廣亮平著）によれば、一〇世紀に北海道からもたらされた海獣の毛皮はアザラシのもので、それは秋田城（秋田市）を窓口として京に納められた。主に宮廷行事の際に身につける刀の鞘や馬具の一部として加工され、貴族社会に流通していたという。アザラシの毛皮も当時はアシカの毛皮として認識されていたことがわかる。

ところで一〇世紀前半の『和名類聚抄』によれば、人魚とは『山海経』に記された海に生息する陵魚のことだという（118ページの図3－7「陵魚」参照）。その挿絵を見ると、陵魚は上陸して二本足で立つこともできるようだ。人魚のモデルであるアシカ科の動物も海から陸に上がり、上体を起こすことができるのは共通している。陵魚は後脚で立ち、アシカ科の動物は前脚に体重を乗せて身を起こすという違いはあるが、脚で体を起き上がらせることができる点は同じだ。海に棲むアシカ科の動物は陵魚に最も近い存在だと言える。アシカ科の動物の姿形がよく知られていなかった時代、それは海辺で見かける人魚（陵魚）とみなされていたのではないか――。わたしは中海を遠くから眺め、古代の海獣について思いを馳せた。

粟嶋神社の階段を下り、こんもりとした丘の外縁沿いの道を進んでいった。すると「静の岩屋八百姫宮」と書かれた看板が目に留まった。茂みにおおわれた崖の前には鳥居が建ち、その奥に

写真4-2 静の岩屋　八百姫宮。

岩穴がある。近づいてみたが低く狭い入り口は柵で塞がれていた。ちょうど中に水が溜まっていたので内部の様子を確かめることもできなかった。

われわれは社務所へ足を運び、宮司の安江（やすえ）禎晃（さだあき）さんを訪ねた。粟嶋神社にはどのような八百比丘尼伝説が伝わっているのだろう。ある人が粟嶋から龍宮のような異界に出かけ、お土産に人魚の肉をもらってくる。それを食べた彼の娘が不老長寿となって八〇〇歳を数えた。彼女は知った者がことごとく死んでいくことの寂しさに耐えられず神社の境内にある岩屋に身を潜めた。干し柿を毎日ひとつずつ食べ小さな鉦を打ち鳴らしていたが、いつしかその音は聞こえなくなったという。

「人魚の肉は中海から運ばれてきたんでしょうか。その先に龍宮があるんですかね」

わたしがそう話しかけると、安江さんは資料のコピーを取り出した。

「『日本書紀』には当社の祭神、少彦名命が粟嶋から常世（海の彼方にある不老長寿の世界）に飛び立ったと書かれているんです。昔ここは中海に浮かぶ小島でした。そして常世ともつながっていたんです」

言われてみれば粟嶋神社が建つ丘は、平地から突き出るようにこんもりとしている。まだそこが海に浮かぶ島だった頃、粟嶋は常世に通じる聖地とみなされていたのだろう。少彦名命は医薬の神とされ、龍宮から不老長寿の霊薬である人魚の肉を持ち帰る八百比丘尼の父とイメージが重なる。

八百比丘尼の子孫？に会う

時計を見ると隠岐に向かう船の出航時間が迫っていた。われわれは車に乗り境港へと急いだ。

隠岐諸島は島根県の北方、四〇～八〇キロメートルの日本海に浮かぶ大小一八〇を超える群島だ。その中で住民がいるのは四島に限られる。西ノ島、中ノ島、知夫里島の三島は本土側に位置することから島前と呼ばれる。三つの島が円を描くように並んでいるのは、今から六〇〇万年前の火山活

図4-3
隠岐諸島

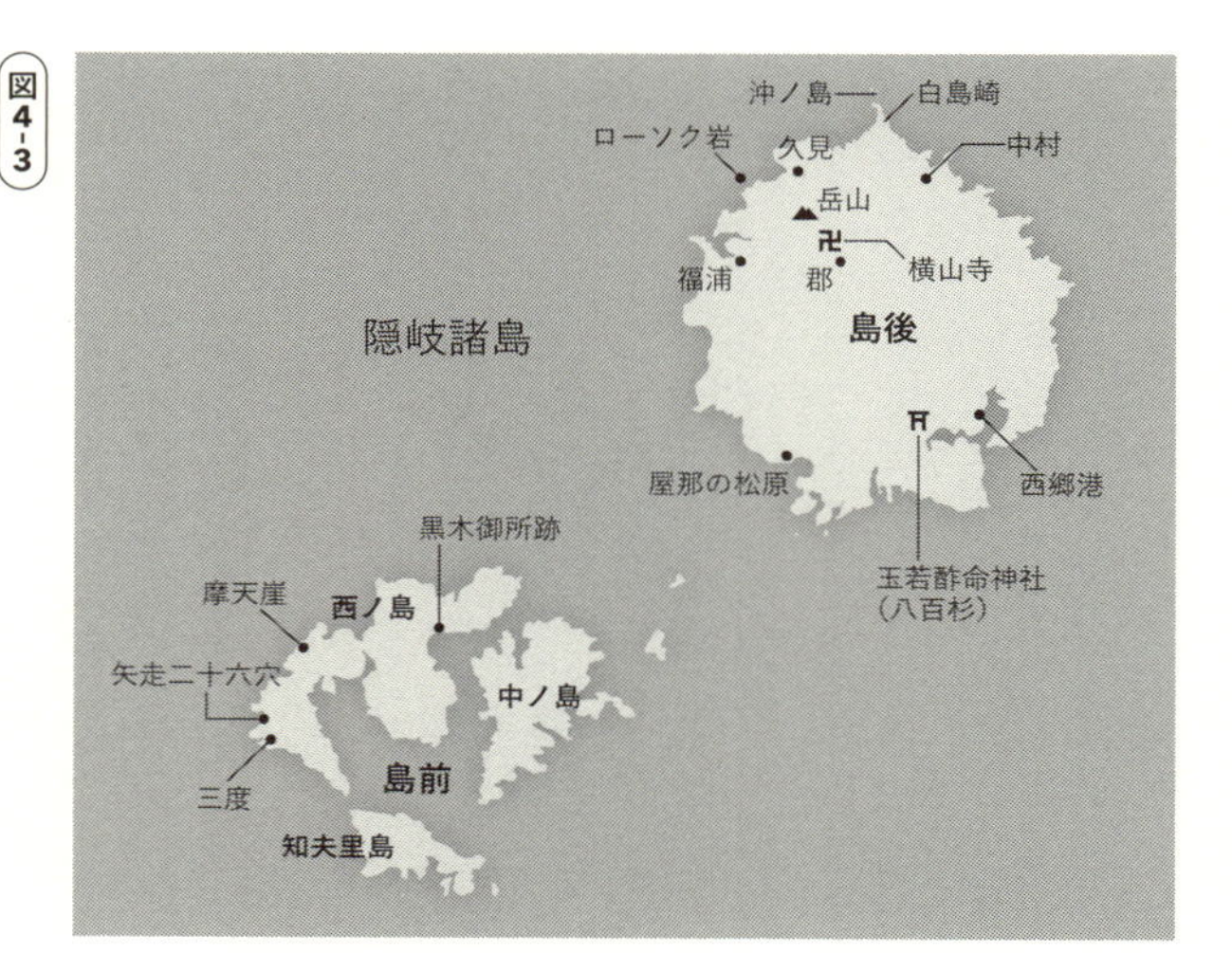

写真4-3
西郷港と背後にかかる赤い西郷大橋。

動によって海中から姿を現したカルデラ（火口の窪地）の名残だという。それらの沖に位置するのが島後と呼ばれる島だ。島を「どう」と発音するのは、かつて山陰道に対して道前、道後と呼ばれていたからという説もある。

われわれが乗り込んだ超高速船レインボージェットは境港から直接島後に向かい約一時間で西郷港に到着した。

われわれは船着場を後にし、停泊している漁船を眼下にしながら八尾川の橋を渡った。やがてその先にかかる赤い鉄橋の西郷大橋が見えてきた。そのどことなくエキゾチックな風景が隠岐での旅の幕開けを告げる。

わたしはいつも旅に出る前に訪れる場所や会う人を決めてアポイントを取る。だが今回の隠岐行きは玉山さんがそれを取り仕切ってくれた。彼は八百比丘尼伝説や人魚などわたしが追跡したいテーマを理解してくれていたので、役場の教育委員会や商工観光課など、地元の文化や歴史に詳しい人に連絡をとってくれたが、中にはわたしでは会うことがなさそうな人も含まれていた。

旅館を経営する斎藤一志さんは地元の神社や歴史に詳しく、われわれの案内役を務めてくれた。また、隠岐の島の観光大使をしている平井篤さんは八百比丘尼の子孫と親戚関係にあたるという。

われわれは最初に八百比丘尼が植えたとされる八百杉を見に出かけた。玉若酢命神社の境内には樹齢千年以上、幹の周囲二〇メートルもある老巨木が柱で支えられながらどうにか地面に立っていた。その存在は八百比丘尼の年齢や偉大さを視覚的に伝えるものだ。また、島後南部の屋那

写真4-4 隠岐の八百杉。

にも八百比丘尼が植林したとされる屋那の松原があり、その沿岸には二〇棟を超える舟小屋が並び、古くから漁師町として知られる地域だと教えてくれた。

斎藤さんがわたしに何気なく問いかけた。

「なんでここを隠岐っていうか知ってますか?」

本州から見てその沖合に浮かぶ島だからではないのか――。そんな言葉が脳裏によぎった。だが、わざわざ問いかけているからには別の意味があるのだろう。斎藤さんが黙り込んだわたしに話し続けた。

「隠岐には隠すという字があてられてますね。最大の謎はこの島の名前が隠されていることなんです」

言われてみると島後には隠岐の島町という行政上の名称はあるが、そこは隠岐という名前の島ではない、島前の三島には西ノ島、中ノ島、知夫里島という名前があるのに島後のこの島の名前は不明なのだ。

「ほんまやな。何が隠されてるんやろ。埋蔵金とか？」

そう反応する玉山さんに斎藤さんはボソリと言った。

「誰も知りません」

このご時世、住民がいるのに名前がない島があったとは——。

そんなやりとりを前にわたしは八百杉を見上げた。思えば八百比丘尼にも同じことが言えるのではないか。八百比丘尼は通称であり、本名は知られていない。隠岐と同じく、彼女の本名は意図的に隠されているのかもしれない。

『日本伝説大系 第一一巻』（野村純一編）によると、隠岐の八百比丘尼は島後北西部に位置する旧五箇村の豪族、比等那公の娘と伝わる。彼女は大和（奈良）からやってきた若者と恋仲になるが、不幸にも彼と死に別れてしまう。彼女は恋人の遺骨を彼の故郷である大和に届けた。ところがその帰路、小浜西津（にしづ）の尼寺に立ち寄ったまま帰る機会を失い、そこで一生を送ったとされる。小浜の西津（現在の小松原（こまつばら）地区。212ページの図6－1参照）は小浜市中心部から北寄りにあり、小浜湾に臨む。小松原は小浜市に四つ候補地がある八百比丘尼生誕地のひとつだ。

不思議なことに、隠岐の八百比丘尼伝説には人魚の肉や不老長寿のエピソードが出てこない。旧五箇村に八百比丘尼の墓やゆかりの神社があると聞き、斎藤さんに案内してもらうことにした。標高三六一メートルの岳山（だけさん）のふもとを走る細道を車で登っていくと、林の中に埋もれかけた御堂が見えてきた。無人となり静まり返った横山寺（よこやま）の境内には八百比丘尼の石塔が建っていた。石碑に刻まれた文字を読むと、昭和三六（一九六一）年の建立とある。思ったより新しい。それは小浜から分骨されて故郷に戻った彼女の遺骨が岳山に葬られたことにちなんで造られたものらしい。石碑には八百比丘尼の遺品とされる御膳と茶碗が川端（かわばた）家に現存すると書かれ、石碑を造った世話人の筆頭には脇田（わきた）ヤスという人の名が挙がる。斉藤さんによれば、その人こそ八百比丘尼の血を引く末裔だという。

次にわれわれは横山寺を離れ、南一・二キロメートルほどの郡（こおり）地区へと向かった。そこは郡川（こおりがわ）沿いにできた集落で、細い道端の斜面に埋もれかけた小さな社があった。丸石が積まれた石段の上に建つのは八百姫神社だ。八百比丘尼を神として祀り、御神体である彼女の御膳と茶碗はその祠の中に納められているという。

脇田ヤスさんの遠い親戚だという平井さんは八百姫神社の近くに暮らす地域の老婦をつかまえ

て尋ねた。

「八百姫さんの御前と茶碗を見てみたいんやけどな」

だが神社を管理している人が誰かすぐにはわからないという。わたしは平井さんに聞いた。

「現物を見たことはないのですか?」

彼は首を横に振り、切り返すように老婦に尋ねた。

「どんなもんか知ってます?」

老婦も首を横に振った。御神体は容易にご開帳とはならないのだろう。平井さんはわたしに向き直って言った。

「やっぱ、おばさんに聞いてみるしかないね」

写真4-5
隠岐の八百姫神社は郡川沿いにある。

横山寺に墓を建立した脇田ヤスさんはすでに他界されていたが、娘の村上末子（むらかみすえこ）さんが近くで暮らしているという。われわれは平井さんの後についていくことにした。

ご自宅を訪ねたがあいにく不在だったのでそのまま待たせていただくと、ほどなくエプロン姿で栄養ドリンクを手にした末子さんが登場した。

「八百姫さんね、わたしの母方の祖先なんです。もちろん一家に伝わる伝説ですけど」

村上さんは母の脇田ヤスさんについて、自分のルーツを探ることに熱心で小浜に出かけたり、八百比丘尼を供養するため横山寺に墓を造ったりしたのだと教えてくれた。先祖代々暮らしてきた家はもう存在しないが、それは郡川の岸辺にあったため、川端という家名（いえな）（通称）で知られていた。地元で川端と言えば、八百比丘尼の末裔として知らない人はいなかったという。

わたしはついに八百比丘尼の末裔だという人に出会えた。本当かどうかを調べることは難しいが、そうだと言うからには何らかの背景があるはずだ。

「人魚の肉について何かご存じですか？」

わたしがそう尋ねると、村上さんは思いがけない話を聞かせてくれた。

「それは八百姫の父が法事に出かけて、郡川の下流にある港町の福浦（ふくうら）から持ち帰ったものだったって聞いてますよ。人魚を食べて年を取らなくなっちゃったから、人魚姫って言われるようになったんです」

「人魚を食べて人魚姫になったって!?　初めて聞いたわ」

平井さんはそう反応し、言葉を続けた。

「おばさんのＤＮＡ鑑定したらすごい結果が出るかもよ」

冗談とはいえ、ちょっと気になる。

それはともかく、村上さんの話を聞いたわたしは隠岐では人魚を食べて不老長寿になったと伝えられていることを知った。村上さんは隠岐の八百比丘尼のその後について話した。

「一八歳のまんまで年を取らなくなったんで、福浦に移り住んで子どもを作り続けたんです」

「いったい子孫が何人おるんか？」

平井さんがそう茶々を入れたが、村上さんは朗らかな笑顔を見せて答えた。

「知りません」

いずれにせよ、福浦で誕生した八百比丘尼の子どものひとりが川端家のルーツになり、その血を継いでいるのが村上さんということになるらしい。八百比丘尼は福浦から小浜に移り住んで、空印寺の岩穴で最期を迎えたという。

「おばさん、いい話聞かせてもらってありがとう」

八百比丘尼の遠い親戚だという平井さんも満足そうだ。

村上さんは別れ際も朗らかな笑顔を絶やさない。わたしは八百比丘尼の微笑みに出会えたようなほっこりとした気分を味わい、その場を後にした。

八百比丘尼の父は法事で福浦へ行き、お土産に人魚の肉をもらってきたという。わたしは村上さんから聞いた話に重要な手がかりを見つけた。人魚の肉が福浦から運ばれてきたという証言だ。そこは江戸から明治にかけて北海道と大阪の間を行き来した廻船の北前船（きたまえぶね）が立ち寄る商港として栄えた。福浦は南北二つの岬に取り囲まれるような良港で、現在では漁港だけでなく観光客が立ち寄る拠点になっている。約四キロメートル北東にローソク島と呼ばれる奇岩があり、高さ二〇メートルほどの蠟燭の形をした岩の上に夕陽が落ちる絶景を眺めるための遊覧船が福浦から発着する。

ニホンアシカ猟を知る古老

福浦から運ばれてきた人魚の肉とは何だったのか――。

わたしは斉藤さんに隠岐のニホンアシカ猟師について尋ねてみた。彼らは獲物を求め、北西一六〇キロメートルに浮かぶ竹島（たけしま）へ出かけていたという。

竹島は現在、日韓の領土問題で揺れている。その発端はニホンアシカ猟にあった。一九〇四（明治三七）年、隠岐の漁師だった中井養三郎（なかいようざぶろう）は、領有権が明確ではなかった無人島の竹島にニホンアシカが生息していることを知り、その猟をするため明治政府に竹島の日本領土への編入と貸下げを求めた。翌年、明治政府は閣議決定を行い、竹島を正式に日本領に編入し島根県の所管になった。隠岐のニホンアシカ猟は明治期以後、竹島が中心地となった。

八百比丘尼伝説との関係を探るためにはもっと昔に遡らなければならない。「古代隠岐島の海獣猟」（内田律雄著）によれば、隠岐でも古代からニホンアシカ猟が行われていた痕跡がある。島後の南部、われわれが船で隠岐に上陸した西郷港の近くに位置する飯ノ山横穴群では、石室の壁に線を刻んで絵を描いた線刻壁画が見つかった。その壁画には家屋、漁網、人、イヌに混じってニホンアシカらしき海獣が描かれていた。遺跡では古墳〜平安時代に作られた土器の須恵器が見つかったことから、線刻画もその頃に遡るとみられる。竹島まで視野を広げなくても、隠岐では古くからニホンアシカ猟が行われていたのだ。

斉藤さんによれば、島北西部の集落、久見にはアシカ猟に従事した人たちが暮らしていたという。彼らは島後の最北端にある白島崎の沖合に浮かぶ沖ノ島に渡り、ニホンアシカ猟を行っていたらしい。われわれは当時のことを記憶している八幡和憲さんを訪ねた。ニホンアシカ猟について尋ねると彼は快活なよく通る声で答えた。

「昭和の初め頃のことですよ。ここではアシカのことをメチって言うんだけど、メチが渦巻きの潮に乗ってやって来るのを網かけて捕まえるんです」

メチという名前は『古事記』の海幸山幸神話に出てくるアシカの古語、美智と発音が近い。「隠岐島三度のアシカ猟」（井上貴央・佐藤仁志著）によれば、隠岐の方言では「イ」が「エ」と発音されることがあるため、「ミチ」は訛って「メチ」と呼ばれるという。

「アシカは群れで泳いでくるんですか」

「そう。群れの中にね、金色のオットセイが紛れていたのは今でも鮮明に覚えてます」

「沖ノ島に猟をしに行ったのは久見の猟師だけですか？」

「いや。島北東部の中村(なかむら)からも行ってましたね」

沖ノ島には東西二つの集落から猟師が競い合うように出かけていたという。

ニホンアシカの需要は獣油と皮にあった。脂肪をドラム缶で煮て取った獣油は食用や照明用の灯油に、毛皮はなめすと心地よい敷物になった。また、幼獣は生かしておいて動物園などに売れることもあった。実際に大阪の天王寺動物園で飼育されていたという。

解体した後の肉はどうしたのだろう。わたしは八幡さんに尋ねてみた。

「ニホンアシカの肉を食べたことはありますか？」

「食べてましたよ。結構うまいもんで、精がつくって言ってね」

それは赤身を塩漬けにしたものだったという。ただし肉の味にはクセがあり、それを好む猟師や港町の人たちが食べる程度で食肉としては流通しなかったようだ。

「精がつくってことは、強壮効果があるということですか？」

わたしが八幡さんに確認すると、彼は「そう、そう」と言って頷いた。

「ニホンアシカを食べると不老長寿になるって話はありませんか？」

わたしは食い下がったが、八幡さんは「それはどうかな」と言って話が途切れた。

八幡さんの話を聞く限り、ニホンアシカの肉に強壮効果はありそうだが、広くそう言われていたかは不明だ。肉に独特のにおいやクセがあるため食用にしていた人はごく一部に限られる。

わたしは八幡さんに隠岐では他にニホンアシカ猟が行われていた場所がないかと尋ねてみた。彼は島前にある西ノ島の三度地区を挙げ、そこにトド塚があると教えてくれた。ここでいうトドとは北海道以北の寒い地方に棲んでいる種ではなくニホンアシカの俗称だ。

われわれは隠岐でお世話になった人たちにお礼を言い、島後の西郷港から船に乗った。そして本土に戻る途中、島前の西ノ島で下船してトド塚を見に出かけることにした。

西ノ島には島流しとなった後醍醐天皇ゆかりの黒木御所（くろきごしょ）、高さ二五七メートルもある大絶壁

写真4-6 猟師が捕獲したニホンアシカを供養するために建てた登々塚。

の摩天崖（まてんがい）など見どころが多い。

観光スポットから外れた一本道の先に三度集落があった。地福寺（じふく）の境内には石碑が集められた一角があり、その中に置かれた高さ約八五センチメートルの自然石に大きく「登々塚」と彫られていた。三度集落の人は近くにある矢走二十六穴（やばせにじゅうろっけつ）と呼ばれる海食洞（かいしょくどう）でニホンアシカ猟を行っていたという。登々塚は明治から大正にかけて建立されたものとみられる。

アシカ説の検証

隠岐での取材を終え、わたしは八百比丘尼が口にした人魚の肉がアシカ科のニホンアシカやオットセイに当てはまるか、論点を整理してみた。隠岐の八幡さんによればニホンアシカの肉を食べると「精がつく」という俗信がある一方、その肉にはクセがあるため猟師や港町の人以外にはほとんど流通していなかったという。自らを八百比丘尼の末裔であるとする川端家の口伝によると、八百比丘尼が食べた人魚の肉は北前船の寄港地として知られる福浦から持ち込まれたものとされていた。そこはアシカの獣油や毛皮が運び込まれる港町だった。川端家がある郡地区はアシカの肉には馴染みがない内陸部だ。福浦を訪れた八百比丘尼の父が特別の料理として渡されたお土産がアシカ肉だったとしても矛盾はない。

ところで人魚の出現記録の中にはニホンアシカと思われる人魚を食べたという事例がある。

建長六（一二五四）年にまとめられた『古今著聞集』によれば、崇徳・近衛天皇の頃（一一三三―五五年）、伊勢湾に臨む伊勢国別保浦（三重県津市中別保付近）で頭は人間、歯は細かく魚のようで、突き出た口は猿に似た魚体の怪物が三匹網にかかった。二人で持ち上げても尾が地面を引きずるほどの大きさがあった。人が近づくと高く喚き声を上げたがそれは人の声に似て、涙を流すところも人に似ていたとする。三匹のうち二匹は平清盛の父、忠盛に献上され、残りの一匹はそれを捕らえた海民に渡された。彼らはそれを切って食べていたが、特段変わったことは起きなかった。その味わいはことに良いものだという。人魚というものはこういうものかと書かれている。

わたしはこれまでガラパゴス諸島やファン・フェルナンデス諸島、フォークランド諸島など南太平洋の島々を訪ね、野生の鰭脚類に遭遇したことがある。岩上にいる彼らはわたしの姿を見ると急いで走り去ったり、海に飛び込むものがいた一方、ハーレムのオスは喚き声を上げてわたしを威嚇した。また、陸上にいる彼らの目の下が濡れているように見えることがあった。一緒にいたナチュラリストのガイドは、鰭脚類には涙を鼻腔に流すことができないため、目から外に流れ出しているのだと教えてくれた。それらの特徴は『古今著聞集』に記された人魚に当てはまる。

一方、その人魚に手足があったと書かれていないことや地面を引きずるほどの大きさだったという点から、それをリュウグウノツカイとみる指摘もある。だが、ニホンアシカのオスは体長二メートル半ぐらいまで大きくなる。リュウグウノツカイは喚き声を上げることはないし、群れを作ることもない。

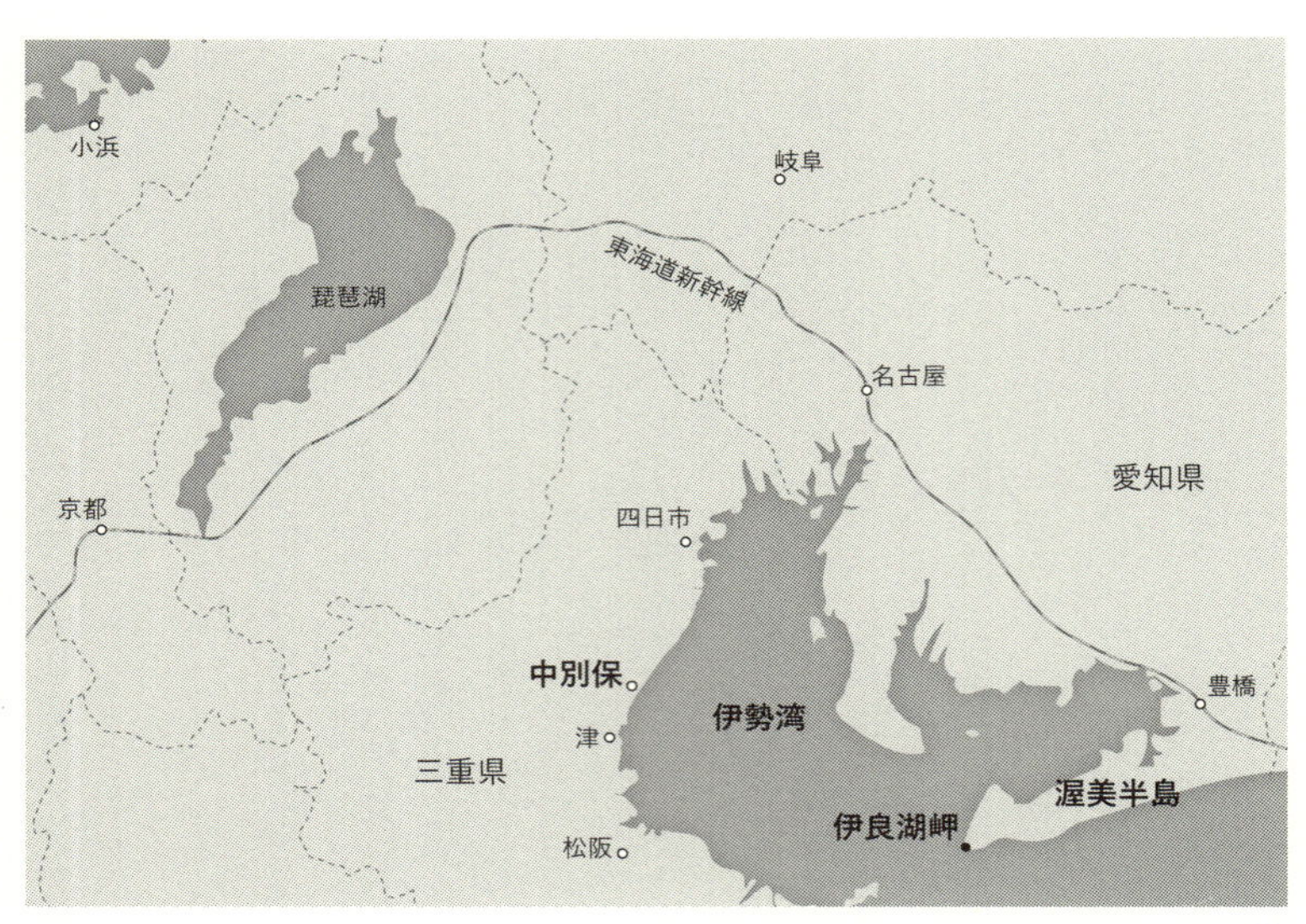

図4-4 伊勢湾周辺図

人魚が捕獲された別保は伊勢湾に臨み、その湾の入り口付近に張り出す渥美(あつみ)半島の先端、伊良湖(いらご)岬付近は明治期頃までニホンアシカの生息地として知られていた。その沖合にはアシカ島と名づけられた島が今も残る(「伊豆諸島に生息していたニホンアシカについて」中村一恵著)。

『古今著聞集』の人魚はニホンアシカとみる方が理にかなっている。重要な点は、人魚を食べたというこの記録に八百比丘尼伝説に関する指摘が見られないことだ。別保浦で人魚が食べられた頃、地元ではまだ八百比丘尼伝説は知られていなかったと言えるかもしれないが、隠岐や伊勢湾の事例をもとにした以上の考察からニホンアシカの肉は不老長寿の霊薬としては曖昧な印象だ。

では同じアシカ科のオットセイはどうだろうか？

江戸初期の史書『当代記』（前出）にはオットセイをめぐる徳川家康のエピソードが記録されている。慶長一五（一六一〇）年四月上旬、江戸に上がった松前（まつまえ）（北海道）の領主、松前慶広（よしひろ）に対し、家康は「かいくじむ（海狗腎）という魚の一部を調進せよ、それを食すれば長命なり」と命じた。『和漢薬百科図鑑（II）』（難波恒雄著）によれば、海狗腎（かいくじん）とは一一世紀以後中国で知られた強壮薬で長さ約三〇センチメートル、直径は一～二センチメートルほどのオットセイの陰茎だ。家康は丸薬に配合し、滋養強壮の目的で服用していた。

海狗腎は漢方の知識とともに中国から伝えられたものだが、オットセイが日本で知られるようになったのは禅僧の有隣（ゆうりん）が貞治（じょうじ）二（一三六三）年頃に著した医学書『福田方（ふくでんほう）』だった。オットセイが生薬と認められていたのは一三六三年頃に遡ることができる。

不老長寿の霊薬としてニホンアシカの肉は漠然としているが、オットセイの肉は該当しそうだ。

これまでわたしはジュゴン説とオオサンショウウオ説を検証する際、「海の異界」「不老長寿の霊薬」「一四四九年以前」の三つのキーワードをもとに、各説が八百比丘尼伝説の内容に当てはまるかどうかを確かめた。アシカ説をその三条件から確認してみる。八百比丘尼が食べた人魚の肉として候補に挙がるのは、アシカ科の動物のうち八百比丘尼伝承地がある本州以南に生息するニホンアシカとオットセイだった。

七一二年に成立した『古事記』を見ると、海の神界であるワタツミの宮では美智と呼ばれるニホンアシカの皮が賓客をもてなす敷物だった。ニホンアシカと海の異界には古くから関係があった。

オットセイの陰茎は海狗腎と呼ばれる滋養強壮薬になる。日本では一三六三年頃の医学書『福田方』にオットセイが紹介されている。不老長寿の霊薬としてオットセイは合致する。

そして上記二つの条件はともに一四四九年以前に遡ることができる。

追跡してきたアシカ科（ニホンアシカまたはオットセイ）は三つの条件を満たしている。八百比丘尼が口にした人魚だった可能性は高い。

第五章

深海の人魚 リュウグウノツカイ

富山・福岡・新潟

富山湾のリュウグウノツカイ

八百比丘尼が食べた人魚の正体として、わたしが挙げた候補の最後がリュウグウノツカイだ。リュウグウノツカイは今なお謎めいた存在だ。アカマンボウ目リュウグウノツカイ科に属する大型深海魚で、体長は三メートルから八メートルに成長する。群れを作らず単独で生活するため目撃されることは稀だ。エラの下から赤い紐状の腹鰭が伸びている。それは宝永年間（一七〇四―一〇）に若狭湾の音海半島に出現し、漁師によって殺されたことで大災害が起きたという人魚の特徴と似ている。

最近の出現状況について調べると、二〇一九年一月と二月に、富山湾で八例の目撃事例が相次いだ。魚津水族館（富山県魚津市）にそれらの情報が寄せられていることを知ったわたしは、知り合いである上市町観光協会（富山県中新川郡）の澤井俊哉さんに尋ねてみた。彼は魚津水族館の稲村修館長と面識があるといい、わたしの取材申し入れを仲介してくれることになった。

富山市の東およそ一五キロメートルにある上市町に向かったのは「八百比丘尼縁起絵」について金沢大学の黒田氏に話を伺った後の二〇一九年五月だ。上市町にも八百比丘尼伝説が伝わっているらしく、澤井さんは魚津に出かける前に、若杉地区の日吉神社に連れていってくれた。八百比丘尼と縁があるとされるのは境内の大きな杉の木だという。

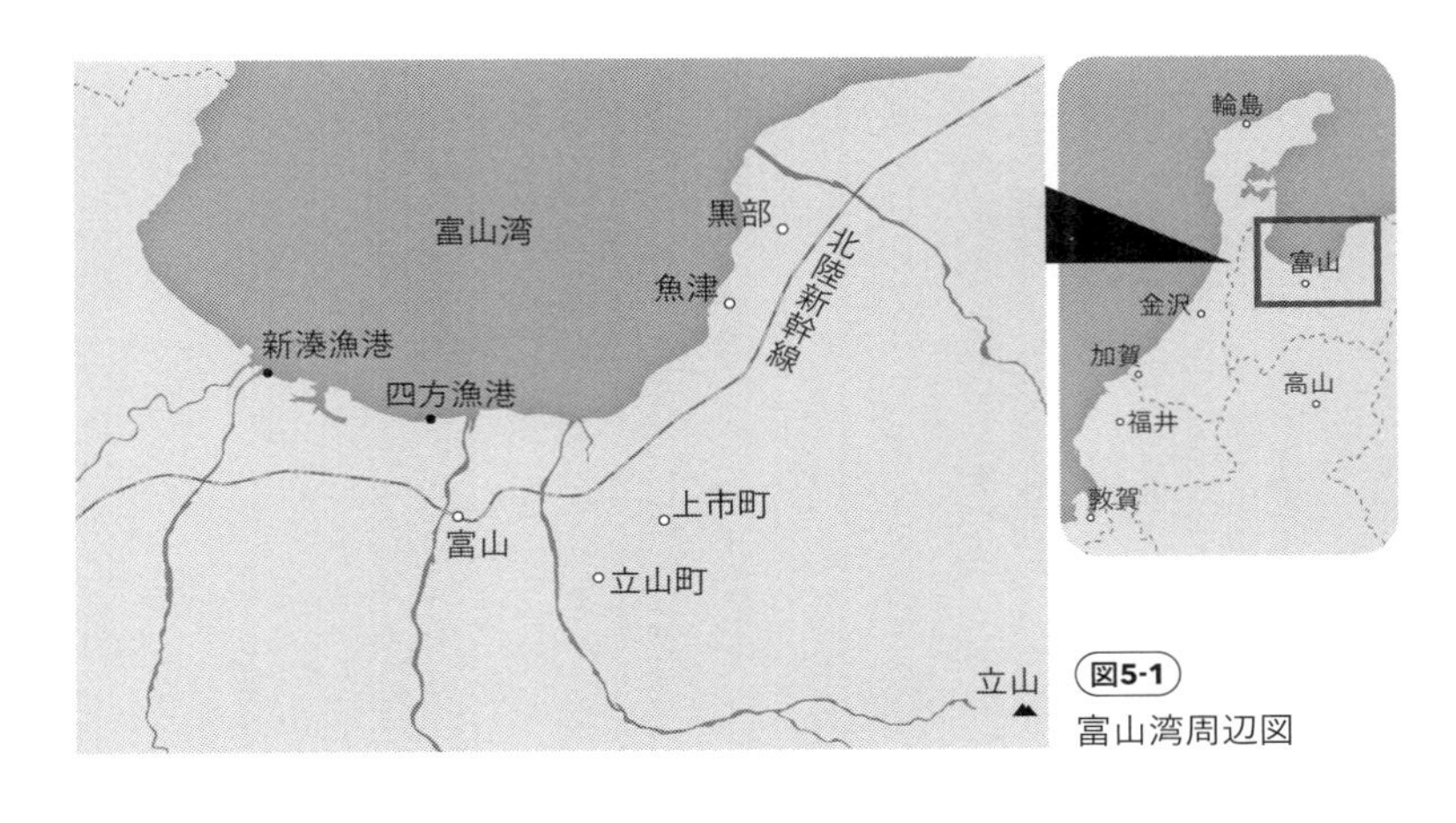

図5-1
富山湾周辺図

「ここで弁当を広げたって話ですよ」

澤井さんはそう言いながら木を見上げた。若狭を出て遊行を始めた八百比丘尼は上市町にも来たのだという。彼女はこの地に生えていた杉の木の枝を折って箸代わりに使い、昼食を終えると地面に刺した。その木の幹は根元より上の方が太く成長し、枝も普通とは逆の下向きに伸びた。そのため逆さ杉と言われるようになった。現在あるのは三代目にあたる木だという。

八百比丘尼伝説は上市町の隣にある立山町(たてやままち)にも伝わっている。八百比丘尼はそこで止宇呂(とうろ)の尼と呼ばれており、彼女には加牟呂(かむろ)の小尼という妹がいたとされる。それら聞き慣れない言葉がわたしの意識に引っかかった。後に人魚ミイラの調査で訪れた和歌山県橋本市の西光寺は学文路という地にあり、それは加牟呂と発音が同じことに気づいた。学文路が位置する高野山周辺と富山県の立山(標高三〇〇三メートル)はともに山岳信仰の霊場だ。「山島民譚集」(柳田國男著)によれば、中世から近世にかけて、熊野比丘尼と呼ばれる尼僧たちが山岳信仰の中心地である熊野を起点に各地を巡り歩き、民衆に地獄と極楽を絵解きして仏道を勧めたという。中には薄化粧をして色を売った歌比丘尼と呼ばれる者もいた。八百比丘尼伝説が誕生し、全国一六八カ所に伝わった背景には、そのような遊行の尼僧の存在があったのだろう。

　われわれは上市町から魚津に到着し、駅の周辺で「蜃気楼の見える街」と書かれた大きな看板を目にした。蜃気楼は春から初夏にかけて気温や風向きなどの条件が整った日に出現する。光の屈折により遠くの景色や物体が逆転したり引き伸ばされたりして空に映し出される現象だ。

　江戸時代の魚津では蜃気楼は喜見城と呼ばれ、吉兆とみなされた。喜見城とは仏教の教えにある理想郷で、金、銀、瑠璃（ラピスラズリ）、玻璃（水晶）、硨磲（シャコガイの貝殻）、珊瑚、瑪瑙の七宝で飾られた天上の城とされる。海上に浮かぶ見慣れぬ光景が理想郷を連想させたのだろう。魚津水族館の隣にはミラージュランドと呼ばれる遊園地があり、ひときわ大きな観覧車が天に聳え、その非現実的な光景がわたしを幻想世界の奥へと引き込む。

　水族館に入ると、長さ四メートル近いリュウグウノツカイの液浸標本が置かれていた。二〇〇九年に黒部市の海岸に打ち上げられたものだという。また、壁には魚体の色味や光沢を再現した模型も飾られていた。わたしはそのメタリックな色彩を前に、光がわずかしか届かない深海を泳ぐ姿は水中に稲光が走るように見えるのではないかと想像を膨らませた。何よりも印象的なのは、銀色の魚体についた真っ赤な背鰭だ。それは頭部から紐のように長く伸びている。同じよう

写真5-1
魚津水族館にある
リュウグウノツカイの模型。

に真っ赤な腹鰭も紐のように伸び、先端部が鰭になっている。他に類を見ないリュウグウノツカイの姿形は模型からも十分伝わってくる。

展示を見た後、わたしは澤井さんとともに事務所に入り、館長室へと案内された。

そこで迎えていただいた魚津水族館の稲村館長はいきなり話し始めた。

「取材に来られる方は皆さん、リュウグウノツカイの出現は地震とか津波の予兆では?って聞かれるんですよ。でもそういうデータがあるわけじゃないです」

わたしのリュウグウノツカイに対するどこか夢見心地な気分はそんな一言で振り払われ

た。人魚の正体をつかむには空想ではなく科学が必要だ。確かに普段ほとんど見かけない魚が二カ月のうち八回も出現したのだから、海で異変が起きているのではないかといった憶測を呼ぶのは無理からぬことだ。姿を見せるだけで地震などの予兆かと人々を不安にさせるリュウグウノツカイは不吉とみなされたかつての人魚を思わせる。

稲村氏によれば、リュウグウノツカイは富山近海で、水深五〇～一五〇メートルの定置網にかかる。水深二〇〇メートル以下の中深層に生息する深海魚とされてはいるが、何かの理由で水面近くまで上がってきているのだろう。いずれも幼体ではないことから、日本海が繁殖地ではなさそうだ。それらは餌となるエビのような形をしたプランクトン、ツノナシオキアミを追いかけて太平洋から東シナ海を抜け、日本海に泳いできているのではないかと稲村氏は言う。

リュウグウノツカイという名前には想像力を掻き立てる響きがあり、そのルーツが気になる。だが命名者や命名された時期は不明だ。富山湾周辺では花魁（おいらん）と呼ばれることもある。水面付近で背鰭を揺らしながら立ち泳ぎする姿が舞を踊る遊女を彷彿（ほうふつ）とさせるからだという。西欧の人魚は船乗りたちを虜（とりこ）にする妖艶でエロチックな女性とみなされたが、日本の人魚にも似たようなイメージがつきまとう。

「花魁という呼び方は人魚にも通じますね」

そう反応したわたしに稲村さんが補足した。

「サケガシラも花魁って呼ばれていますよ。新湊（しんみなと）の漁師町で耳にするくらいですけど」

リュウグウノツカイと同じアカマンボウ目に属するフリソデウオ科のサケガシラも赤く鮮やかな背鰭が振袖姿の女性を思わせる。体長は大きくても二メートルに満たず、鋭い歯を持つのが特徴だ。

魚類図鑑『富山のさかな（第二版）』（魚津水族館編・発行）を見ると、それら以外にも水深一〇〇〇メートルを超える富山湾で捕獲される深海魚の種類は多い。中には比丘尼と人魚を結びつけたような名を持つビクニンもいる。富山湾で見られるビクニンは体長一五センチメートルほどと小さく、魚体は白っぽく目立たない。それらと比べてもやはりリュウグウノツカイの存在感は群を抜いている。

八百比丘尼伝説との関係で気になるのは、それが不老長寿の霊薬と言えるかどうかだ。そもそもリュウグウノツカイは食用になるのだろうか？

わたしの質問に稲村氏は淡々と答えた。

「食べてみましたけど」

リュウグウノツカイを食べた人がいるとは思ってもみなかったので、わたしは思わず身を前に乗り出した。

「どんな感じでした？」

すると稲村氏はトーンを変えず答えた。

「若返った実感は特にないです。味も美味いものではありませんでしたよ。刺身にすると水を含んだゼリーみたいな感じで、それでフライにしてみたら、中身がなくなっちゃいました」

「なくなった？」

「まあ、溶けたんでしょうね」

リュウグウノツカイの身は食べようとすると蜃気楼のごとく消えてしまったということらしい。いきなり肩透かしを食うような話だ。リュウグウノツカイを食べれば不老長寿になるという話はなさそうだ。


取材後、澤井さんと食事に行き、メニューにある幻魚（げんげ）の唐揚げを勧められた。シロゲンゲという深海魚でそれを目当てに魚津まで来る人もいるという。


わたしは出てきた唐揚げをしげしげと眺めた。

「まさかリュウグウノツカイのフライみたいに中身がなくなっているってことはないですよね」

わたしは冗談半分にそう言った。マボロシの魚だなんて、魚の名前からして怪しい感じがする。からりと揚がった衣を頬張ると、中から白身でジューシー、ほくほくの身がこぼれた。こういう幻なら何度でも味わいたい。これもまた魚津の蜃気楼が生み出す龍宮御膳の一品に違いない……。幻の魚がそんな幻を呼ぶ。

江戸時代に頻出するリュウグウノツカイに似た人魚

リュウグウノツカイを人魚のモデルと主張したのは魚類学者の内田恵太郎（うちだけいたろう）だった。一九六〇年に刊行された「人魚考」の中で、彼は江戸時代に目撃された人魚と呼ばれるものの様子を検討し、青白く長い体や赤っぽい髪を挙げ、それらはリュウグウノツカイに共通する特徴だと指摘した。人魚出現記録のうち、リュウグウノツカイの特徴を持つ人魚の事例は七件ある。

1 貞応（じょうおう）元（一二二二）年、福岡市博多区付近に人魚が漂着し、龍宮からの使者とみなされ龍宮寺（りゅうぐうじ）が創建された。長い体と髪に結んだ赤い紐が特徴。

2 寛永一二（一六三五）年に完成した『長崎見聞録』（広川獬（ひろかわかい）著）に掲載された人魚図は長い魚身と髪を持つ。腹部は赤く色づいている。リュウグウノツカイの特徴をデフォルメして擬人化すればこのようになるのだろう。（次ページの図5−2参照）

3 宝永年間（一七〇四―一〇）に若狭湾の音海半島に出現した人魚の襟元には鶏冠のような赤くひらひらとしたものがあった（『諸国里人談』前出）。

4 延享年間（一七四四―四八）の初め頃、九州北部の玄界灘（げんかいなだ）で目撃された人魚は「女の姿をして色は青白く、長い髪は薄赤かった（中略）上半身が海に沈んだかと思うと、

図5-2
『長崎見聞録』に見える人魚図。
リュウグウノツカイを思わせる。
（国立国会図書館蔵）

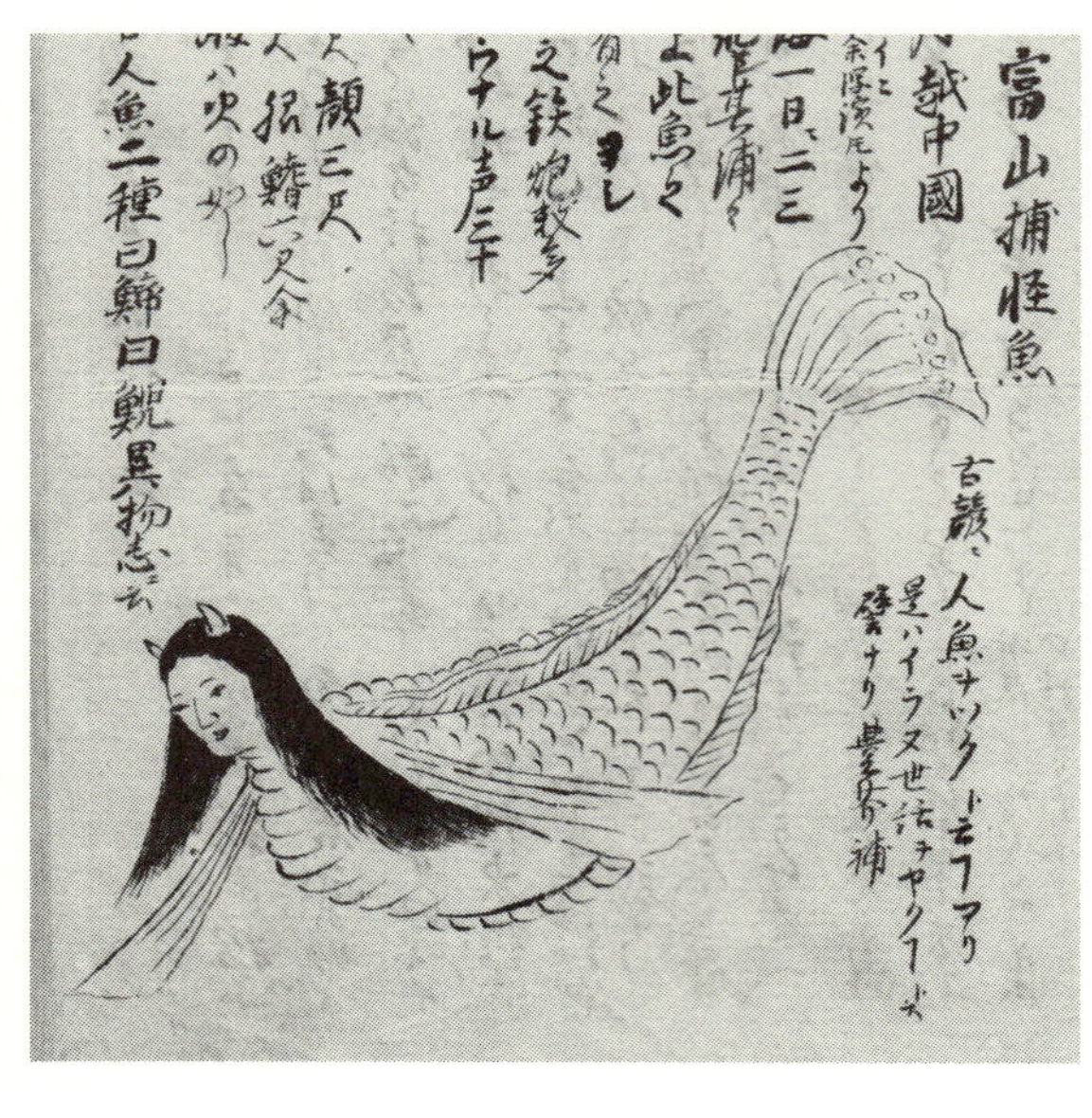

図5-3
文化二（一八〇五）年に富山に出現した人魚。
『街談文々集要』より。（国立公文書館蔵）

水上に魚身が現れ、それが沈むと魚尾が出た」と『甲子夜話』（松浦清〔静山〕著）に記されている。人魚らしきものの目撃談は漠然としたものが多いが、これは描写が具体的だ。

5 宝暦年間（一七五一―六四）に陸奥湾（青森県）で発見された人魚は赤黒い髪をし、肌は白かったという（『六物新志』大槻玄沢著）。

6 文化二（一八〇五）年、富山市四方漁港周辺に姿を現した動物は頭にツノと長髪が伸びる龍女のような姿をし、腹部は火のように赤く、体長三丈五尺（約一〇・五メートル）だった（『街談文々集要』石塚豊芥子著　図5-3参照）。

7 文政元（一八一八）年、讃岐（香川県）に出現した人魚は色が白く、乱れ髪をしていたという（『未完甲子夜話』松浦清著）。

以上リュウグウノツカイ型人魚七例のうち、鎌倉時代に遡るものが一件、ほか六件は江戸時代に集中している。そのうち紐を髪に結んでいることや、長い髪、乱れ髪など髪に特徴を持つものは六例（上記3以外）。また、体の一部などが赤かったというのも六例（7以外）を占める。それらは長く伸びるリュウグウノツカイの腹鰭や背鰭を思わせる。

ところで、江戸時代には長い髪と体の一部が赤い色をした妖怪が知られていた。『妖怪事典』（村上健司編著）によれば、神社姫は鱗におおわれた細長い体を持ち、その長さは二丈（約六メート

図5-4 肥前国に出現した神社姫。長い髪と赤い腹部を特徴とする。
（三次もののけミュージアム蔵）

ル）ほどで、頭に角を生やし、長い髪をした女の顔をしているとされる。それは江戸後期の文政二（一八一九）年に肥前国（長崎県と佐賀県）に出現し「我は龍宮の使者、神社姫というものなり。当年より七カ年は豊作だが、虎狼痢（コレラ）という流行病が発生する。しかし、我が姿を描いた絵図を見ればその難を免れ、さらに長寿を得るだろう」と物々しく語ったという。

この神社姫は江戸後期の人々からは人魚とはみなされていない。だが、リュウグウノツカイや江戸時代の文献に記された人魚（173～175ページ　2～7）と見た目に共通点がある。江戸期にはまだリュウグウノツカイという名称を持つ魚は存在しなかった。そのため「我は龍宮の使者」と名乗った神社姫は、リュウグウノツカイの命名に何らかの影響を与えたのではないかとわたしは考えた。

最古のリュウグウノツカイ型人魚を追う

リュウグウノツカイ型人魚を現場で確認したいと思い、前述の七例を調べてみると1の福岡県博多市の龍宮寺は現存しているという。ところが取材の計画を立てようとした矢先、新型コロナ感染症が拡大し、旅を延期せざるを得なくなった。

ようやく旅に出るタイミングが巡ってきたのは二〇二二年五月だった。龍宮寺は博多駅から地下鉄でひと駅の祇園（ぎおん）駅を出た冷泉町（れいせんまち）にある。その近辺は博多旧市街と呼ばれ、中世には日本最大の貿易港湾都市として栄えていた。龍宮寺はその歴史とともに歩んできた名刹（めいさつ）だ。

境内にある墓地の一角に人魚塚の石碑があった。龍宮寺にはどんな人魚が伝わっているのか。玄関のインターフォンを押すと「中に入ってエレベーターに乗ってください」と返事があった。エレベーターのドアが開かれ、わたしは上階にある本堂へと向かった。人魚を追って昔にタイムスリップするどころか、むしろ近未来に足を踏み込んでしまったような錯覚に陥る。

扉が開くと、約束をしていた住職の岡村龍生（りゅうせい）さんがお堂を背に待っていた。

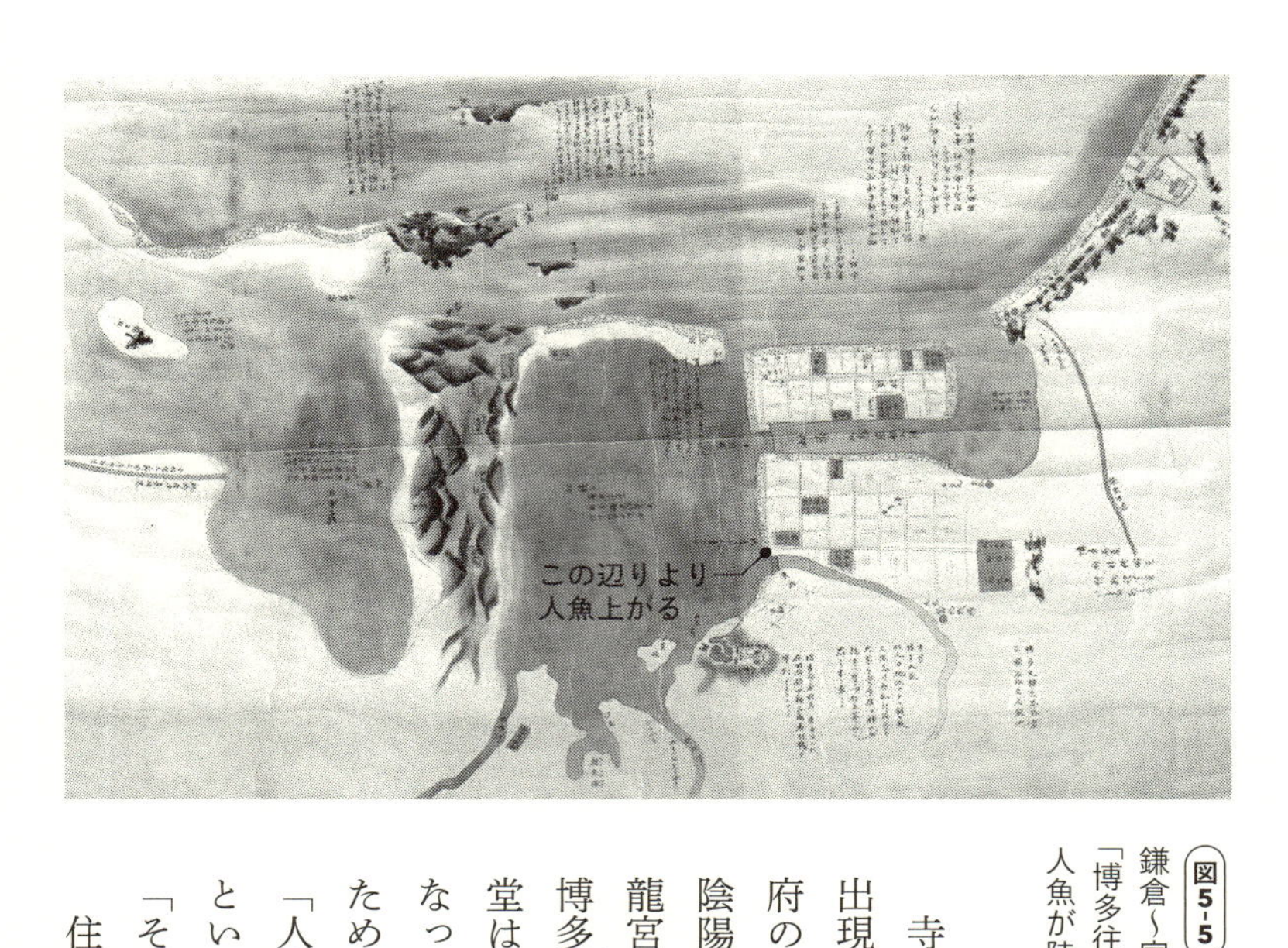

図5-5 鎌倉～室町期の博多を推定して描いた「博多往古図」（福岡県立図書館蔵）。人魚が陸に上った場所が示されている。

寺の縁起によれば、博多湾に人魚らしきものが出現したのは貞応元（一二二二）年のこと。鎌倉幕府の勅使として冷泉家中納言が人魚の検分に訪れ、陰陽師によって国家長久の瑞兆と判断された。龍宮寺がある冷泉町は冷泉家に由来する。人魚は博多長橋のたもとに埋葬され、そばにあった観音堂は龍宮浮御堂（現在の龍宮寺）と呼ばれるようになった。人魚が龍宮からやって来たとみなされたためだという。

「人魚は八一間、つまり約一四七メートルあったといいます」

「そんなに大きいんですか……」

住職の説明を聞き、わたしは現実味を感じなか

図5-6 龍宮寺所蔵の人魚図。人魚は赤い紐を髪に結び、両手と尾鰭に宝珠を持つ。

った。地球最大の生物であるシロナガスクジラでさえ最大クラスは三〇メートルだ。龍のような姿を思い浮かべればいいのだろうか……。

寺には永禄年間（一五五八―七〇）に描かれたとされる人魚図が残る。頭から胸部までが女で、顔は仏像のように安らかな表情をし、髪を結ぶ赤い紐がひらひらと揺れる。下半身の魚体は鱗におおわれ、多くの棘（とげ）が伸びていた。人魚は両手と尾鰭に宝珠を持つ。宝珠とは龍王の脳から出た玉で、尖った上部の周囲に炎が上がる。あらゆる願いを叶える尊いものとされる仏教の教えにある宝物だ。

絵の詞書（ことばがき）によれば、人魚の体長である八一間は博多長橋の長さでもあるという。橋が退転すれば博多は滅亡し、橋があれば富貴だとし長橋の重要

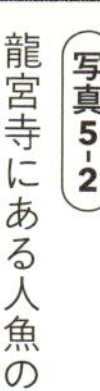
写真5-2 龍宮寺にある人魚の骨。

性が謳われている。人魚が実際に八一間あったわけではなく、双方の長さを同じものと謳うことで、瑞兆の人魚が長橋の守護神となるよう期待されたのだろう。この人魚図は氏人型をしているが、鎌倉期に出現したという人魚はやはり長橋を思わせるような細長い体を持っていたのではないか。九州北部ではその後もリュウグウノツカイを思わせる特徴である、長い髪または赤い色を持つ人魚が目撃されている（173・175ページ　1・4）。

住職は手前に置かれた展示台へとわたしを案内した。それはもうひとつの寺宝である人魚の骨と伝えられているものだ。哺乳類を思わせるそれら六つの骨は江戸時代に寺の境内から掘り起こされたものだという。

「盥の水にこの骨を漬けましてね、疫病などに対する魔除けとして縁日に飲んでいたようです」

その話にわたしは敏感に反応した。

「不老長寿の霊薬ということですか？」

「今ではちょっと考えられないですけどね」と住職は答え、不老長寿というよりは魔除けの呪いのようなものだと教えてくれた。

『和漢三才図会』によると、オランダ人は本国で人魚の骨を「バイシムレ（倍以之牟礼）」と呼び、解毒薬として使っていたという。欧州ではジュゴンやマナティが人魚とされていたので、その骨のことを指すのだろう。そして龍宮寺で行われていた縁日行事は、オランダ人が長崎の出島を通じて日本に伝えた知識に基づくものかもしれない。

蜃気楼を生み出す幻獣「蜃」を追う

龍宮寺での取材から、人魚と龍宮の関係は龍宮寺が開基された貞応元（一二二二）年頃まで遡ることがわかった。ただし、寺の縁起や人魚図からは博多に出現した人魚がリュウグウノツカイだったのかは判断できない。人魚の体長は橋と同じ一四七メートルだったという話から、リュウグウノツカイはこの世に姿を現した龍とみなされていたのかもしれない。リュウグウノツカイという名前からもそんな連想が膨らむ。

人魚のモデルをリュウグウノツカイだと主張する内田恵太郎は、リュウグウノツカイ型人魚のルーツを探り、中国から伝わった伝説上の動物、蜃（しん）が原型だろうという。蜃とは口から気（息）を吐いて蜃気楼を生み出すとされる幻獣だ。一五九六年に中国で刊行された漢方薬の書『本草綱目』（李時珍著）によれば、蜃は龍や蛇に似た想像上の動物で、頭に赤いタテガミを持ち、体は蛇のように長く、腹の下に逆さに生えた鱗である逆鱗（げきりん）を持つ。その脂を蠟に混ぜて蠟燭を作るとよい香りがしてよく燃え、煙の中に楼閣（ろうかく）の形が現れるという。

『和漢三才図会』（一七一三年）に掲載された挿絵を見ると、蜃の姿は龍そのものと言える。蜃は現在では忘れ去られてしまったが、『本草綱目』が日本に伝わった江戸初期にはもっと知名度があった。徳川家康の霊廟を守る日光東照宮奥宮の鋳抜門（いぬきもん）にはその彫り物が施されている。現在でも容易に立ち入ることができない墓域の核心部にあたり、蜃が厚く崇敬されていたことを示している。

図5-7 蜃気楼を吐き出すとされる蜃。姿は龍のようだ。（国立国会図書館蔵）

蜃気楼とは文字通り、蜃が吐き出す気により生み出される楼閣を指す。それは神秘的な現象として昔から人々の想像を掻き立ててきた。天上の楽園、喜見城とみなしていた富山県の魚津市以外にも広島県廿日市市（はつかいち）では蜃気楼を蓬莱と呼び、黄金色に輝き渡る海の理想郷とみなした。蓬莱といえば八百比丘尼の父が出かけた異界でもある。人々は蜃気楼を現世に立ち現れた別世界と見たのだ。

内田氏は江戸時代に目撃された人魚が蜃のイメージに近いことに気づき、その長い体と赤いタテガミがリュウグウノツカイの特徴に当てはまると説いた。人魚のモデルはリュウグウノツカイであると同時に、蜃でもあるというわけだ。確かに蜃の赤いタテガミは、わたしが確かめたリュウグウノツカイ型人魚の特徴である髪と赤に当てはまる。

わたしはこれまでの追跡から、人魚は現存する動物と架空の動物のイメージが混ざり合って生み出されたものではないかと考えてきた。動物の正体がはっきりしていなかった時代に、古くから知られる幻獣のイメージが加味され、ミステリアスな人魚とみなされるようになった。蜃とイメージが重なるリュウグウノツカイにも同じような側面があるのかもしれない……。

永遠の火を灯す人魚の膏（あぶら）

魚類学者の内田恵太郎は「続人魚考——リュウグウノツカイ」の中で、リュウグウノツカイと同じアカマンボウ目に属するサケガシラを食べたときの印象を次のように記している。

焼いたのだが、肉は白く、筋肉繊維は退化傾向を示して非常に柔らかく、繊維の間にゼラチン質が多くて、舌ざわりはべらべらしてうまくなかった。『本草綱目』の蜃の肉の脂はロウのようだというのは、こういう状態をいったのであろうと思った。

『本草綱目』には蜃の脂を混ぜて作った蠟燭はよい香りがしてよく燃え、煙の中に楼閣の形が現れると書かれていた。内田氏はサケガシラの肉が蠟を思わせる食感だとし、それが蜃の膏（あぶら）（動物の脂肪）を連想させると言うのだ。

蜃は口から気を吐いて蜃気楼を生み出すだけではなく、その膏にも神秘的な特徴がある。蜃の膏を連想させるような話は紀元前一世紀に前漢の司馬遷（しばせん）が書いた歴史書『史記』に出てくる。秦（しん）の始皇帝（紀元前二五九―同二一〇）の墓がある地下宮殿について記した箇所だ。

水銀で百川（ひゃくせん）・江河（こうが）・大海（たいかい）をつくり、機械で水銀の水をそそぎ送った。上は天文を具（そな）え、下は地理を具え、人魚の膏をもって燭（ともしび）とし、永く消えないようにした。

始皇帝陵墓の地下宮殿の天井には星座が、足元には彼が統一した国土の様子が再現され、機械仕掛けで川や大海に水銀が流れる構造になっていた。水銀は銀のような白い光沢を放つ、常温でも液体を保つ金属だ。そして墓内を永遠に明るく保つために、人魚の膏に火が灯されていたという。古代中国では人魚の膏の灯火は長時間燃え続けるものと信じられ、不滅の火を連想させたのだろう。

始皇帝は不老長寿に対する憧れを強く抱いていた。『史記』によれば、彼は不老長寿の霊薬がある蓬莱を探すために、徐市（徐福とも）と呼ばれる仙術の修行者を東方海上へと派遣した。徐市は中国に戻ることはなかったが、日本各地で彼が来訪したと伝える徐福伝説が知られている。佐賀や和歌山のほか、若狭湾では日本最古の浦島伝説が伝わる丹後半島の伊根町もそのひとつだ。

不老長寿に憧れる始皇帝は辰砂と呼ばれる硫化水銀を服用していた。彼の陵墓である地下宮殿に作られた川や海に水銀が流されていたというが、それはまさに不死の水が流れる川であり海を表していたことになる。だが、彼は毒性が強い水銀の中毒にかかり五〇歳で命を落とすことになった。不老長寿の霊薬と信じられた水銀の毒で命を落とすのは皮肉だが、過去においてはそれが現実だった。

水銀に対する俗信は日本でも知られ、淳和天皇（七八六―八四〇）や仁明天皇（八一〇―八五〇）らが水銀と硫黄が結びついた硫化水銀や金を液状にした金液丹を不老長寿の秘薬として服用していたことが『続日本後紀』に書かれている。

かつて小丹生と書かれた小浜市の遠敷は、硫化水銀である丹を連想させる地名だ。小浜市で取材に協力してくれた熊谷久恵さんに、地域の歴史に詳しい九〇歳の古老、山口文温さんは次のように語ったという。

「かつて小浜には五香(ごこう)という五種類の漢方を混ぜた薬があった。母親の乳首にそのネズミ色の薬を塗り、乳飲み子はそれを飲んで育ったんや、わしもそうや。五香屋という薬屋が若狭姫神社の門前にあって、そこの一子相伝(いっしそうでん)の秘薬が五香なんや。五種類の漢方のうち、原料が何かは四つまではわかるけど最後のひとつは直系の子にしか伝えとらんのや。若狭姫神社の裏山は昔は水銀が採れた鉱山やった。今もその跡が残る。わしは秘密の薬とは水銀（丹）やったんではないかと思うとる」

小浜で丹が採れたのであれば、それは不老長寿の秘薬とみなされたはずだ。だが、丹は八百比丘尼伝説と関係がない。八百比丘尼が口にするのは人魚の肉だからだ。伝説が誕生した背景には人魚の肉と不老長寿を結びつけるものがあったはずだ。

そこで気になるのが人魚の膏だ。始皇帝の霊廟で焚かれ、消えることなく燃え続けたと言われる。日本では人魚の膏はいつ頃から知られていたのか。応安(おうあん)年間（一三六八―七五）に成立したとされる『太平記』（巻第二八）には次の一節がある。

人魚ノ油十万石、銀ノ御錠ニ入テ長時ニ灯ヲ挑(かかげ)タレバ、石壁暗シトイヘ共青天白日ノ如ク也。

人魚の油を銀の皿に入れて長時間火を灯したので、暗い石壁が青天白日のように明るかったという。この話は八百比丘尼伝説が誕生していた一四四九年以前に遡る。つまり、伝説の背景には人魚の膏が不滅の火を思わせるものだという認識があったはずなのだ。

もし人魚の膏を人が食べたらどうなるのだろう。人魚の肉を口にした八百比丘尼は内なる火、つまり体内エネルギーを永遠に燃やし続ける力を得たのではないか。それこそが不老長寿の秘密だった!? 八百比丘尼が不老長寿になった理由は人魚の膏で説明がつくのかもしれない——。そんな想像がわたしの脳裏をよぎった。

八百比丘尼伝説が誕生した頃には『太平記』はすでに存在していたとみられることから、八百比丘尼伝説の作者は人魚の膏の不思議な力を知っていて、それを食べた八百比丘尼が不老長寿になったという筋書きを考えついたとみることもできる。それはわたしの思いつきにすぎないが、時系列的にはあり得ない話ではない。

これまでの追跡を振り返り、リュウグウノツカイが八百比丘尼の食べた人魚として該当するかを三条件から確かめてみる。

第一の条件は海の異界との関係だ。リュウグウノツカイはその名前から龍宮と接点がある。由来や命名時期などははっきりしていないが、姿形が似た神社姫という妖怪が鍵を握る。それは文政二(一八一九)年、肥前国(長崎県と佐賀県)に出現し「我は龍宮の使者」と語ったことから、名前の出所はそれかもしれない。

第二の条件は不老長寿につながる効果があるかどうかだ。蜃の膏には神秘的な力があるが、リュウグウノツカイそのものは不老長寿の霊薬とみなされた形跡はない。

第三の条件である年代感はどうか。龍宮寺の縁起はリュウグウノツカイを思わせる人魚が博多湾に出現したのが一二二二年と伝えている。

第二の条件に当てはまらないことから、リュウグウノツカイは八百比丘尼が食べた肉とは言えない。そんな検証結果を手にしたものの、わたしには新たな好奇心が生まれていた。蜃や人魚の膏だ。リュウグウノツカイ型人魚のモデルとされる蜃は赤いタテガミを持ち、その膏で蠟燭が作られたとされる。一四世紀後半に成立した『太平記』には人魚の膏を灯せば火は消えることがないという話が出てくる。

わたしは蜃や人魚の膏が、その後の日本の人魚伝説にどう影響を与えたのか追跡してみたいと思った。

『赤い蠟燭と人魚』の背景を探る

リュウグウノツカイ型人魚のモデルとされる蜃の特徴である「赤」と「蠟燭」から、わたしは『赤い蠟燭と人魚』を連想した。児童文学作家の小川未明（一八八二―一九六一）が書いた童話だ。

もしかしたらその童話に登場する人魚は蜃と関係があるかもしれない。その物語は次のような内容だ。

北の海に棲む身重の人魚がとある海辺の町の山の上の神社に子どもを産み落としていった。人魚の子どもは蠟燭屋を営む老夫婦に拾われ、神様からの授かりものとして大切に育てられた。人魚は娘に成長すると赤い絵の具で蠟燭に絵を描いた。その絵の美しさが評判となり、蠟燭屋は繁盛し始める。

噂を聞きつけた露天商を営む香具師(やし)が遠方からやって来て、老夫婦に人魚を売ってほしいとせがんだ。最初はそれを拒んでいた老夫婦だがお金に目がくらみ人魚を手放すことにしてしまう。人魚は真っ赤に塗りつぶした蠟燭を悲しい思い出の品として残し、香具師に連れられていった。ある晩、老夫婦のもとに、髪が濡れたままの色白の女がやって来て赤い蠟燭を買っていった。老婦が女の置いていった銭を確かめてみると、それは貝殻だった。騙されたと思って慌てて外に出てみたが女の姿はもうなかった。

ちょうどその夜、人魚を乗せた船が沖を航行していた。色白の女が店を去った後、海は急に大(おお)時化(しけ)となり、人魚が乗った船ばかりか数え切れないほど多くの船が難破した。老夫婦は罰が当ったと後悔し、蠟燭屋をたたんでしまう。

その後も山の上の神社に誰かが赤い蠟燭を灯すようになり、その度に海は大荒れとなった。しかも赤い蠟燭を見た者が海で溺れ死ぬといった災いまでが起きるようになった。山の上の神社も人々から疎まれるようになり、ついにその町は滅びてしまった。

この作品誕生の背景を調べてみると、小川未明の生まれ故郷、新潟県上越市には彼にインスピレーションを与えた地元の人魚伝説が伝わり、大潟区雁子浜に人魚塚が建っているという。そこに伝わる話とはどのようなものだろうか。童話と共通する赤や蠟燭といったキーワードを持つのか。また、蜃の膏を混ぜて蠟燭を作る話との接点も見つけ出せるだろうか。わたしは机上を離れ、伝説の核心を現場で確かめてみたいと思った。

博多へ取材に出かけた翌月の二〇二二年六月、わたしは北陸新幹線の上越妙高駅に降り立った。駅の近くでレンタカーに乗り換え、北へと向かう。まずは約三キロメートル先にある上越市立高田図書館をめざした。そこには小川未明文学館があるという。駅の東側を流れる矢代川の流れと並行に進み、一級河川の関川に合流するあたりで高田城址公園が見えてきた。公園内には復元された三重櫓が建ち、それを取り囲むように陸上競技場や学校、図書館が並んでいる。

小川未明文学館では彼の書斎が再現されていた。畳敷きの和室に座卓、座布団、火鉢が置かれ、創作現場の様子がわかる。大型スクリーンで代表的な作品が上映されるなど、作品の世界観に触れることができるような工夫が施されている。わたしはそれらを見学しながら『赤い蠟燭と人魚』執筆の背景を確かめてみた。

明治一五（一八八二）年四月、上越市で生まれた未明は上京するまでの一八年間を故郷で過ごした。東京専門学校（現・早稲田大学）に入学し、師事した坪内逍遥から「未明」という雅号をもら

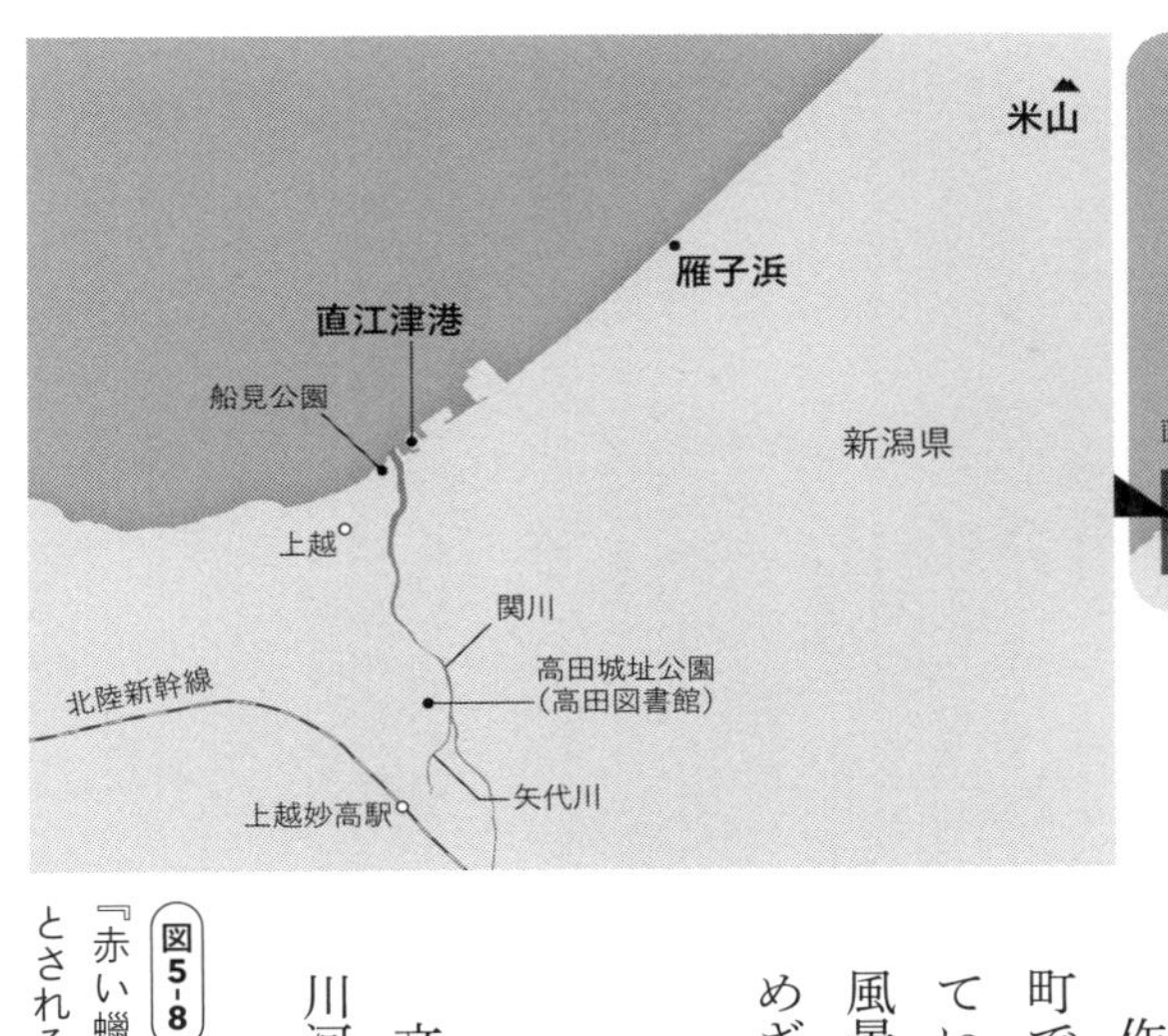

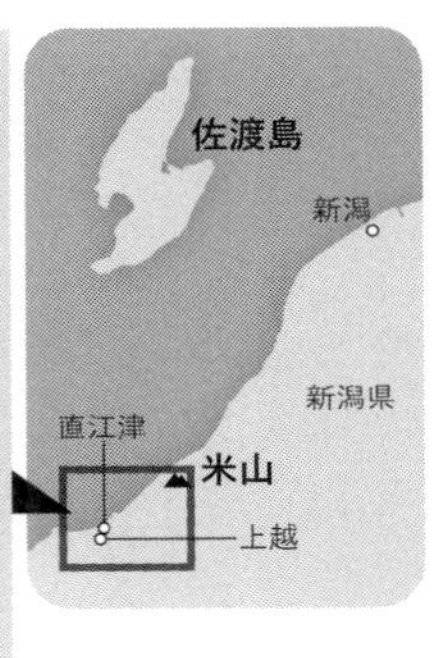

図5-8
『赤い蠟燭と人魚』の舞台とされる新潟県西部

った。『赤い蠟燭と人魚』を東京朝日新聞に連載したのは大正一〇（一九二一）年、三九歳のときだ。彼はその後も故郷に戻ることなく昭和三六（一九六一）年に七九歳で生涯を閉じた。

作品の中で人魚が登場するのは北の海に臨む小さな町で、未明は少年時代に訪れた新潟の港町を思い描いていたようだ。わたしは図書館を出て、彼が目にした風景を探し求め高田から関川の流れに従って日本海をめざした。

人魚塚の人魚とは――

文学館で手に入れた地図を参考に、日本海に注ぐ関川河口付近の船見(ふなみ)公園に出かけた。そこには赤い蠟燭

写真5-3 船見公園にある『赤い蠟燭と人魚』をモチーフにした人魚像。

と人魚の像が建っている。それは海に臨む岩の上に腰かけた美少女人魚で、両手で蠟燭を抱えている。うつむき加減の表情はどこか物憂く、影が差す。

平成三（一九九一）年に建立されたというその像はアンデルセンの人魚姫とどこか似ている。アンデルセンの人魚姫が日本で知られるようになるのは明治三七（一九〇四）年以後のことで、小川未明が『赤い蠟燭と人魚』を書いたのはそれから一七年後のことだ。どちらも児童文学であり、人魚は悲劇のヒロインとして描かれている。未明が日本でも評判となったアンデルセンを意識しなかったはずはない。それはともかく、わたしが追跡するのは未明にインスピレーションを与えたという新潟の人魚伝説だ。

船見公園がある関川の対岸に直江津（なおえつ）の港がある。停泊しているカーフェリーに乗れば佐渡島に二時間四〇分ほどで到着する。空気が澄んでいる日には海岸から島を眺めることができるという。その日はうっすらとだが島影が見えた。

わたしは直江津港から国道八号に入り、どこまでも直線的に延びる日本海沿岸を北東へと進んだ。海の藍色は深く、濃い。空に浮かぶ白雲が白波を追いかけるようにゆっくりとこちらに進んでくる。

そのまま一〇キロほど進み、大潟区雁子浜にある人魚伝説公園にたどり着いた。整地された一角に常夜燈が建ち、その奥に「人魚塚伝説の碑」と彫られた石碑が置かれている。どちらも公園が整備された平成五（一九九三）年に建立されたものだ。

掲げられた案内にはこの地に伝わる伝説が書かれていた。佐渡の娘は恋する潟町（かたまち）（雁子浜の南西）の若者に会うため、毎晩、常夜燈の明かりを頼りに舟で海を渡ってきた。若者の仕事は海沿いにあった明神様の常夜燈に火を灯すことだったが、ある日、親が決めた許嫁（いいなづけ）と会うことになった彼は火を灯さなかった。すると翌朝、娘の遺体が浜に打ち上がり、心を痛めた若者も海に身を投じた。二人に同情した村人は比翼（ひよく）（夫婦のこと）塚を建て、いつしかそれが人魚塚と呼ばれるよ

写真5-4 雁子浜の人魚伝説公園。伝説に登場する常夜燈が再建されている。

うになったという。

　この伝説が小川未明にインスピレーションを与えたとされる。昔と変わることなく波が打ち寄せる海岸には、再建された常夜燈や石碑が建ち、伝説の舞台としての記憶をかろうじて留めているかのようだ。

　その一方、わたしは奇妙な違和感を覚えた。人魚塚とはいうものの物語に人魚が登場しない。比翼の塔がいつの間にか人魚塚と呼ばれるようになったというが、その説明では人魚伝説を求めてきたわたしとしては正直、納得がいかない。なぜ人魚が出てこない雁子浜の伝説が人魚伝説と呼ばれるようになったのか——。小川未明がそれを参考に童話を書いたとされるのだから、やはりその話は人魚がもっと深く関係していたように思われてならない。

わたしは取材から帰ると改めて伝説集を調べ、昭和五〇（一九七五）年に刊行された『越後佐渡の伝説』（小山直嗣編著）に行きついた。その中に収められた人魚塚にまつわる伝説には、遺体となって流れ着いた佐渡の娘の様子が次のように書かれていた。


長い髪が波にゆれまるで人魚のようだった。


ようやく人魚が登場する話に出合えた。とはいえ歯切れが悪い。夜な夜な海を渡ってくる佐渡の娘は人魚ではなく、単なる比喩だったというのか……。しかも人魚は最後にとってつけたように登場するだけだ。

その本が刊行されたのは『赤い蠟燭と人魚』の発表から五〇年以上経った一九七五年だ。そのため、採録された話が未明の童話の影響を受けていないとは言い切れない。そこでわたしは未明の童話以前に刊行された話を探してみることとした。未明がその伝説を参考にしたというのだから、『赤い蠟燭と人魚』以前に遡れる原話はきっと存在するはずだ。

『日本伝説大系』第三巻（野村純一他編）の中に、明治三四（一九〇一）年に遡る『越後頸城郡誌稿』（荘田直道著）の話が紹介されていた。採録地は大潟町と明記されているので、現在知られている雁子浜の人魚塚の伝説の祖型とみて間違いない。より正確を期すためには、明治三四年の原本に当たらなければならない。所在を確かめると、それは未刊行資料として上越市公文書センターに収められているという。わたしは電子メールで相談し、希望箇所をデジタル版で確認させてもらえることになった。送られてきた画像を開くと、赤い罫線の便箋に一字一字丁寧に手書きされた地方誌だった。

そこに記されていたのは雁子浜から一三キロメートルほど北東に聳える米山(よねやま)（標高九九三メートル）を舞台とする。山頂にある薬師堂の常夜燈を直江津の男が消し、彼に会いにやって来た佐渡の娘が海で遭難死するという悲恋物語だ。筋書きは雁子浜の人魚塚伝説と同じだ。わたしは文字を追い、死んだ娘について書かれた結末部分を調べた。

此女ノ腹背ニ蛇ノ鱗出生シテアリケリ

佐渡の娘は腹と背に蛇の鱗を持つ人魚であった。それは鱗におおわれた龍蛇(りゅうじゃ)のような細長い体を持つ蜃を思わせる。わたしは小川未明にインスピレーションを与えた雁子浜の伝説の人魚は蜃だったのではないかと思った。

蜃は雁子浜の伝説に龍蛇の人魚として登場し、未明の童話では蠟燭の赤に象徴される。そればかりか雁子浜の伝説の常夜燈と未明の童話の蠟燭は、人魚の膏の火をイメージさせる。

古来、知られる三つの人魚の物語のつながりが見えてきた。

一四世紀南北朝時代の『太平記』、明治期の雁子浜の伝説、大正期の『赤い蠟燭と人魚』。人魚の膏や蜃の存在はそれらによって語り継がれてきたのだろう。

第六章

検証から新たな仮説へ

小浜・美浜町

その他の動物の人魚説

ジュゴン、オオサンショウウオ、鰭脚類のアシカ科（ニホンアシカまたはオットセイ）、リュウグウノツカイ。これまで追跡してきた動物はいずれも正体がはっきりしていない時代に人魚とみなされたもので、八百比丘尼伝説や若狭湾に出現したとされる人魚と関係がありそうなものだった。人魚のモデルとされる動物は他にもいる。サメ、ウミガメ、海女、イルカなどだ。八百比丘尼が食べた人魚を特定するため、それらについても確認しておこう。

サメとウミガメは、どちらも日本神話に登場し、海の異界と深いつながりがある。サメはワニとも呼ばれ、海幸山幸神話ではワタツミの娘トヨタマヒメの化身とされる。日本最古の浦島伝説に登場するウミガメも、亀姫という蓬莱の神女の化身だ。ともに若狭湾近辺に伝わる物語であることから、八百比丘尼伝説とも接点がありそうだ。

フカヒレ料理や肝油など栄養価の高い食品になることで知られるサメは、奈良期の木簡に佐米（さめ）と記され、魚肉を細く割いた楚割（すわやり）という干物にして食べられていた。過去に遡ってみると、その肉は不老長寿の霊薬というような言われ方をしていない。

カメの中ではスッポンが健康食として知られているが、ウミガメを食べる習慣は小笠原諸島など太平洋側の一部の地域で見られるだけだ。

何よりサメとウミガメは日本の神話を通して、奈良時代頃から人々によく知られた存在だった。それが見通しの悪い海で人魚に見間違えることはあったにしても、正体不明の動物として八百比丘尼が口にした人魚とみなされたとは言えそうにない。

次に、潜水に長けた海女も人魚と見間違いやすい存在だ。その肉を口にしたとなると人肉を食べるカニバリズムの話になる。食人は強いタブーとされるため、八百比丘尼がその禁を犯したとするなら、彼女が仏の道に入った動機はその懺悔（さんげ）からだったのではないか……と想像が膨らむ。思いがけないことに、八百比丘尼が口にしたのは人肉だったという伝説が存在していた。埼玉県秩父郡皆野町（みなのまち）に伝わっている話は、長生きをしたいと願う人がどこかの仙人を訪ね、人肉を出されたため食べることができなかった。家に持ち帰ったところ娘が食べ、八〇〇年経っても死なないので自ら願い出て生き埋めにしてもらったというものだ。地元では荒川（あらかわ）沿いの大渕（おおふち）古墳が八百比丘尼の墓だと言われている（『日本伝説大系 第五巻』宮田登編）。

秩父の食人説には何やら恐ろしげな背景がありそうだが、海のない埼玉は海女とは結びつかない。若狭の八百比丘尼が食べた人魚としての海女説には無理があるだろう。

人魚の候補に挙げられるイルカは鯨類に属するハクジラの仲間だ。ハクジラの中で最大のものは一八メートルになるマッコウクジラであり、よく知られたシャチは体長五〜七メートルほどになる。そして体長四メートル以下のハクジラがイルカという俗称で呼ばれる。『イルカと日本人』（中村羊一郎著）によれば、イルカは人間の女性にたとえられることがあるという。イルカを狭い湾内に誘い込み、若い漁師が抱きかかえて生け取りにする追い込み漁が行われる地域では「イルカは女の生まれ変わり」と言われる。若狭湾にも事例があり、京都府の伊根町ではイルカのことをオヤマ（女郎）と呼び、「抱くと大人しくなる」と言われてきたという。その「女郎」という呼び名はリュウグウノツカイが花魁と呼ばれていたことを思い起こさせる。

若狭湾に臨む敦賀の地名はイルカに由来するという。『古事記』によれば、天皇に仕えたとされる武内宿禰命（たけしうちのすくねのみこと）が敦賀にやって来たとき、イザサワケ神という地元の神と名前を交換し、お礼に鼻の頭に傷のついたイルカを食事としてイザサワケ神に与えた。イルカの血がにおって臭かったことからその地は血浦（ちぬら）と呼ばれ、それが都奴賀（つぬが）に変わり、敦賀になったとされる。イルカが食料として登場しているが、龍宮や不老長寿とは結びついていない。八百比丘尼が口にした人魚がイルカである可能性は低そうだ。

サメ、ウミガメ、海女、イルカはいずれも人魚としての一面を持つものの、八百比丘尼が食べた人魚とみなすことはできそうにない。

人魚の歴史から検証する

人魚とされる動物のうち八百比丘尼伝説に関係がありそうなものは、やはりこれまで追跡してきた四つの動物でよかったことになる。

人魚を思わせるような怪物は『日本書紀』（七二〇年成立）に初めて記録され、六一九年に近江や摂津の河川に出現したという。だが、日本で人魚と呼ばれるものが知られるのは『山海経』を通じて中国から伝えられた九世紀末のことだ。人魚とは鯑魚（サンショウウオ）のようなものとされ、現代のイメージとは大きくかけ離れたものだった。

その鯑魚に似た人魚は九世紀半ば近江に出現していた椒魚（はじかみいお）（『文徳実録』）と同様の生物と認識され、それは『聖徳太子伝暦』（一〇世紀頃成立）の中で聖徳太子が人魚とみなした、六一九年近江に出現した怪物（『日本書紀』）の正体とみられる。『日本書紀』には近江と同じく摂津で捕らえられた怪物は「赤子のようだった」と書かれている。そのサイズ感からそれらは河川流域に棲むオオサンショウウオだったと考えられる。その頃、人魚とはオオサンショウウオとみなされていた。

一方、一〇世紀前半成立の『和名類聚抄』は、人魚とは海棲の動物で『山海経』に登場する陵魚だとしている。陵魚は脚と尾で体重を支えて上体を立てることができる。その姿は鰭脚類の中でも前肢で上体を起こすアシカ科の動物を思わせる。一〇世紀頃は淡水棲と海水棲、二種類の人魚が混在する日本の人魚の黎明（れいめい）期であった。その後、人魚のほとんどが海で目撃される。

海で最初に人魚が発見されたのは八世紀に遡る。奈良時代の天平勝宝八（七五六）年に人魚が出現した安来浦は出雲の中海に臨む。そこは海水と淡水が混じり合う汽水湖であり、明治中期（一八八六年）に美保関町でニホンアシカが捕獲されている。人魚の目撃事例のうち平安時代の終わり、崇徳・近衛天皇の頃（一一二三―五五年）に伊勢湾の別保で人魚を食べた人の記録がある。人が

表6-1 人魚のモデルとされる動物と想像上の怪物

対応する想像上の怪物	人魚とみなした資料
人魚 『山海経』(887-897年に日本伝来)。同書は人魚を「サンショウウオに似たもの」とする	**『聖徳太子伝暦』**(10世紀頃) 聖徳太子が619年出現の怪魚を人魚とみなしたと記述
陵魚 『山海経』(同上)。海に棲み上体を起こして立つ特徴はアシカ科に近い	**『和名類聚抄』**(931-938年) 陵魚を人魚と定義
蜃 『本草綱目』(1607年以前に日本伝来)。赤いタテガミを持つ龍の姿をし蜃気楼を起こす	**「人魚考」**(内田恵太郎著 1960年) リュウグウノツカイの特徴が江戸期の人魚や蜃の特徴と一致すると主張
ヨナタマ 『宮古島記事仕次(きじしつぎ)』(1748年)。人面魚身で、もの言う魚とも言われた沖縄古来の人魚	**『人魚の話』**(南方熊楠著 1910年) 西洋ではジュゴンが人魚とされていると解説

近づくと喚き、涙を流したといい、伊勢湾がニホンアシカの生息地だったことから、その人魚はニホンアシカだった可能性が高い。

このように『和名類聚抄』が成立した平安中期以後、人魚は陵魚のようなものと考えられ、アシカ科を思わせる人魚の記録が続くが、それが変化し始めたのは江戸初期頃だった。中国から伝わった薬学書『本草綱目』に紹介された蜃は赤いタテガミを持つ龍の姿をしており、蜃気楼を起こす幻獣とされる。長い髪や赤い色など蜃の特徴と重なる人魚の目撃は江戸時代に集中する。その正体は長らく謎とされていたが、ようやく一九六〇年代に入り、魚類学者の内田恵太郎がリュウグウノツカイであると主張した。目撃されることが稀なリュウグウノツカイの研究が進んでいなかったことにもその一因がある。

人魚のモデル	生息域	出現した年
オオサンショウウオ	**淡水域**	**619年** 近江・摂津 『日本書紀』
鰭脚類	**海域／汽水域**	**756年** 出雲・安来浦 『嘉元記』
リュウグウノツカイ	**海域**	**1222年** 龍宮寺（博多）縁起
ジュゴン	**海域**	**12-17世紀** 宗教儀式歌ウムイ

明治期になるとジュゴンを人魚のモデルとみなす考えが西欧から伝わり、それまでの人魚のイメージを一掃する。ジュゴンは琉球王朝時代から、海の異界ニライカナイの神獣として崇敬された。また、別名を「ザンの魚」と呼び、民俗学者の谷川健一はザンを犀（津波）と解釈して大津波を引き起こす人面魚身の怪物ヨナタマと重なると指摘した。

このように、オオサンショウウオと『山海経』の人魚、アシカ科と陵魚、リュウグウノツカイと蜃、ジュゴンとヨナタマという実在の動物と架空の怪物が日本における人魚の歴史を紡いできた。人魚の歴史とはある意味、正体がよく知られていなかったそれらの動物の発見史といった一面もある。

一方、人々が思い描く人魚の中には人魚ミイラのような存在もあった。それは『山海経』の氐人によく似ている。氐人は中国辺境にあったとされる氐人国の住人と伝えられる。上半身が人間、下半身が魚の姿をしており、文字通り人と魚を切ってつなげたような半人半魚だ。人魚のイメージが氐人に落ち着いたのは日本人にとってそれが一番わかりやすかったからだろう。そしてそれらは西欧から伝えられたマーメイド型人魚へと移行していく。

これまでわたしは八百比丘尼が食べた肉の正体に迫るため、候補に挙がる四つの動物を三つの条件から検証してきた。その全体を表に示してみる。

第一の条件は龍宮のような異界と関係を持つことで、オオサンショウウオ以外の動物が該当していた。第二の条件は不老長寿の霊薬であることだ。リュウグウノツカイ以外の動物が当てはまる。第一と第二の条件双方に当てはまるのは、ジュゴンとアシカ科（トドを除く）だ。

その二者を八百比丘尼伝説が誕生していた一四四九年以前に遡れるかどうかという第三の条件で絞り込む。どちらも該当するが、ジュゴンは一四四九年以前に沖縄から小浜にその存在が伝えられた形跡がないため候補から除外される。すると残るのはアシカ科だ。龍宮のような異界であるワタツミの宮と関係があるのはニホンアシカで、不老長寿の霊薬とされるものはオットセイの陰茎だ。それらはどちらも一四四九年以前から知られていた。

以上の検証の結果、八百比丘尼が口にした人魚の肉はアシカ科だったことになる。

それを人魚の歴史からも再確認してみる。八百比丘尼伝説が誕生していた一四四九年頃は淡水域の人魚はほとんど知られず、人魚は海で目撃される時代だった。当時はまだリュウグウノツカ

表6-2 八百比丘尼が食べた人魚の候補を三条件から検証する

人魚のモデル	八百比丘尼伝説の3条件	備考
オオサンショウウオ 619年(『日本書紀』)	①異界 **なし** ②不老長寿の霊薬 **強精剤として食用された** ③1449年以前に遡る? **上記①②とも該当せず**	『日本書紀』に記された619年出現の怪物はオオサンショウウオとみられるが、①は該当せず。②は1449年以前に遡れない
鰭脚類 **アシカ科**(トドを除く) 756年(『嘉元記』)	①異界 **ワタツミの宮** ②不老長寿の霊薬 **漢方の海狗腎として服用** ③1449年以前に遡る? **上記①②とも該当**	①ワタツミの宮で賓客をもてなした敷物は美智(ニホンアシカ)の毛皮 ②海狗腎はオットセイの陰茎
リュウグウノツカイ 1222年 龍宮寺(博多)縁起	①異界 **龍宮** ②不老長寿の霊薬 **なし** ③1449年以前に遡る? **上記②が該当せず**	1222年に博多に出現し、龍宮寺が開基されるきっかけとなった人魚はリュウグウノツカイを思わせるが、②が該当せず
ジュゴン 1910年『人魚の話』(南方熊楠著)	①異界 **ニライカナイ** ②不老長寿の霊薬 **肉に強壮効果あり** ③1449年以前に遡る? **上記①②とも該当**	ジュゴンは3条件を満たすが、1449年以前に琉球と若狭が交流した事実は確認できず。八百比丘尼伝説の形成にジュゴンが関わったとは言えそうにない

イ型や氏人型の人魚が知られる前であり、人魚といえば『和名類聚抄』に記される陵魚のようなものだった。陵魚はアシカ科の動物である可能性が高い。よって八百比丘尼が食べた人魚がアシカ科（トドを除く）だったことは、人魚の変遷からも矛盾がないことになる。

地域おこしは新ステージへ

話は少し前に戻る。コロナ禍で活動を休止せざるを得なくなる直前の二〇一九年一二月、小浜市で八百比丘尼フォーラムが開催された。それは八百比丘尼伝説を活用した地域活性化の一環として、玉山さんや熊谷さんら地元有志が二〇一七年頃から取り組んできた一連のプロジェクトのひとつだ。それまで二〇一八年九月に小浜市立図書館でトークセッション、同年一一月に小学校の校外学習や一般向けの山歩きイベントが実施された。フォーラムはそれらの活動を総括し、伝説を活用した地域づくりを次につなげるために計画された。今回は視線を外にも向け、八百比丘尼伝説が伝わる福島、長野、鳥取から関係者を招いて相互理解を深める機会を設けることになった。小浜市で一九九一年に開催された八百比丘尼サミットは全国各地から二〇市町村が集まる大きなイベントだった。それに比べれば今回の規模は小さいが、再びこうして伝承地同士がつながり始めた意義は伝説の存続にとっても大きい。

思えば最初にわたしが小浜に来た二年ほど前には小さな勉強会にすぎなかったものが、県外からの参加者を集めるイベントを実施するまでに拡大したのだから感慨深い。関係者の情熱に触れながらともに歩んできたわたしは伝説が人を動かす原動力になると実感した。古い伝説を古いまま留めることも大切だが、行動を起こせばその物語の続きを創造するような新しい関わり方ができる。これまでの活動を振り返ると、それぞれはささやかなものであっても、八百比丘尼伝説と人とのつながりは間違いなくアップデートされた。

フォーラムは二部構成で最初に参加地域からの発表があり、その後のパネルディスカッションでコーディネーターを務めることになったわたしは、伝説のバリエーションの豊富さを論点のひとつにしようと考えた。

福島県喜多方市の金川寺に伝わる伝説では、主人公の父は秦勝道といい、龍宮のような異界から人魚ではなく九穴の貝をお土産に持ち帰る。それは貝殻にたくさんの穴を持つ鮑を思わせるが、実際には想像上の存在だ。全国に伝わる八百比丘尼伝説は不老長寿の霊薬を人魚としている話が大半を占める。だが、この福島の例以外にも法螺貝や奇菌（未知の細菌）とする別伝もある。それらのバリエーションには地域ごとの意味や背景があるのだろう。

長野県長野市の戸隠では、伝説の主人公が尼僧ではなく、八百比丘という男性の僧侶として描かれる。妻を失い三人の子どもと暮らしていた若狭の漁師が人魚を捕まえ、それを食べた子どもたちの体に鰭が生え出し人魚になって死んでしまう。嘆き悲しんだ漁師は夢のお告げに従い、戸隠大権現に出かけ三本の杉を植えて祈り続け八百比丘と呼ばれるようになった。その杉の木とされるものは今でも戸隠神社の中社（ちゅうしゃ）にある。男性である八百比丘が登場する話が伝わるのは長野県だけだ。

鳥取県米子市の伝説は現地で確かめたように小浜市のものと内容的には変わらない（146ページ参照）。八百比丘尼伝説を語り継いできた粟嶋神社の祭神は少彦名命（すくなひこなのみこと）という医薬の神で、『日本書紀』にはその神が粟嶋から常世に飛び立ったと書かれている。現在の粟嶋は陸続きになってしまったが、そこはかつて中海（なかうみ）に浮かぶ孤島で、常世に通じる入り口とみなされていた。医薬の神である少彦名命が常世の地へ出かけた話と、八百比丘尼の父が異界へ行き不老長寿の霊薬である人魚を持ち帰った話がダブルイメージになっている。

同じ八百比丘尼伝説とはいえ、地方によって内容はだいぶ異なる。それらは地域ごとの地理的特徴や文化、歴史的背景の違いによって生じた変化だ。わたしはフォーラムの経験からそのことをより強く意識するようになり、小浜の伝説に登場する龍宮のような異界、人魚の肉、不老長寿の尼といったモチーフは小浜の風土や歴史に支えられているはずだと考えた。

フォーラム終了後、コロナ禍によって取材を休止せざるを得なくなり、活動を再開したのは二年半ほど経った二〇二二年五月のことだ。わたしは中断していたオオサンショウウオとリュウグウノツカイの追跡を続け、八百比丘尼が食べた肉の候補は鰭脚類のアシカ科（トドを除く）の動物だったという答えを手にした。

とはいえ、その答えは十分満足がいくものとは言えなかった。八百比丘尼が何らかの肉を口にしたのだから、アシカ科の肉という答えでは漠然としている。ニホンアシカかオットセイのどちらかだったはずだ。日本人との接触機会で言えばニホンアシカがはるかに多かった。だがそれだけで八百比丘尼が食べた人魚の肉をニホンアシカとは判断できない。姿を身近で見かけることが少ないオットセイを不老長寿の秘薬として求めた家康の例もある。

どうすればもっと解像度を上げて、二者択一の答えを知ることができるだろうか。

わたしはフォーラムで学んだことを思い返した。伝説は地方ごとに歴史や民俗を身にまとい定着している。ニホンアシカかオットセイか、その答えは伝承地である小浜にあるはずだ。わたしはこれまで現地で見聞したことを整理してみることにした。

八百比丘尼の四つの生誕地を巡る

八百比丘尼伝説の発祥地である小浜市内には、奇妙なことに八百比丘尼の生誕地とされる場所が四カ所もある。それをわたしは不思議なことだと思っていた。本来、生誕地はひとつしかない。それが何らかの理由で増えたのだろうが、それらのどこかにわたしの課題、つまり八百比丘尼が食べた人魚はニホンアシカか、オットセイかという疑問に対する解決の糸口が潜んでいるのではないかと思った。

小浜にある八百比丘尼の生誕地は以下の四カ所だ。

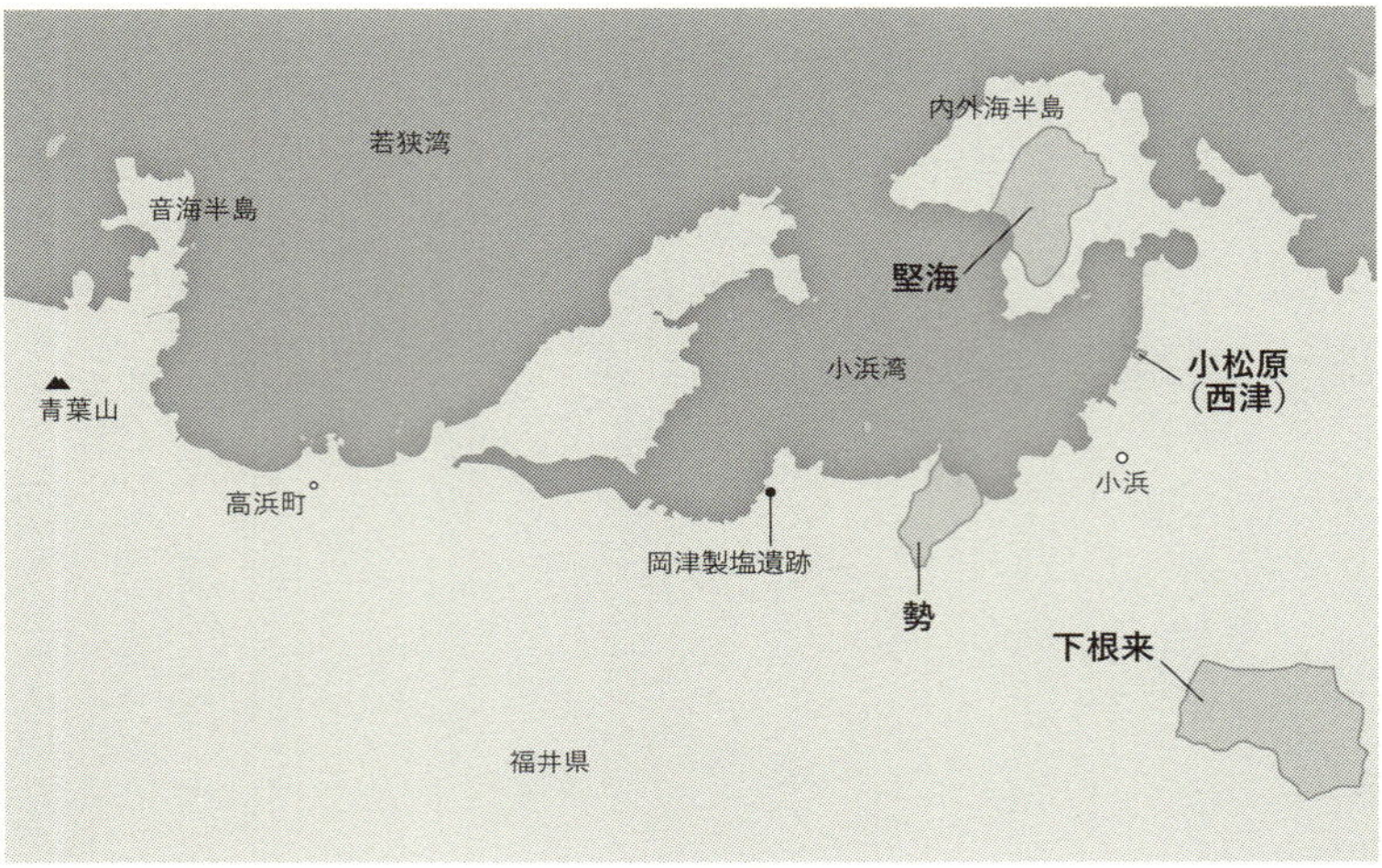

図6-1 小浜市に伝わる八百比丘尼の四つの生誕地

1 勢地区（市街中心部から南西へ約三キロメートルの海岸沿い）
2 下根来地区（市街中心部から南東へ約七キロメートルの山間部）
3 小松原地区（市街地中心部の北寄り）
4 堅海地区（市街中心部から北西へ約五キロメートルに位置する内外海半島の東南岸から中央部）

それら四カ所は市中のどこかにかたまっているわけではなく、広い市域内の東西南北に分散しているという印象だ。小浜に四度訪れたわたしはイベントの合間を見つけて、神明神社の総代を務め

写真6-1
小浜市の南西部にある勢地区。

てきた澤田辰雄さんの息子、実さんらの案内でそれらを巡っていた。

小浜市中心部の南西約三キロメートルに位置する勢地区からみていく。八百比丘尼の生誕地を勢地区とするのは地誌『拾椎雑話』(前出)で八百比丘尼の父である高橋長者が海運を業とする人の案内で龍宮のような海の神界へ行き、人魚の炙り物をお土産にもらってくるという話だった(37ページ)。

勢は東勢(ひがしせい)と西勢(にしせい)に分かれ、辰雄さんによれば八百比丘尼の父である高橋長者の屋敷跡は東勢を流れる高橋川沿いの竹やぶ付近にあったという。実際に出かけてみると、勢浜と呼ばれる海岸が横たわる小さな湾を望む高台に野球場や老人福祉施設が建っていた。だが、川らしきものは見当たらない。

車で丘の斜面を走っていると側溝が海に向かって下っているのが見えた。

「それが川ちゃうか」

そう言いながら地面を指さす澤田実さんにわたしは反応した。

「単なる排水路にしか見えませんが……」

だが、側溝は竹やぶへと向かい、少量の水ながらその下を潜り抜けて海に注いでいた。どうやらそれが高橋川のようだ。わたしは竹やぶの茂みの中に入り込んでみようとした。高橋長者の屋敷跡の礎石がまだ残っているかもしれない。ところが、密生する竹に阻まれて一歩も足を踏み込めない。

何とか突破しようと隙間を執拗に探し回るわたしを見て実さんがニヤリと笑う。

「高橋川で高橋長者を追いかける髙橋さん」

いや、三拍子揃っても無理なときは無理だ——。

現地を探ってみたが、小浜市街地の賑わいとは無縁の場所で、長者と言われるほどの金持ちが屋敷を構えていた場所だったと実感できるものは何もなかった。

八百比丘尼伝説を守り伝えてきた神明神社に伝わる「八百姫宮略記」には高橋長者のことがもう少し詳しく書かれている。八百比丘尼が誕生したのは文武天皇（六九七—七〇七年）が即位していた頃で、父の高橋長者は若狭の国祖、荒礒命の末裔だという。荒礒命がどういう人物か

写真6-2 石を敷き詰めた岡津製塩遺跡の製塩炉跡。

は知られていないが、律令制によって若狭国が生まれる七世紀前後に生きた地域のリーダーだったのだろう。興味深いことに、高橋長者と同じく荒磯命の血を引くという七世紀後半に生きた実在の人物がいる。若狭国国司の高橋朝臣（たかはしのあそみ）だ。国司とは中央から派遣されて地方を統括した地方長官だ。高橋長者と高橋朝臣は同じ時代の若狭に生きた同族ということになる。ひょっとしたら同一人物ではないかと思えてくるが資料があるわけではない。

若狭国は皇室や朝廷に海産物などを貢ぐ御食国（みけつくに）のひとつとされ、特に塩の貢進（こうしん）国として知られていた。高橋朝臣は若狭国国司であるとともに、天皇の食事を司る内膳司（ないぜんじ）の長官にあたる奉膳(ぶぜん)でもあった。

小浜市中心部から西へ五キロメートルほどのところに岡津(おこづ)製塩遺跡がある。製塩炉跡や多数の製塩土器が出土し、その規模が大きいことから、官の製塩所的な性格を持つ遺跡として国の史跡に指定された。

わたしは若狭国の役所が置かれていた小浜市中心部から岡津製塩遺跡に向かう国道二七号の途中に、高橋長者が暮らしたとされる勢地区があることに気づいた。もしかしたら高橋長者は製塩やその運搬に関わる人物だったのではないかといったイメージが膨らむ。

八百比丘尼の父が七世紀後半の高橋長者だという伝説は、高橋長者が同時代に実在した高橋朝臣と同族であることを暗示し、物語の舞台である若狭国が天皇や朝廷の食を支えた御食国であることを意識させる。そして不老長寿の霊薬である人魚の肉が若狭に持ち込まれたことも決して偶然ではなく、そこに御食国としての誉(ほま)れが滲んでいるかのようだ。

下根来へ

八百比丘尼生誕地の二つめは、市街中心地から七キロメートルほど南東の山間部に位置する下根来だ。一八世紀後半の紀行『笈埃随筆(きゅうあいずいひつ)』(前出)は、八百比丘尼の父の名を秦道満(はたのどうまん)と記す。その名前は平安時代の陰陽師で安倍晴明のライバルとされる秦(蘆屋(あしや)とも)道満と同姓同名であり、何やら曰くありげだ。その娘は顔や肌が白かったことから白比丘尼と言われていたが、八〇〇年も生きたことから俗に八百比丘尼と呼ばれるようになったという。一八世紀半ばの地誌『若狭国志』(稲庭正義著)を見ると、道満は下根来の鵜の瀬に住んでいたらしい。

現地に向かったわれわれは遠敷川を遡るように南へ進み、道沿いにある若狭姫神社、若狭彦神社、若狭神宮寺を通り過ぎて下根来にある鵜の瀬公園で車を停めた。そこは海岸を望む勢地区とは違って、深い山の中だ。

鵜の瀬と呼ばれる遠敷川の河岸は毎年三月二日に行われる若狭神宮寺の神事「お水送り」で知

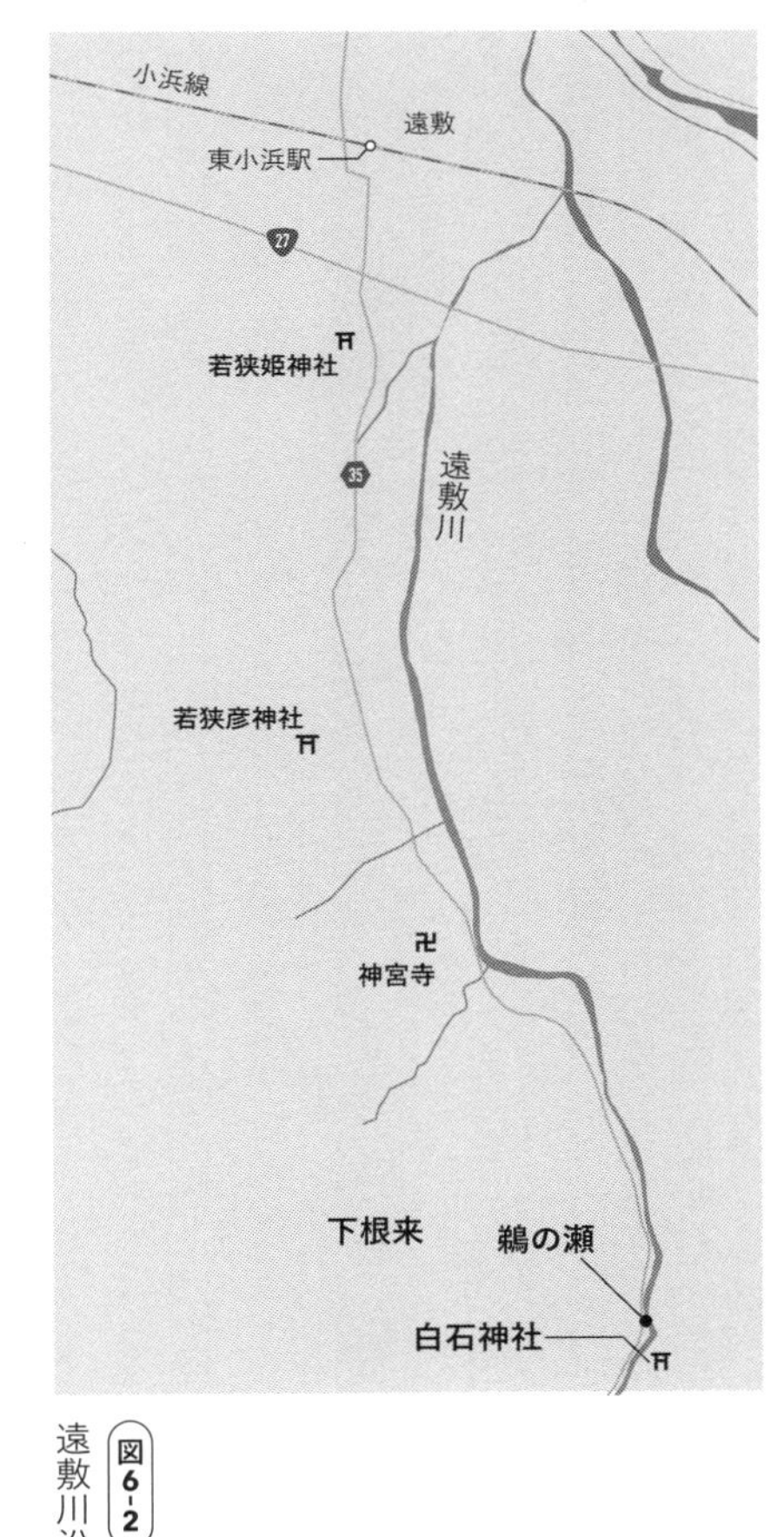

図6-2 遠敷川沿いの寺社

写真6-3 遠敷川の河岸にある鵜の瀬。毎年三月にお水送りの神事が行われる。

られる。それは奈良東大寺の二月堂で三月一二日に行われる修二会（お水取り）の香水を若狭から送る神事だ。

下根来の集落には八百比丘尼の墓とされる石碑が残され「八百尼」と文字が彫られていた。八百尼のことを伝える地元の伝説が『日本の伝説を探る』（本間正樹、御所野洋幸著）に記されている。

土地の荘司（荘園の管理者）の娘で名を「八百」という者がおり、近くにある白石神社の巫女をしていた。彼女は定められた年まで巫女を務め、尼となって諸国を行脚したという。この伝説がいつ頃から知られているかは不明だが、地元で語り継がれていたものとして傾聴に値する。八百比丘尼の名前は八〇〇年生きたからそう呼ばれたのではなく、もともとの八百という名前から来ている。そして人魚の肉を食べるエピソードもなく、普通の尼だったという。案外、このような話が事実に近いのかもしれない。

八百比丘尼の父を秦氏と伝える地域は下根来以外にもある。福島県喜多方市では秦勝道とされる。秦氏は百済や新羅などからの渡来系移民とされる。中でも聖徳太子の側近として活躍した秦河勝が知られる。河勝は聖徳太子から弥勒菩薩の仏像を授かり、推古天皇一一（六〇三）年にそれ

写真6-4 下根来にある八百尼の碑。

写真6-5 下根来の白石神社。八百比丘尼が巫女として仕えたと伝わる。

を本尊とする広隆寺を建立したとされる。京都最古の寺として世界遺産にも登録された広隆寺と、国宝第一号となった弥勒菩薩半跏思惟像は有名だが、それに比して秦氏は未知の存在だ。

若狭の秦道満と福島の秦勝道の血縁を示す資料は存在しない。だが、聖徳太子は人魚と関係が深いことから、その従者であった秦河勝の影響で秦氏の娘が人魚の肉を食べたという伝説につながったのかもしれないという推測は成り立つ。

われわれは遠敷川を少し遡ったところにある白石神社へと行ってみた。境内には椿の群生林があり、八百比丘尼との縁を感じさせる。

苔むした古木や石垣に守られた木造の社殿にはまるで仙人の寓居のような不思議な佇まいがある。

拝殿の中を覗くと、鳥居の扁額には「白石大明神」と記されていた。その由緒を紐解くと白石神社は若狭彦神社、若狭姫神社の起源となった元宮とされ、若狭彦大神と若狭姫大神の二神創祀（神社を初めて創ること）の社とされている。つまり白石神社の巫女だったとされる八百比丘尼は若狭彦、若狭姫の二神に神職として仕える存在だったことになる。

小松原、そして日向湖へ

第三の生誕地は小浜市中心部の北寄りに位置する小松原だ。車で近づくにつれ漁船が並ぶ船着場が見えてきた。かつてその周辺は西津と呼ばれ、現在では漁港にその名が残っている。西津漁港では釣り人たちが海に向かい釣糸を垂らしていた。八百比丘尼の末裔が今もどこかにいるのではないか……。そんな想像を抱かせる漁師町だ。

旅行記『向若録』（千賀玉斎著、一六七一年）や地誌『若狭国志』（前出）によれば、八百比丘尼の父は漁師であり、海で人魚を獲った。その形が怪奇であったので捨てたが、娘がそれを拾って食べてしまった。娘は八〇〇歳まで生き、源平の盛衰についてよく知っており、修験僧姿で東北に落ち延びる源義経を目の当たりにしたと記す。

一般に源平合戦は平安末期の治承・寿永の乱を指し、一一八〇年から一一八五年にあたる。八

写真6-6　小松原はかつて西津と呼ばれていた。

百比丘尼はその頃に生きていたということになる。

時代は少し下るが一三世紀頃の小松原周辺は西津荘（にしづのしょう）と呼ばれる中世の荘園だった。当時の西津荘で有力者と目（もく）されていたのが秦氏で、彼らは刀禰（とね）職を務めていた。刀禰とは沿岸部に暮らす海民を代表し、年貢や公事（政務）を請け負う職をいう。

秦氏の来歴を調べてみると、西津荘の秦氏はもともと小浜市から北東約一七キロメートルにある日向湖（ひるがこ）付近の出身だったという。日向湖は福井県美浜町と若狭町にまたがる名勝三方五湖（みかたごこ）のひとつだ。彼らは製塩や漁業、廻船などを生業として力を蓄え、一二世紀末に

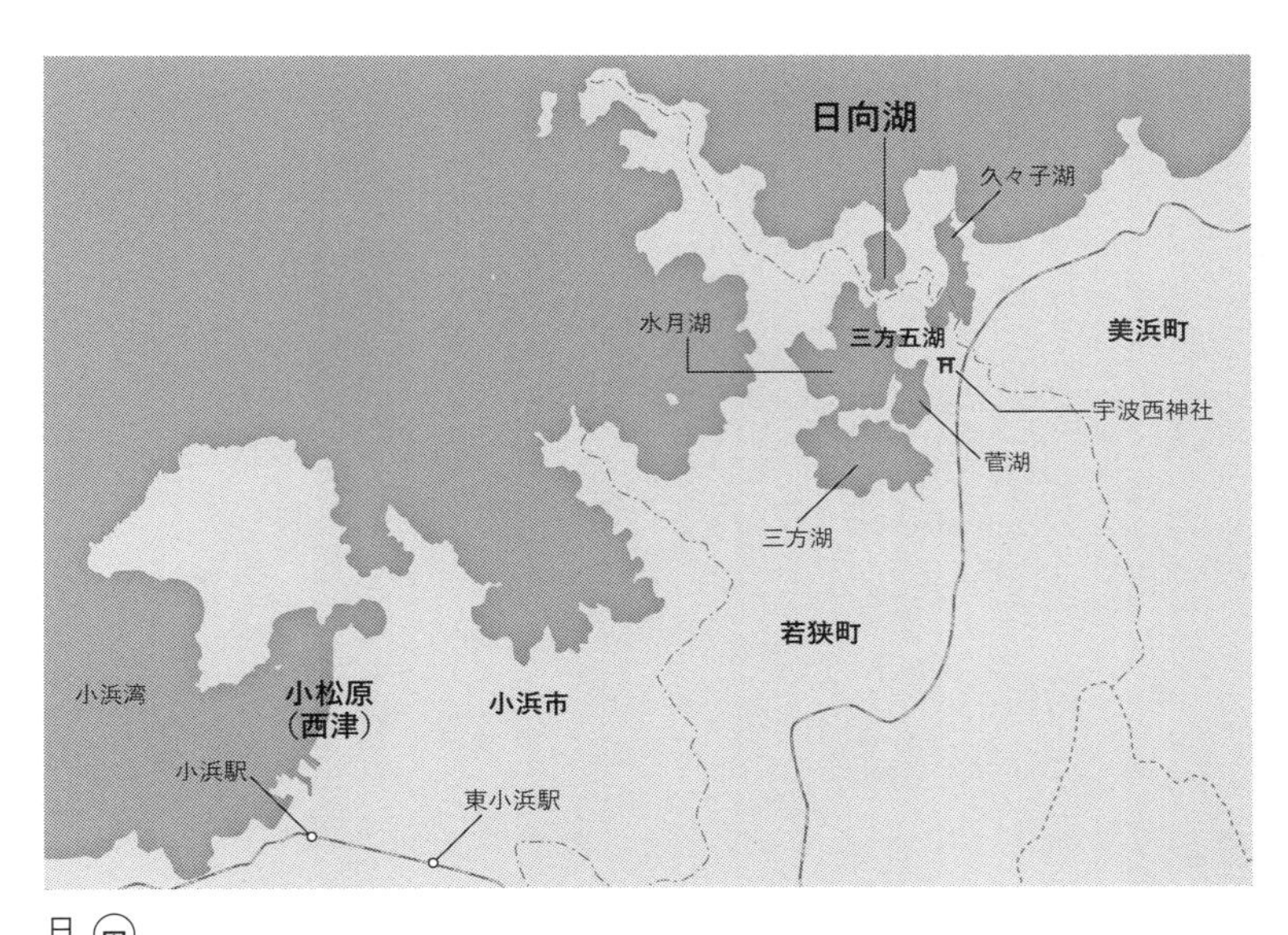

図6-3 日向湖

西津に進出して刀禰職に上り詰めた。出身地の日向湖には次のような伝説が残されている。漁師が鵜に誘われるまま日向湖に潜ってみると、底に宝刀があったので持ち帰り神棚に祀った。すると漁師の夢の中に九州の日向から来たウガヤフキアエズノミコト（鵜草葺不合尊）が現れ自分を湖畔に祀るようにと告げた。それが縁で漁村は日向と呼ばれるようになった。ウガヤフキアエズノミコトは山幸彦とトヨタマヒメの子にあたる。中世秦氏の故郷、日向には若狭の海幸山幸伝説が伝わっていたのだ。

きっと何かあるな……とわたしは思った。

下根来では八百比丘尼が白石神社の巫女をし

写真6-7 内湾のような日向湖の沿岸に集落が並ぶ。

ていたと伝えられている。白石神社は若狭彦神社、若狭姫神社の元宮とされ、その祭神は海幸山幸神話の山幸彦とトヨタマヒメにあたる。八百比丘尼の出身地とされる小松原でも、中世の西津荘で活躍した秦氏の背景には海幸山幸神話が存在しているのだ。

　日向湖にはウガヤフキアエズノミコトの祠が現存するという。わたしは美浜町に土地勘があるという熊谷さんと現地に向かった。

　三方五湖のうち日向湖には唯一、海水が流れ込んでいる。それは歪（いびつ）な円形をした内湾のようで、漁村と漁船がぐるりと沿岸を取り囲んでいた。だが、来てはみたものの祠がどこにあるかがわからない。

熊谷さんは知り合いに電話をかけ、その伝手で渡辺さんという人が管理人だと調べてくれた。わたしは道沿いで見かけた人に尋ねてみたが要を得ない。

初めて訪れる土地で見ず知らずの人探しをするのはいつも苦労する。出会った人に尋ねるより他に方法はないが、お互いの間にある見えない壁に阻まれる。駅や店などの道案内と違って、調べものや人探しの場合、地域の人から怪しい者と疑われることさえある。見えない障壁を取り払うのは間に入ってくれる地元の人だ。熊谷さんが語りかける関西弁混じりの小浜言葉は、日向の人の警戒心を解きほぐし壁を取り払ってくれた。

ようやく出会えた渡辺利一さんは日向湖の水底から神を救い出して祀ったと言われる漁師、渡辺六右衛門の子孫だという。渡辺家の敷地にある裏山は清浄の森と呼ばれ、そこに宇波西(うわせ)元社がある。約三キロメートル東南にある若狭町の宇波西神社の元宮だ。宇波西神社は例祭「田楽」「王の舞」(国の選択無形民俗文化財)などが奉納されることで知られる。渡辺さんから許可を得て宇波西元社を参拝させてもらった。急な崖に石段が敷かれ、それを登った日向湖を一望する場所に古社が鎮座していた。屋根瓦に鵜の意匠が見える。

わたしは海水が流れ込む湾曲した日向湖を見渡し、ここに暮らしていた秦氏に思いを馳せた。彼らにとって日向湖は外海とつながる一方、狭隘(きょうあい)な水路によって大波や高潮の影響を受けにくい理想的な港湾拠点だった。反面、活躍の場を外に求めた彼らにとってその内海は狭く感じられたのかもしれない。彼らは小浜に落ち着くが、その理由は、彼らの原点である海幸山幸神話が小浜

写真6-8 内外海半島にある堅海集落。

に伝わっていたからではないか……。湖面を前にわたしはふとそう思った。

第四の生誕地は若狭湾に突き出す内外海半島だ。『拾椎雑話』（前出）によれば、その山中には彼女が暮らした比丘尼岩（びくにいわ）があるらしい。小浜市の北西約五キロメートルに位置する半島東岸の堅海（かつみ）の集落には彼女が比丘尼岩の岩陰で生まれたという話が伝えられ、村人はこの岩に向かって三拝していたという。

わたしは堅海に出かけ、道端で出会った古老に比丘尼岩の所在を尋ねてみた。「今もある」と答えが返ってきたので「その場所に行きたい」と伝えると、彼は山の方を指さした。だが正確な場所まではわからなかった。

伝承地から読み解く

八百比丘尼が食べた人魚を探るという観点から、小浜市にある四つの八百比丘尼生誕地で得た見聞や印象をまとめてみる。

高橋長者を八百比丘尼の父とする勢地区の伝説には、天皇や朝廷の食を担った御食国である若狭国の栄光が謳い込まれているように感じた。不老長寿の霊薬とされる人魚の肉も御食国若狭を象徴するような希少価値の高い食材と映る。

下根来と小松原には秦氏がからむ。渡来系氏族とされる秦氏のひとり、秦河勝は人魚と関係が深い聖徳太子の側近として活躍したとされる。秦氏の影がちらつく下根来と小松原に人魚の肉を食べる八百比丘尼伝説が伝わったのは間接的に聖徳太子が関係あるのかもしれない。

また、下根来と小松原はどちらも海幸山幸神話と接点がある。下根来にある白石神社の祭神であった若狭彦大神・若狭姫大神は、それぞれ海幸山幸神話の山幸彦・トヨタマヒメの同一神とされる。一二世紀末に小松原（西津荘）で活躍した秦氏の出身地、日向湖には、山幸彦とトヨタマヒメの息子であるウガヤフキアエズノミコトが登場する海幸山幸神話が伝わっている。

「御食国」「秦氏」「海幸山幸神話」。八百比丘尼が食べた人魚を特定する三つのキーワードが浮上した。

「御食国」として天皇や朝廷に献上する人魚ならオットセイがふさわしいと言えるかもしれない。徳川家康も求めたように海狗腎は不老長寿の秘薬として八百比丘尼伝説が誕生する以前から知られていた。だが、小浜とオットセイの接点が希薄だ。

「秦氏」から読み解くなら、聖徳太子に縁の深い人魚となるが、それはすでに見たようにオオサンショウウオだった可能性が高い。秦氏からはニホンアシカとオットセイの二者択一の答えを出すことは難しい。

「海幸山幸神話」には美智と呼ばれるニホンアシカの毛皮が出てくる。だが、それはもてなしのための敷物というぐらいで、八百比丘尼が食べた人魚をニホンアシカとする根拠はない。

八百比丘尼の生誕地で三つのキーワードを抽出したがそこから明確な答えにたどり着くことはできなかった。気がつけばわたしは迷宮の中に入り込んでしまっていた。

第七章 ドキュメンタリー番組

内外海半島

未調査の比丘尼岩

テレビ番組のプロデューサーから連絡があったのは二〇二二年七月のことだ。

東京の新橋駅近くにあるビルの一室で行われた打ち合わせで、伝説の現場に迫るわたしの様子を密着取材したいと打診された。人魚伝説を追跡していると伝えると、プロデューサーはためらいもなく答えた。

「わけがわからないものを追いかけてるって方がいいんです。そこに人生をかけてる髙橋さんを撮りたいんですから」

わたしは彼に八百比丘尼伝説のことを伝えた。最初に小浜に出かけてからすでに四年半ほどが経過している。八百比丘尼が食べた人魚の肉はアシカ科のニホンアシカかオットセイのいずれかだったはずだ。だが、その二者択一の答えをつかむ決め手に欠けていた。

わたしは八百比丘尼の生誕地とされる勢（せい）、下根来（しもねごり）、小松原（こまつばら）、内外海（うちとみ）半島に出かけ謎に迫るキーワードをつかんだ。「御食国」「秦氏」「海幸山幸神話」の三つだ。それらの中に謎を解くための方程式の構成要素があるはずだ。

だが、よくよく考えてみるとわたしは内外海半島の堅海（かつみ）の現地調査が手つかずであることに気づいた。そこには比丘尼岩（びくにいわ）という磐座（いわくら）があるという。わたしはテレビ番組のプロデューサーに、いまなお確かめることができずにいるその岩のことを口にした。

江戸中期の『拾椎雑話』によれば、比丘尼岩は内外海半島南東岸の堅海集落にある海恵寺（かいけいじ）（236ページの図7-2）から三町（約三・二キロメートル）の奥山に位置している。高さ二丈（約六メートル）で形は尋常ならず、大昔その岩陰に八百比丘尼が住んでいたという。地元ではそこが彼女の生誕地だったと語り継がれている。

以前わたしは堅海集落で偶然行き違いになった古老に比丘尼岩の場所を尋ねたことがあった。彼は「山ん中だ」と言ってそちらの方角を指さした。残念ながらそのときの追跡はそれ止まりだった。

他の三つの場所はアクセスもよいため小浜市の郷土史家らにもよく知られている。だが、内外海半島の比丘尼岩のことは誰に尋ねても要を得なかったし、地元堅海の古老がかろうじて記憶しているぐらいのようだ。資料に書かれた比丘尼岩の伝説は短く、実際にそれを見つけ出すことにどれだけの意味があるかはわからない。

とはいえ、よく知られた三つの場所から得られる情報だけでは、八百比丘尼や人魚のことが今ひとつよくわからない。いや、ひょっとすると調査不十分のままの内外海半島にチャンスが眠っているかもしれない。わたしは比丘尼岩探しに賭けてみようと思った。

「で、見つかりそうなんですか？」

目をしばたかせながらプロデューサーがわたしに尋ねた。

「行ってみるまでわかりません。でも、地元の古老が『ある』というのですから」

そんなわたしの答えに、プロデューサーが反応した。

「おじいさんが『ある』と言うから行くと？」

「それを信じるのみです」

ある意味、これは賭けだ。自分の追跡調査にとってはもちろんだが、テレビ番組の制作サイドにしても同じことが言える。人魚や不老長寿の尼僧をカメラに収められないのは当然だとしても、岩の存在までが想像の産物でしたというオチではテレビ番組にならないだろう。わけがわからないものを追っている方がいいとはいえ、せめて伝説の岩ぐらいにたどり着けないようでは時間と人材と制作費をかけて番組を作る意味はないはずだ。だが現実には江戸時代の文献に記されたものが残っている保証だってあるとは言えない。崖崩れや洪水、工事などで失われてしまったものは世の中に数多くある。

プロデューサーは明るい表情で答えた。

「それでいいんです。そこまでしてなんでやるの？ってとこが撮りたいんですから」

ほっとしたというより、正直わたしは嬉しかった。「古老の記憶を信じる」というところに乗ってくれたからだ。伝説の種を追いかけようと思うなら、現実と非現実が重なり合う曖昧なぬかるみにだって躊躇（ちゅうちょ）なく入っていかなければならない。ハイリスク、ハイリターンの世界だ。だが、そんなとき現地に根を張るように生きてきた古老の記憶は信頼に足る数少ない生きた情報なのだ。

図7-1
堅海集落から比丘尼岩がある方角。

ありがたいことに人魚伝説を追う企画は採用された。

番組のロケが行われる九月までに、以前、堅海で立ち話をした古老を見つけ出し、比丘尼岩の所在地についてできるだけ詳しい情報を聞き出さなければならない。わたしは書類棚の奥から昔の手帳を引っ張り出してきてページをめくった。彼と会ったのは二〇一八年一一月で、取材に協力してくれた澤田実さんと熊谷久恵さんの二人が一緒だった。当時のことを思い出してみると、熊谷さんと古老には共通の知り合いがいるらしく親しく会話をしていた。彼女に尋ねれば古老のことがわかるはずだ。

また、比丘尼岩があるという山地を古老が指さした直後、わたしはその方向をスマホのカメラで撮影しており、その写真も手もとに残っていた。写り込んでいる山の上には鉄塔が見え、場所を特定する手がかりになるはずだ。

わたしは写真をもとに鉄塔がある山を地図で確認して大雑把な位置を絞り込んでみた。堅海の集落は北東から流れてくる大谷川と北から流れてくる広瀬川に挟まれている。比丘尼岩の探索エリアはそのどちらかの川筋を登ったところになりそうだ。当時古老に話を聞いて書き取ったメモ帳を確かめると、比丘尼岩の形について「口を開いているような」という走り書きがあった。岩には穴が開いているらしい。山林で修行をする山伏は洞穴に籠って座禅を行っていた。比丘尼岩はそのような場だったのかもしれない。

わたしは熊谷さんに比丘尼岩がある山の方向を撮影した写真を送り、古老の協力を得たいと伝えた。コロナ禍を挟んで四年近くの時間が経過していたので、記憶を呼び戻してもらうだけでもひと苦労だ。

しばらくして返ってきた答えによると、古老の所在は無事に突き止められたが、高齢のため施設に入所されているという。しかも、コロナ禍の影響で直接会うことはできそうにない。幸いにも熊谷さんを窓口にしてご家族経由で本人に手紙を届けてもらえることになった。

わたしは彼に手紙と一緒に地形図とグーグルアースの衛星写真を送り、比丘尼岩の場所に印をつけてもらいたいと依頼した。地形図は標高や地形の様子を把握しやすいが、生えている木や現地の雰囲気などがわかりづらい。衛星写真からは地形図の欠点をカバーする情報が得られるが、上空から見える林や森などの木におおわれて地表の様子は見えない。それぞれには一長一短があるため、双方をつき合わせれば、昔の記憶なども蘇りやすいのではないかと思ったのだ。

だが、返事はなかなか来なかった。もしここで手がかりが得られない場合、比丘尼岩探しは難航するだろう。わたしの中で不安の熾火が燻り始める。

そもそも山中にある伝説の岩にどれほどの価値があるのか——。わたしは改めて自問した。たとえ岩ひとつでもそれは存在していることに意味がある。在るということは、歴史が宿っているということだ。歴史の証人としての存在意義は計り知れない。

そんな思いが通じたのか返事がようやく来た。時間はかかったが、わたしのもとに地図が戻ってきた。よく見ると、地形図だけではなくグーグルアースの写真にも赤点が打たれていた。比丘尼岩は堅海の北側を流れる広瀬川の谷筋にあるという。

ところがそこで問題が発覚した。二つの赤点を詳細な地形図上で確認すると、同じ谷筋にはあるが場所が異なっている。ひとつ目は標高一七三メートル付近、もうひとつは標高二五五メートル付近だ（次ページの図7－2参照）。低い位置にある第一地点は等高線がゆったりとしているので問題なく行けるだろう。もうひとつの第二地点はそれより高い位置にある。河川の水を堰き止める堤防である堰堤を越えた、等高線が詰まった場所で、かなり急だ。そこにたどり着けるかどうかは現場に行ってみなければ何とも言えない。現場判断というのはこの手の調査にはつきものだが、どうにも悩ましい。とはいえ行くべき場所が特定されたのだから感謝すべきだろう。わたし

図7-2
堅海集落付近と「比丘尼岩」の
候補地（2地点）

は比丘尼岩の位置を教えてくれた古老や間を取り持っていただいたご家族、熊谷さんに謝意を伝えた。

取材班と合流する前にしなければならない準備は他にもある。わたしは内外海半島のことを調べておく必要があると感じた。現場に入ったとき、何かに気づけるかどうかは、事前リサーチの情報量にかかっている。気づきは情報量に比例すると言っていい。

頭の中が白紙のままでは単なる山歩きに終わってしまう。探すものや場所について調べ尽くしていることはもちろんだが、テーマとは直接関係がなさそうな知識であっても、何もない現場に入ると、それが連想力を高めたり、時には予期せぬ発見を呼び込んだりする。

下調べを進めると内外海半島北岸に位置する蘇洞門(そとも)は気になる存在だった。それは若狭湾国定公園を代表する海食洞の景勝地で、大門(おおもん)、小門(こもん)と呼ばれる門の形をした奇岩で知られる。蘇りの洞門と呼ばれるその地名には不滅の響きがあり、八百比丘尼伝説との親和性を感じさせる。

蘇洞門の資料のひとつにわたしの目が留まった。江戸期の「小浜城下蘇洞門景観図絵巻」(福井県立若狭歴史博物館蔵)は縦二八・四センチメートル、横六九八・八センチメートルの長さがあり、小浜城を中心とする城下町から蘇洞門までの様子が一枚に収められている。

その冒頭部分には空印寺が配され、「此岩ノ下八百比丘尼穴アリ」と注釈がつけられている。巻末には蘇洞門の大門と小門がデフォルメされて実際よりかなり大きく描かれている(次見開きの図7-3、図7-4)。

図7-3 空印寺
（「小浜城下蘇洞門景観図絵巻」。部分。福井県立若狭歴史博物館蔵）

その絵の構図はわたしに八百比丘尼終焉の地である空印寺の岩穴と蘇洞門が対を成しているような印象を与えた。滅びと蘇り。小浜の景観は死んでも再生する不滅のスパイラルを生み出す装置のようだ。それはわたしの思いつきにすぎないが、不老長寿の八百比丘尼伝説を古来、伝えてきた小浜に蘇りの門と呼ばれる場所があることは単なる偶然とは思えない。

蘇洞門と青葉山

二〇二二年九月、テレビ番組の制作クルーと小浜で合流したわたしは、与えられた二日間で

図7-4 蘇洞門の大門小門（「小浜城下蘇洞門景観図絵巻」。部分。福井県立若狭歴史博物館蔵）

取り組んでみたいことを提案した。古老が地図に示した比丘尼岩を探すだけでなく、半島北岸に位置する蘇洞門にも出かけてみたい。折悪く台風一四号が接近中で思い通りの山行ができるかは微妙な雲行きだが、かろうじてロケ本番への直撃は避けられそうだ。ディレクターはわたしの提案をどちらも受け入れてくれた。

まずは蘇洞門行きから始める。現在、半島の中央部に聳える久須夜ケ岳（標高約六一九メートル）までエンゼルラインと呼ばれる舗装された県道が通じている。蘇洞門へはその途中から山道が通じているという。われわれ番組制作チームは標高約五六三メートル地点から山道を海に向かって下り始めた。途中、地盤が脆いところや、ロープにつかまりながら下る急坂を通過した。道はただ下る一方で、アップダウンや見晴らしのいい、ひと息つけるところはほとんどない。ひたすら下の方に落ちていくような山行だ。

ところが一時間半ほどすると、足元から吹き上げてくる風を感じた。われわれはそのまま風が吹いてくる方に下り続けた。すると眼下の木立の間から、青い海が見えた。下界から吹き上げてくる風は、樹間をすり抜けてくる海風だ。足を一歩踏み出すごとに、木立はまばらになっていき、ヴェールが徐々にはがされていくように海が近づいてくる。やがて山の斜面の樹間から潮騒が響いてきた。わたしは海と山がせめぎ合う不思議な場所にいることを実感した。

そしてついに道は広い海が見渡せる崖の上に到着した。そこまで来ればもう視界を遮るものはない。海中にそそり立つ岩々の圧倒的な姿が露わになる。蘇洞門の奇岩群だ。われわれは岩浜に

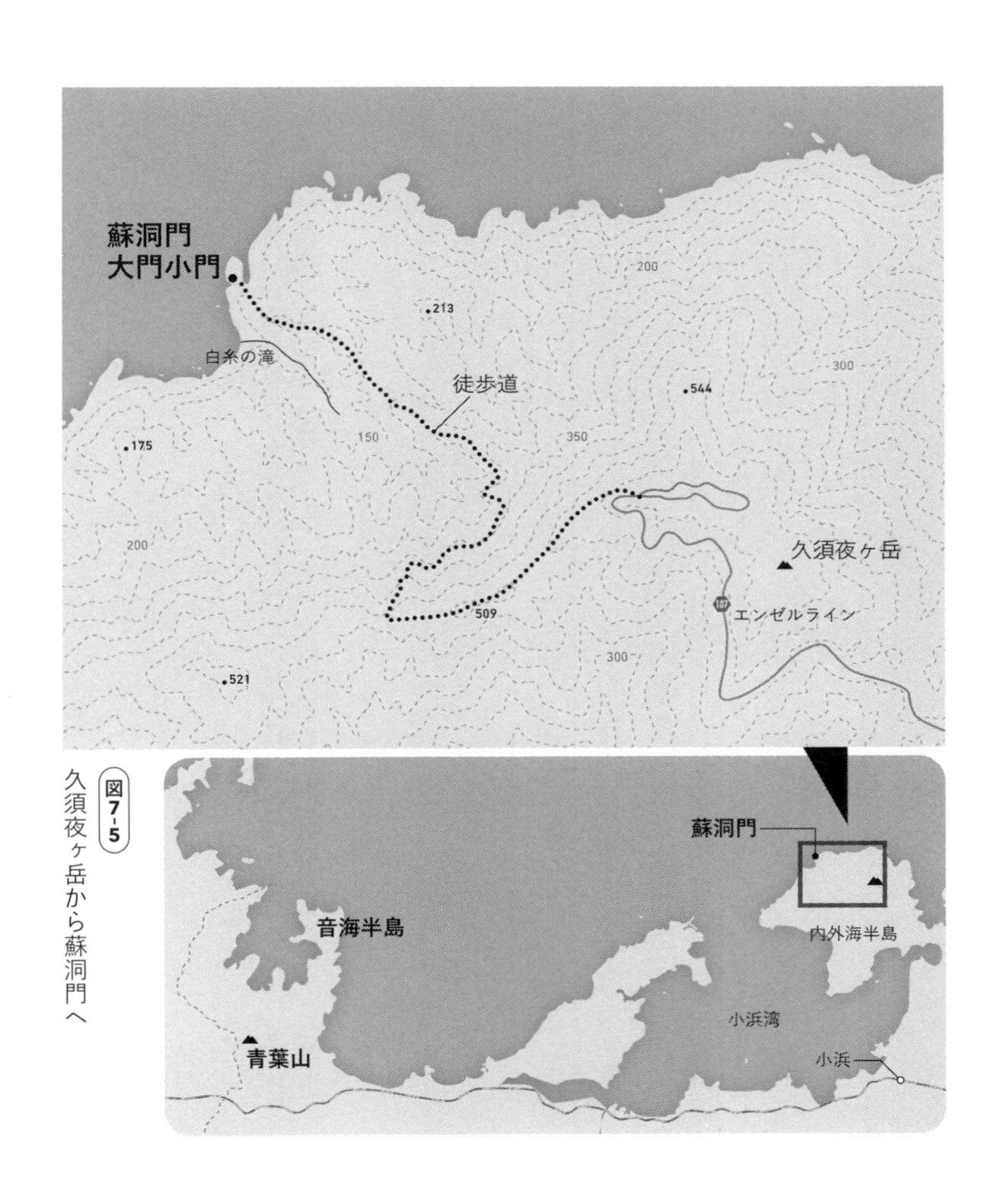

図7-5 久須夜ヶ岳から蘇洞門へ

写真7-1 海中にそそり立つ蘇洞門の奇岩。（海上より撮影）

通じている整備された階段を一段、一段と下り始めた。高低差があり、上空から海岸に着陸していくかのような錯覚に陥る。階段を下りて、やって来た山の方を振り返ると、断崖から滝が落ち、その前に不動明王の像が祀られていた。海岸にそそり立つ岩のふもとに船着場があった。波風が安定しているときであれば、観光船の乗客がそこに上陸することもあるという。

わたしは船着場の前にそそり立つ、大きな岩壁を見上げた。白みがかった灰色をしており、大小二つの穴が開いている。蘇洞門の大門と小門だ。縦長の長方形をしており、奇岩群の中でもひときわ目を惹く。それは花崗岩（かこうがん）にできた柱状節理（ちゅうじょうせつり）（火山活動でマグマが冷却するときにできる柱

写真7-2 蘇洞門の大門から見える青葉山。

状の割れ目）に海水や風などがぶつかり、穴が開いたものだ。門と呼ばれるようにそれは海岸線に立ち、陸地と海を隔てている。自然が作り上げた造形美は海の向こうにある神域に通じてでもいるかのように神秘的な存在に映る。

わたしは見る角度を変えながら大門の中を覗き込んだ。すると若狭湾に浮かぶような美しい三角形の山が見えた。スマホの地図アプリで確認してみる。それは若狭富士と呼ばれる青葉山だ。わたしはその山の神の使者を人魚だとする言い伝えを思い出した。また、そのふもとから海に突き出す音海半島で目撃された人魚は岩の上に寝ていたといい、鰭脚類を思わせる特徴があった。蘇りの地とされる蘇洞門と不老長寿をもたらした人魚が重なっているように感じられる。蘇洞門の大門から見える青葉山は幻想的な空気に包まれていた。

比丘尼岩を求めて

蘇洞門から船に乗ったわれわれは岸壁沿いに居並ぶ奇岩や滝などを眺めながら、次のロケ地である堅海集落へと向かった。わたしに比丘尼岩の場所を教えてくれた古老は施設に入ったままで面会できない。そこで熊谷さんが昔のことを知っていそうな集落の人に声をかけてくれた。

すると思いがけない話が耳に飛び込んできた。地元に暮らす田中さんという人が所有している山地に八百姫岩（やおひめいわ）があるという。思わぬ情報にわたしは困惑した。八百姫岩とは比丘尼岩のことだろうか。同じ岩か、まったくの別物か、判断がつかない。八百比丘尼と八百姫は仏教と神道の呼び名の違いだから、同じ岩を指すのかもしれない。だが、まったくの別物という可能性も否定できない。土地の所有者である田中さんに確かめてみないうちは、その岩が本当に存在するのかどうかもわからない。

一方、わたしは集落の人から「鎮守さん」と呼ばれる祠の存在を教えられた。『内外海の記憶』

写真7-3 堅海集落にある鎮守さん。

（倉谷千恵子著）によれば、それは比丘尼岩の御神体を移して祀られたものだという。わたしは鎮守さんが今でも集落内にあると教えられ、案内してもらった。大きな珊瑚樹の下に設けられた木造の小さな祠だ。

わたしはスマホの地図アプリを起動させ、祠の正面に立った。祠に向かって祈る方角を確かめると、わたしが探し出そうとしている広瀬川の比丘尼岩の方に向かっている。それは比丘尼岩の神を鎮守さんに下ろして祀ったという話と整合性がありそうだ。思いがけないところから八百姫岩という新情報が飛び出したが、この祠の存在によってわたしの決心がついた。計画通り、明日はまず古老が地図に赤点を打ってくれた場所をめざして広瀬川を遡ってみることにする。

翌日、わたしはロケ隊とともに広瀬川上流部に向かった。最初に差しかかった第一の堰堤の基礎には昭和五〇（一九七五）年に工事が行われた旨が刻まれていた。周辺には工事に伴う廃材が散乱している。放置ゴミは容認できないが、それらを人の痕跡とみるならいつ頃、山のどの辺りまで人が通っていたのかを知る手がかりとなる。わたしが探す比丘尼岩は自然石だが、それを文化財として検証する場合には過去の人間が周辺に残していったゴミも頼りになる。時代を経るとゴミからも年代を読み取ることができる。

登り始めて約二時間で標高一七三メートルの第一地点にたどり着いた。地図が示すようにそこはなだらかな坂の上で、周囲を見回しても高さ六メートルの奇岩は見当たらない。それどころか大きな岩がまったくないことに軽いショックを受けた。候補地は他にもうひとつあるとはいえ、そこに岩が存在するという保証があるわけではない。

わたしは冷静さを取り戻して標高二五五メートルの第二地点へと向かうことにした。

歩き始めると、現場ディレクターの携帯電話が鳴った。ふもとで待機していたプロデューサーからで「堅海の田中さんが見つかった」という連絡だった。田中さんによれば八百姫岩はわれわれがいるところとは別の場所にあるという。

「戻りますか？」

ディレクターがわたしにそう尋ねた。

「いや、このまま行きましょう」

わたしは即答した。もしこの先に岩がなければ、番組制作上、支障をきたすことになるかもしれない。だが「古老の記憶を信じる」という基本方針は崩したくない。しかもここまで来て第二地点を確認せずに下山したら後悔することは目に見えている。

われわれはそのまま進んだ。傾斜は急になり、足場も脆くなっていく。倒木や大岩が行く手を阻んだ。やがて大きな堰堤が見えてきた。それは見上げるほどの高さがあり正面からは突破できそうにない。だが脇の斜面を登ってどうにか越えることができた。第二地点の標高二五五メートル地点に差しかかったその時、一〇メートルほど先を歩いていたディレクターの声が周囲に響いた。

「髙橋さん、バチクソでかい岩がある！」

どうやら前方には大きな岩があるらしい。ディレクターの話し言葉には聞き慣れない単語が混じっていた分、かえって興奮が伝わりわたしの胸に響いた。バチクソとは「ものすごく」という意味の中国地方の方言だ。ディレクターは島根の出身と言っていたから、とっさにその言葉が出たのだろう。

ディレクターが立っている場所まで登ると、これまで見かけた他の岩とは比較にならないぐらいの大きさの岩が斜面にへばりついていた。慎重に足場を固めて岩に近づき、そのふもとまで登ってみる。傾斜が急な上、地面は乾いた砂を敷き詰めたようで脆い。足場の悪い坂の上で見上げたが、岩の形ははっきりしない。

「上の様子、見てきましょうか？」

撮影クルーのひとりで、ロッククライミングを得意とするというカメラマンはそう言って、偵察に出かけた。

「どんな感じですか？」

ディレクターが大声を上げて尋ねたところ、返答はあったが、詳しい様子がわからない。

「じゃあ、ＬＩＮＥに写真送ってください」

ディレクターはそう言うなり、自分のＬＩＮＥのＩＤ番号を口頭で伝えた。カメラマンはそれを自分のスマホに打ち込んで接続し、写真を送ってきた。平坦な場所はないらしく、上に行くほど斜面は急勾配（こうばい）になり、岩は垂直に天に向かっていく。やはり、カメラマンが送ってきた写真で

写真7-4
広瀬川上流でたどり着いた奇岩。
これが比丘尼岩なのか？

は岩に近づきすぎてしまっているために全体像がよくわからない。

わたしは岩から少し離れ、岩の形を確かめた。台座のような巨岩の上に別の大岩が載り、その形はダルマを思わせる。もしそれが比丘尼岩だというなら、坐禅をしている比丘尼のイメージだろう。周囲に人工物を探すことはできなかったが、岩は六メートル以上の高さがあり「尋常ならず」という表現も当てはまる。江戸時代の記録にある比丘尼岩の条件は満たしている。

下山するとプロデューサーに迎えられた。

「いい笑顔じゃないですか。見つかったんですね」

ひとまず候補となる岩にはたどり着いたが、

これでゲームオーバーというわけにはいかない。

「田中さんが見つかったらしいですね」

わたしは逆にプロデューサーにそう声をかけ、八百姫岩についても知りたいと伝えた。プロデューサーが電話をかけると、田中三蔵さんが軽トラックに乗ってやって来てくれた。彼は子どもの頃に八百姫岩に出かけたことがあり、家一軒分ぐらいの大きさがあったという。だがさっき見てきた岩もそのぐらいの大きさがあった。

その場所を知りたいと伝えると、彼は軽トラで入山口付近まで案内してくれた。それは堅海の北東に発する大谷川の谷筋にあたる。わたしがロケ隊と出かけた広瀬川とは別の場所だ。

彼は岩がある方向を指さしながら言った。

「そこの住所は字八百姫岩って言うんです」

田中さんが所有する山の土地には八百姫岩が存在し、しかもその住所が「字八百姫岩」だという。何ということだ。地名まで揃っているなら間違いないではないか……。八百姫岩と比丘尼岩は同一のものかと田中さんに尋ねてみた。それらが別ものだとは聞いたことがないという。だがさっき見てきた比丘尼岩らしき岩と比べてどちらが正しいかは現場を見て判断するしかない。

ドローン撮影をしていたカメラマンの好意で、八百姫岩がありそうな場所を上空から探してみた。だが、モニターに映る映像からは樹木におおわれた山地の様子しかわからない。

ロケが終わり、居残って八百姫岩を探してみたいと思ったが、台風は若狭湾直撃の予想進路のまま迫ってきていた。わたしは台風に追い立てられるように秋田に戻った。

比丘尼岩探しの再挑戦

八百姫岩を探すため小浜に戻ってきたのは二カ月後の一一月だ。

わたしは比丘尼岩に関心を示す地域の人たちと合流して、堅海の田中さんを訪ねた。

田中さんによると、八百姫岩へは堅海の久須夜神社を通り過ぎ、大谷川を遡っていく。コンクリートの低い壁を横切ってゆるやかな坂を登り、大きな杉の木が見えてきたらその先に八百姫岩があるという。思っていたより近くにありそうだ。指示通りに進むとさして苦労もなくコンクリートが見えてきて、標高一三六メートル付近で大きな杉の木を見つけた。あとは目と鼻の先だ。

一体、どんな岩が待っているのか――。

目に飛び込んできたのは横長の巨岩だ。真ん中が縦に割れて穴になっている。それを見た瞬間、わたしは腹落ちした。古老の「口を開いているような」という表現や田中さんの「家一軒分」というたとえのどちらも当てはまっている。高さは八メートルを超え、真ん中の縦に入った切れ目は洞穴になっていて奥は狭いが雨風をしのげる。近くを大谷川が流れ、八百比丘尼が暮らしたという話にもそれなりの根拠が揃う。

写真7-5 ついにたどり着いた八百姫岩。

集落に戻ってきたわたしは比丘尼岩の候補となる二つの巨岩を比較してみた。大きさや形はどちらも江戸時代の記録「高さ二丈（約六メートル）で形は尋常ならず」と矛盾がない。だが、最初に見た広瀬川沿いの巨岩が急斜面に立つのに対し、大谷川沿いの八百姫岩はなだらかな場所にある。八百比丘尼の居住地としては八百姫岩の方が断然勝る。口を開いているような様子に加えて字八百姫岩という地名も根拠となる。

　字地名は明治期の地租改正にルーツがあり、江戸時代の比丘尼岩が明治期に八百姫岩と名称変更されたとすれば、廃仏毀釈（はいぶつきしゃく）がきっかけだったのかもしれない。二つの岩を探し出し

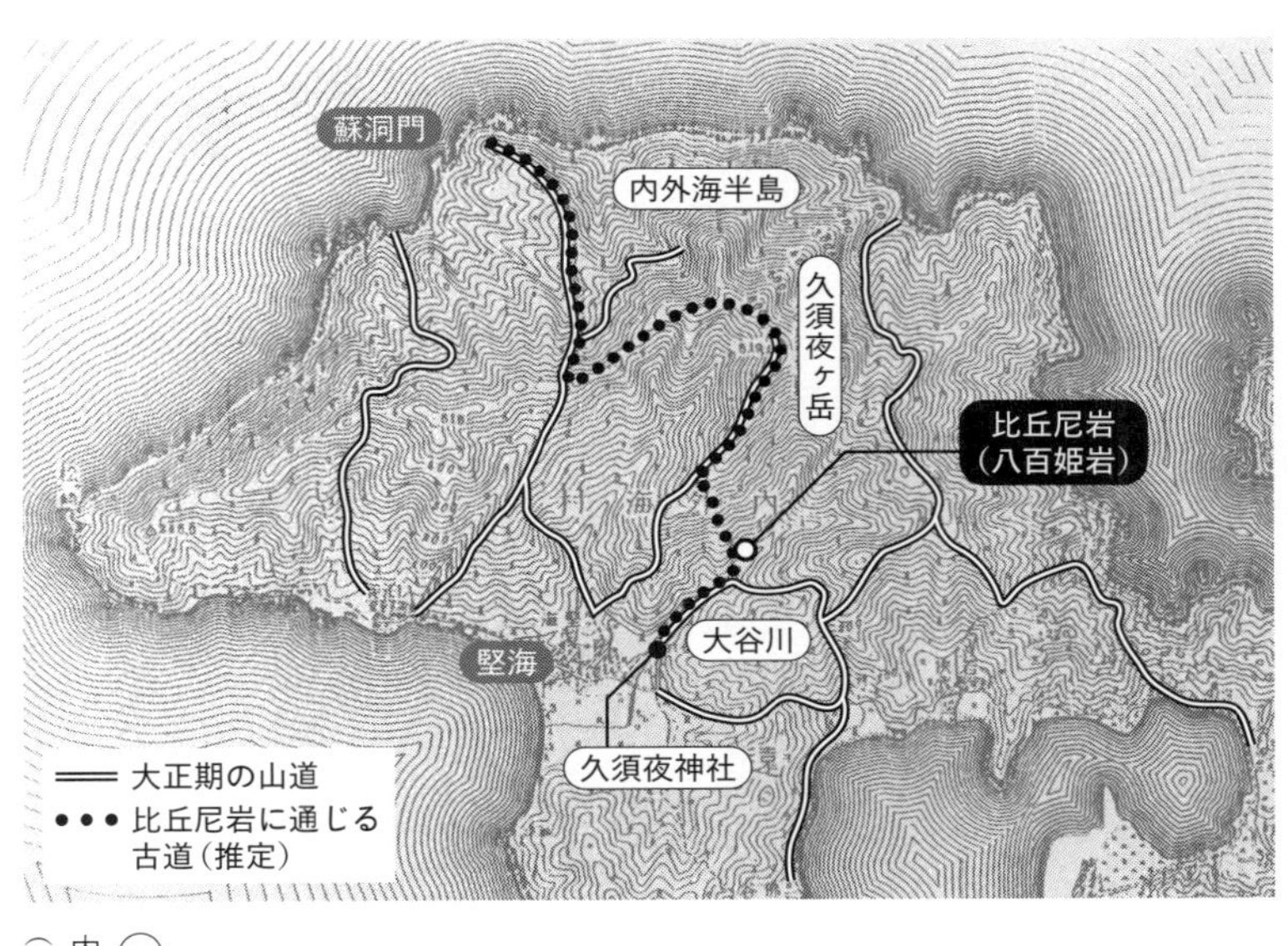

図7-6
内外海半島の古道と比丘尼岩
（大正元〔一九一二〕年発行の地形図より）

て比較した結果、わたしは堅海の大谷川流域にある八百姫岩を比丘尼岩と判断した。

古老が地図に示した位置は実際の場所とは異なるものだったが、比丘尼岩を判断する決め手になったのは「口を開いているような」という彼の一言でもあった。テレビ番組の制作クルーと出かけた場所は間違いだったことになるが、偶然にも巨岩があってよかった。全体でみればその山行は発見を引き寄せるために不可欠の要素だったのだ。

わたしは昔の山道が掲載された大正元（一九一二）年発行の地形図に比丘尼岩の位置を落とし込んでみた。現在の地形図に載っていない山道が表示されているため、さらに古い時代の道を推定するのに役立ちそうだ。

堅海集落から比丘尼岩へは集落の東にある久須夜神社から大谷川を遡る山道を進む。久須夜神社は出雲大社と同じ大己貴命(おおなむちのみこと)（大国主命(おおくにぬしのみこと)）を祭神としている。比丘尼岩はその山道から北に少し逸れたところにあり、大正期の地図には道が示されていない。だが、比丘尼岩を通過してそのまま緩やかな傾斜地を北へと登れば、久須夜ヶ岳の登山道にぶつかる。久須夜神社は久須夜ヶ岳を御神体にしていることから、神社の裏からその山頂に通じる道があったはずで、比丘尼岩を経由して登るルートが存在していたものとみられる。久須夜ヶ岳から蘇洞門までは北西へと尾根沿いに進めば、わたしがテレビ番組のロケで歩いた山道を使って行くことができる。比丘尼岩と蘇洞門の往来は可能だったのだ。

蘇洞門はその名前から不老不死をイメージさせ、八百比丘尼とも親和性がある。八百比丘尼伝説の謎を解く鍵は蘇洞門にあるのではないか――。わたしのインスピレーションが大きく揺さぶられた。

第八章 伝説を読み解くコード

小浜・出雲

蘇洞門が秘める古代信仰

堅海(かつみ)地区にある比丘尼岩(八百姫岩)を確かめた後、わたしは熊谷久恵さんの案内で約一キロメートル北西にある泊(とまり)集落を訪れた。集落にある若狭彦姫神社の縁起に蘇洞門がからんでいると知り、確かめてみたいと思ったのだ。

若狭彦姫神社の祭神は若狭彦であるヒコホホデミノミコト(彦火火出見尊)と若狭姫であるトヨタマヒメで、それぞれは海幸山幸神話の山幸彦とワタツミの娘にあたる。小浜市街にある若狭一の宮の若狭彦神社、若狭姫神社でそれぞれ祀られている二神をここでは一社で祀る。

年代を感じさせる石造りの鳥居をくぐり拝殿へと進む。神前には鈴が二つ吊るされていた。

「参拝に来た人は両方の鈴を鳴らすのが決まりなんです」

二神を敬うため参拝者は二つの鈴を鳴らして礼拝するのがここでのしきたりだという。

泊地区の若狭彦姫神社は貞観(じょうがん)元(八五九)年に若狭一の宮である二社から勧請(かんじょう)したとされる。ところが地元にはそれとは異なった言い伝えも残されている。

神界からやって来た若狭彦姫二神が最初に降臨したのは内外海半島北端にある蘇洞門の千畳敷(せんじょうじき)だった。千畳敷はわたしが出かけた蘇洞門の大門の北東二五〇メートルほどに位置する岩浜だ。

二神は泊岳(標高五二二メートル)のトンビヤスというところに立って泊集落を一望し、「トト、ト

写真8-1
泊の若狭彦姫神社。

ト」と声を上げて村長を呼び、若狭彦姫神社の地に落ち着いた。二神はのちに一の宮の若狭彦神社、若狭姫神社に遷座(せんざ)したというのだ。泊という地名は二神が最初に泊まったことに由来するという。

わたしは若狭彦姫神社の鳥居付近に立ち、泊岳を見上げた。山地は波打つように二つの尾根が並んでいる。トンビヤスはどこにあるのだろうか。熊谷さんが知る地元の古老に尋ねてみたがはっきりしない。地域の歴史に詳しい大森和良(おおもりかずよし)さんと電話で連絡がつき、トンビヤスは泊岳の二つの尾根に挟まれた鞍部(あんぶ)だと教えてもらった。鞍部とはその名の通り、馬の鞍のように窪んだ場所のことだ。

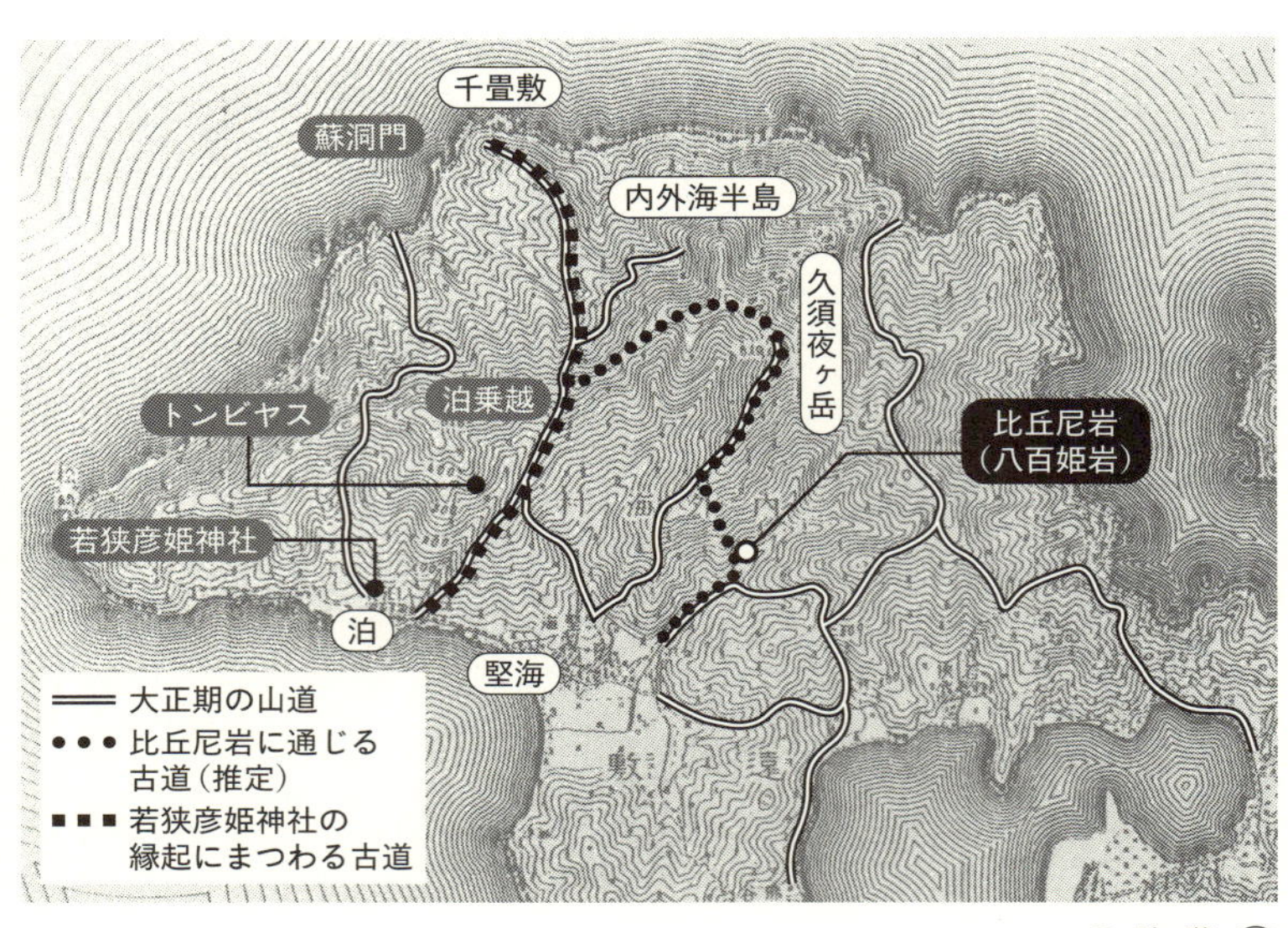

図8-1 蘇洞門の千畳敷からトンビヤスの脇を通って泊集落に通じる古道（大正元〔一九一二〕年発行の地形図より）

周辺の様子を大正元（一九一二）年の地形図で確認してみると、若狭彦姫二神が上陸したという蘇洞門の千畳敷付近から山道が南に延びている。地図上を指でたどってみると、山道は泊乗越（とまりのっこし）と呼ばれる尾根を通過した後、トンビヤス付近を経て泊の集落に通じていた。若狭彦姫二神が蘇洞門の千畳敷に降臨し、その後トンビヤスを経て若狭彦姫神社の地に至ったという言い伝えはそのまま古地図上でトレースできるのだ。昔の人にとって伝説は土地に息づくリアリティだったはずだ。

蘇洞門は若狭彦姫二神の上陸地点であったという。二神は海幸山幸神話の山幸彦とトヨタマヒメにあたるのだから、ワタツミの宮からやって来たことになる。そこでは美智(ニホンアシカ)の毛皮がもてなしのために使われていた。

わたしは蘇洞門に出かけたとき、大門を通して青葉山が見えることを知った。青葉山では神の使いが人魚とされ、江戸中期にはそのふもとの音海半島付近にアシカ科(トドを除く)とみられる人魚が出現したとされる。

すでに見たように比丘尼岩は古道で蘇洞門とつながっていた。蘇洞門はワタツミの宮に通じる門戸であり、八百比丘尼が食べた人魚とはワタツミの宮の美智、すなわちニホンアシカだったのではないか……。そんな憶測がわたしの脳裏を横切る。

一方、比丘尼岩と蘇洞門を往来するルートを地図上で確認すると、それは若狭彦姫二神の足どりと一部が重なっている(図8-1参照)。比丘尼岩と蘇洞門をつなぐルートは泊乗越で二神が降臨したルートに合流し、蘇洞門へと通じている。内外海半島で行われたテレビ番組のロケやその後の現地調査の成果を古地図に当てはめてみることで、八百比丘尼伝説と若狭彦姫神社の縁起をつなぐ接点が見えてきた。それは八百比丘尼伝説と海幸山幸神話との関係を匂わせる。

字地名から謎に挑む

八百比丘尼が食べた人魚の秘密に迫るため、若狭彦姫二神を掘り下げてみることにする。泊集落にある若狭彦姫神社では、二神が降臨したのは蘇洞門の千畳敷だったと伝える。一方、一の宮の若狭彦神社、若狭姫神社はそれとは異なる由緒を伝えている。

『若州管内社寺由緒記』によれば、霊亀元（七一五）年、若狭彦大神が白馬にまたがり、白雲に乗った唐人姿で白石に降臨した。続いて養老五（七二一）年、若狭姫大神も同じように唐人姿で白石に姿を現したという。その二神はもともとは山幸彦やトヨタマヒメとは関係なく、地元で信仰されていた土地神だった。

二神が降臨した下根来の白石には白石神社が鎮座する。白比丘尼と呼ばれた八百比丘尼はその神社の巫女だったと伝えられる。白馬、白雲、白石、白石神社と白比丘尼。白という文字が多出するのは意味深長だ。白が新羅を表すという解釈もある。確かに白石に降臨した二神は唐人姿だったというから大陸系を思わせる。諸説あるが、八百比丘尼の父とされる秦氏は新羅系の渡来民という見方もある。

もしかしたらその白石という地名に人魚の秘密を解く鍵が隠されているかもしれない。わたしがそう考えたのは比丘尼岩を調査したとき「字八百姫岩」という字地名が比丘尼岩の位置を特定する決め手になったからだ。そのときの経験から小浜の歴史は字地名からもっと引き出せるのではないかと感じた。『角川日本地名大辞典　一八　福井県』を開き、白石神社がある下根来の字地名を調べてみる。すると上白石、中白石、下白石と白石は上中下の三カ所に分かれている。

同じく若狭彦姫二神が降臨したとされる内外海半島はどうか。泊地区の字地名を指でなぞりながら確かめていく。
……山崎（やまざき）、梶田（かじた）、大窪（おおくぼ）、白石……。わたしの指は白石で止まった。
白石があるではないか！　胸が少しときめく。再び指を動かし白石から次の地名へと進む。
……白石、勝ノ坂（かつのさか）、大門（おおもん）……。

大門とは蘇洞門のことだ。字地名は地図上に並んでいる順に掲載されている。白石と大門の文字の順番が近いことから、実際の場所も近くにありそうだ。そこで泊地区の字白石の位置を調べてみると、それは千畳敷の区画につけられた地名であることがわかった。図星だ！　内外海半島でも若狭彦姫二神が降臨した地は白石と呼ばれていたのだ。二神が蘇洞門に降臨したという伝説は地名によって裏づけられている。字地名には忘れられた歴史が潜んでいるのだ。

若狭彦姫二神が降臨した白石が山中と海岸にあることは何を意味しているのだろうか。

「若狭国鎮守一二宮縁起の成立」（河音能平著）は山中にある下根来の白石が農業用の水源地にあたることから若狭彦大神を農業神と見定め、若狭彦大神は後に小浜沿岸の漁労集団を庇護（ひご）する海の神としての性格を併せ持つようになったと説く。

そこでは若狭姫大神や蘇洞門の千畳敷（白石）のことが触れられていない。わたしは若狭彦を農業神とするなら、海の神であるワタツミの娘のトヨタマヒメと同一視される若狭姫大神を漁業神とみるべきではないかと思った。二神が存在する意味は、山と海、農業と漁業の守護にあり、農業用水の水源地である下根来の白石は農業の守護神を、海に向かう蘇洞門の千畳敷の白石は海の守護神を祀る聖地だったのではないかと考えた。

ところで小浜の土地神にすぎなかった若狭彦姫二神はいつ頃、どのようにして日本神話の海幸山幸神話と結びついたのだろうか。平安後期（一二世紀初頭）に成立した「若狭国鎮守一二宮縁起」には「故老相伝」、つまり古くから伝わる話として若狭彦大明神をヒコホホデミノミコト（山幸彦）、若狭姫大明神をトヨタマヒメとみなし、海幸山幸神話と同じような伝説が記されている。二神につけられた大明神とは仏教的な称号であり、確かにそこに記されている物語は記紀の伝説に比べると仏教色が強い。

一二世紀初頭の「若狭国鎮守一二宮縁起」が「故老相伝」としているのだから、二神と海幸山幸神話の融合はそれ以前ということになる。わたしはそのきっかけになりそうな出来事を探した。『小浜市史 通史編 上巻』には奈良時代の神護景雲二（七六八）年、若狭国国司がそれまでの高橋氏から安曇石成に代わった経緯が書かれている。高橋氏と安曇氏は天皇の日常の食事と配膳を担当する氏族としてライバル関係にあった。安曇石成が若狭国国司になった二年後の宝亀元（七七〇）年八月一日、若狭彦大神に馬が奉納されたという記録が『続日本紀』に記されている。

安曇（阿曇とも）氏はワタツミを祖神として仰いでいた。記紀に登場するワタツミは、日本の国土を生み出したイザナギノミコト（伊邪那岐命・伊弉諾尊）が異界の黄泉から帰って海で禊をしたときに誕生したとされる。安曇氏発祥の地は筑前国糟屋郡阿曇郷（現在の福岡県糟屋郡新宮町）とされ、そこから一四キロメートルほど南西に鎮座する志賀海神社は綿津見神を祭神とする。

『小浜市史 通史編 上巻』を見ると、若狭国国司になった安曇石成の背後には神仏習合を進めた僧侶の道鏡（七〇〇―七二二）の存在が見え隠れしているという。若狭彦姫二神は「若狭国鎮守一二宮縁起」が成立する一二世紀初めまでに大明神と呼ばれる神仏習合の神となり、日本神話の山幸彦、トヨタマヒメと同一神として若狭一の宮の祭神となり神格が上がっていくのだ。

ワタツミが登場する海幸山幸伝説が若狭彦神社、若狭姫神社と結びつき定着したのは安曇氏が若狭に登場したことが最初の、そして大きなきっかけだったのではないか。海幸山幸神話と神仏習合によって若狭の地方神を国家神に変えたのは安曇石成だったのかもしれない……とわたしは考えた。八百比丘尼も神仏習合の申し子だ。彼女は八百姫と呼ばれる神社の巫女でありながら、日本各地を行脚した尼僧でもあった。

重要なことは若狭彦姫二神が降臨した白石がある下根来と内外海半島はどちらも八百比丘尼の生誕地とされていることだ。下根来では八百比丘尼が若狭彦姫二神を祀る白石神社の巫女だったという。比丘尼岩がある内外海半島堅海の漁民は古来、祭日が来るたびに一の宮である若狭姫神社に鮮魚を献上していたと江戸前期の地誌『若狭郡県誌（わかさぐんけんし）』に記されている。それらは直接、間接、若狭彦姫二神と八百比丘尼の関係を強く印象づける。

八百比丘尼伝説の性格がついに見えてきた。小浜市に存在する四つの八百比丘尼生誕地のうち、勢、下根来、小松原の三カ所でわたしは八百比丘尼伝説を構成する三つのキーワード「御食国」「秦氏」「海幸山幸神話」を見出した。そしてもう一カ所の生誕地である内外海半島でも海幸山幸神話との接点を確かめた。キーワードごとに整理してみる。

御食国　勢（八百比丘尼の父である高橋長者は御食国である若狭国の国司、高橋朝臣と同族）

秦氏　下根来（八百比丘尼の父は秦道満）
小松原（八百比丘尼が生きていたとされる一二世紀末に秦氏が活躍）

海幸山幸神話　下根来（若狭彦姫二神［山幸彦・トヨタマヒメ］が降臨した白石の地に建つ白石神社に八百比丘尼が巫女として奉仕）
小松原（一二世紀末の秦氏は海幸山幸神話が伝わる日向湖の出身）
内外海半島（比丘尼岩が存在する堅海の漁民は古来、若狭姫神社に贄を献上。比丘尼岩は若狭彦姫二神［山幸彦・トヨタマヒメ］が降臨した蘇洞門の千畳敷と古道で通じているとみられる）

八百比丘尼の生誕地とされる四つの地点を調べると、海幸山幸神話との関係性が最も強いことが判明した。八百比丘尼が食べた人魚を特定するうえでも、海幸山幸神話が重要な鍵を握っていることがわかる。

表8-1 八百比丘尼生誕地の背景

生誕地	父	背景	キーワード
勢	**高橋長者** 荒磯命の末裔	7世紀の若狭国は御食国として皇室の食を司った。若狭国国司の高橋朝臣は皇室の食を司る内膳司長官だった	**御食国**
下根来	**秦道満**	八百比丘尼は若狭彦姫二神（海幸山幸神話の神）に仕える巫女だった	**海幸山幸神話** **秦氏**
小松原	**漁師**	13世紀に刀禰（とね）と呼ばれる地域のリーダーだった秦氏は、海幸山幸神話が伝わる日向湖の出身	**海幸山幸神話** **秦氏**
内外海半島の堅海	**不明**	堅海の漁民は古来、遠敷の若狭姫神社に贄を献上していた 比丘尼岩から蘇洞門に通じる山道は若狭彦姫神社（泊集落）の縁起に伝わる山幸彦とトヨタマヒメの降臨ルートと重なる	**海幸山幸神話**

海幸山幸神話と浦島伝説から読み解く

本来、若狭の土地神であった若狭彦姫二神は、神仏習合といういわば化学反応を利用し、海幸山幸神話と結びつくことで日本神話の神として広く崇拝を集めるようになった。その二神に巫女として仕えていたという八百比丘尼の伝説にも海幸山幸神話は当然影響を及ぼしたはずだ。

ここで海幸山幸神話と八百比丘尼伝説を比較しやすいように話を要約してみる。海幸山幸神話では、山幸彦が水先案内の神、シオツチノオジの計らいでワタツミの宮へ行き、神の娘であるトヨタマヒメと結婚してこの世にやって来る。彼はワタツミからもらった満珠と干珠を使い海幸彦を懲らしめ支配下においた。一方、八百比丘尼伝説では、八百比丘尼の父は誰かに案内されて龍宮のような神界を訪ね、お土産の人魚の肉を持ち帰り、それを食べた娘が不老長寿となる。

海幸山幸神話……山幸彦——シオツチノオジ——ワタツミの宮——トヨタマヒメ
八百比丘尼伝説……八百比丘尼の父——案内人——龍宮のような異界——不老長寿の八百比丘尼

伝説の登場人物が誰かに誘われて海の異界に行き、その結果、海幸山幸神話では神の娘であるトヨタマヒメがこの世に降臨する。また、八百比丘尼伝説では神界に行った者の娘が不老長寿となって神格化されるようになる。話の骨子に加えて、神か人かの違いはあるが、登場人物の娘がこの世で活躍するというストーリー展開は似ており、後発の八百比丘尼伝説が海幸山幸神話から影響を受けたものと考えることができる。それは小浜に伝わる四カ所の八百比丘尼生誕地のうち三カ所で海幸山幸神話と関係があることにも表れている。

海幸山幸神話に人魚は登場しないが、ワタツミの宮では美智と呼ばれるニホンアシカの毛皮が賓客をもてなす敷物として使われていた。

美智に関して『古事記』の該当する部分を詳しく見てみる。

ワタツミはやって来たホオリ（山幸彦）を宮殿に招き入れ、美智の皮の敷物を八重に敷き、その上に絹の敷物を八重に敷いてホオリを座らせた。さらに百に及ぶ机の上に結納の品物を取り揃えて、ご馳走をし、そこで娘のトヨタマヒメを妻として差し出した。

ワタツミの宮において美智の皮とは結婚式の新郎に対する最上のもてなしであった。

次に、二つの物語のモチーフに美智の皮と人魚の肉を組み込んでみる。

海幸山幸神話………山幸彦――シオツチノオジ――ワタツミの宮（賓客をもてなす美智の皮）――トヨタマヒメ

八百比丘尼伝説……八百比丘尼の父――案内人――龍宮のような異界（お土産の人魚の

ワタツミの宮で賓客をもてなす美智の皮は、龍宮のような神界で賓客に渡されたお土産の人魚の肉に対応している。どちらも賓客を接待するための品なのだ。

ただし、二つの物語には食い違っているところが二点ある。第一は海の異界だ。海幸山幸神話はワタツミの宮と決まっているが、八百比丘尼伝説では蓬莱や龍宮のような異界、別世界とされ、ワタツミの宮とする伝説はひとつも存在しない。

第二の点は、登場人物が異界から持ち帰る物の意味合いだ。海幸山幸神話では山幸彦がワタツミから満珠と干珠をもらって帰る。山幸彦はそれらを用いて潮の満ち引きを自在に操り、敵対的な兄の海幸彦を降伏させた。つまり満珠と干珠は武器であり、婚姻関係で結ばれた山幸彦とワタツミの軍事同盟の表れとみることもできる。それはもてなしの品である八百比丘尼伝説の人魚の肉とは性格が異なっている。

以上二点の違いに注目してみると、八百比丘尼伝説と浦島伝説の類似点が浮かび上がる。八百比丘尼の父が出かけた蓬莱や龍宮は浦嶋子（浦島太郎）が訪問した異界と同じである。持ち帰ったお土産についても、食べると不老長寿になる八百比丘尼伝説の人魚の肉は、開けると老人になる浦島伝説の玉手箱と近い存在だ。老化と不老長寿、それらは一見、正反対の結果を生んでいるように思われる。だが、浦島が老人になったのは約束を破ったために引き起こされたことであっ

表8-2 若狭湾に伝わる三つの異界訪問譚

	異界	お土産	お土産の効果
八百比丘尼伝説	**蓬莱や龍宮**	人魚の肉	食べると**不老長寿**になる
海幸山幸神話	ワタツミの宮	**満珠と干珠**	潮の満ち引きをコントロールする（武器）
浦島伝説	**蓬莱や龍宮**	玉手箱	開かなければ**不老長寿**を維持できた

た。

浦島が異界で過ごした三年はこの世で三〇〇年に相当したという。彼が玉手箱を開き白煙とともにたちまち老人になってしまったことについて、物語の中で理由は明かされていない。察するに玉手箱の中には彼がこの世を不在にしていた間の歳月が封じ込まれていたようだ。それを開くと呪いが解け、時間が一気に経過して彼はみるみるうちに若さを失ってしまったという解釈が成り立つ。

人魚の肉と玉手箱はどちらも時間の流れを止めるものという点で共通している。もし浦島が約束を守って玉手箱を開かなければ、八百比丘尼と同じように不老長寿を享受できたはずだ。時間の流れを止め、不老長寿をもたらす点で玉手箱と人魚の肉には同じ神力が備わっていたのだ。

八百比丘尼伝説は海幸山幸神話をベースとしながらも、浦島伝説の要素を併せ持っている。海幸山幸神話ではワタツミの宮で賓客をもてなす敷物としてニホンアシカの毛皮が使われた。八百比丘尼伝説でももてなしの品として賓客にアシカ科と思われる人魚の肉がお土産として渡された。だが、それは単なるお土産以上の存在だった。時間の流れを止める人魚の肉によって八百比丘尼は不老長寿になった。不老長寿は海幸山幸伝説にはない要素で、浦島伝説の玉手箱と関係性が深い。八百比丘尼伝説はそれを象徴的に示すため、八百比丘尼の父が出かけた異界をワタツミの宮ではなく、浦島と同じ蓬莱や龍宮として語ったのではないか、とわたしは考えた。

海幸山幸神話と浦島伝説、二つの物語の要素を巧みに組み合わせることで完成したのが八百比丘尼伝説だったのだ。八百比丘尼は人魚の肉を食べ、浦島が果たせなかった不老長寿を手に入れたとも言えるだろう。

でもなぜ、八百比丘尼は不老長寿になったのか。それは彼女が若狭彦姫二神の巫女だったことから読み解けそうだ。『風土記』には若狭国の国号由来が記されている。

> 風土記に云ふ。昔、此の国に男女あり。夫婦と為る。共に長寿す。人、其の年齢を知らず。容姿の壮若く、少年の如し。後、神と為る。今、一の宮〈若狭彦神社、若狭姫神社〉の神、是なり。因りて若狭の国と称ふ。云々。

若狭国について記した『風土記』は原本が失われており、その逸文が『和漢三才図会』（前出）に引用され現代に伝わっている。若狭の由来をめぐっては諸説あるが、若狭彦と若狭姫という若狭国の祖先神がどちらも少年少女のような若い顔容姿を持つ不老長寿の神であったためとされる。

八百比丘尼は人魚の肉を食べて二神と同じように永遠の若さを保ち、神格化した尼僧として二神に末長く仕えるべく生まれ変わったのではあるまいか。八百比丘尼と若狭彦姫二神の関係を紐解くと、彼女は不老長寿になるべくしてなったことがわかる。つまり彼女は海幸山幸神話と浦島伝説が生み出したもうひとりの若狭の神だったのだ。

答えを求めて出雲へ

二つの伝説を対比させることで、海幸山幸神話の美智の毛皮と八百比丘尼伝説の人魚の肉の共通点が浮かび上がった。どちらも神界における賓客へのもてなしの品であった。

わたしは「神界のもてなし」という新たな視点から改めて八百比丘尼が食べた人魚の候補を検討してみることにした。オットセイの陰茎は不老長寿の霊薬とされるが、それが神界でのもてなしに用いられるといった伝説は存在しない。一方、ニホンアシカの毛皮はワタツミの宮でもてなしに用いられるが、食には関わらない。八百比丘尼が食べた人魚の肉の条件は「神界のもてなし」と「食」という二つの条件を満たす必要があるだけにどうにもしっくりこない。

ところがついにわたしは謎を解くことができそうな記録を見つけた。「ニホンアシカの復元に向けて（一六）ニホンアシカの毛皮および皮の利用」（井上貴央・佐藤仁志（ひとし）著）によると、出雲大社では食に関わる古来の神事の中でニホンアシカの毛皮が使われてきたという。ニホンアシカの毛皮と食が結びついているのだ。八百比丘尼伝説は出雲大社がある島根県に数多く伝わり、その伝承地の数は小浜を中心とする福井県の一四カ所に次ぐ一三カ所を数える(23ページの図1-1参照)。わたしは八百比丘尼伝説によって結ばれている若狭と島根の関係の深さに気づいた。著者の佐藤仁志氏に取材を申し込むと、彼は快く引き受けてくれた。佐藤氏は島根大学非常勤講師で、ニホンアシカに関する資料収集を行っている研究者だ。

二〇二二年一一月、わたしは小浜からレンタカーに乗り、彼が暮らす島根県出雲市へと向かった。片道五時間を超える道のりで朝九時に出発しても到着は午後二時を過ぎる。日本海に臨む地方都市を直結する交通機関が存在しないためだが、それでもそれが最も楽な手段と言えるだろう。

待ち合わせたホテルのロビーで落ち合うと佐藤氏は話し始めた。

「もうなくなってしまいましたが、ニホンアシカ研究会というのがあったんです。一九九二年に発足して、一時は会員が一二〇人を超えるほどいました」

鳥取や島根を拠点とするその会が発足した前年、環境庁(当時)がニホンアシカの絶滅宣言をした。直接、間接それが研究会発足のきっかけになったのだろう。わたしは佐藤氏に尋ねた。

「どのような研究をするのですか?」

「生物学の他、考古学や民俗学などニホンアシカに関することを横断的にやっていました」

佐藤氏が見せてくれた会報誌「ニホンアシカニュース」の創刊号(一九九二年一〇月一日)によれ

ば、ニホンアシカはまともに研究されることなく姿を消してしまった動物であり、会の目的はニホンアシカの復元にある。それは残された資料をもとに体重や体長から生息域、人との関わりなどを明らかにすることだという。

わたしは海幸山幸神話の美智の皮について尋ねた。

「ニホンアシカの毛皮は実際に神聖視されていたのですか？」

「出雲大社では今もニホンアシカの毛皮が神事に使われてますよ。皮の上にご飯と酒を載せて神前に供えられるんです」

毎年一一月二三日に行われる古伝新嘗祭相嘗の儀は天下泰平と五穀豊穣を祈念するもので、ニホンアシカの毛皮は新穀を神前に供える敷物として使われる。神話ではニホンアシカの毛皮の上に座るのは山幸彦だったが、出雲大社では新穀が載せられる。

祭儀を取り仕切る出雲国造は、古式に従って神火と神水で調理された新穀のご飯と醴酒（甘酒）を天地四方の神々に供し、自らも食す。醴酒とは米、麹に酒を加え一夜で醸造する甘酒のようなものだ。

佐藤氏は出雲大社のニホンアシカ皮を調査したことがあるという。それは胸腹部を切り取ったもので、長さ一一四センチメートル、幅四六センチメートルの長方形をしていた。

「毛の多くが脱落して、相当古くから使い続けられている様子でした」と佐藤氏は言った。

『出雲大社　学生社　日本の神社シリーズ』（千家尊統著）には祭儀の様子が次のように書かれて

いる。

午後七時、拝殿の椽（たるき）〈屋根の裏板などを支えるために棟から軒に渡す長い材木〉に神職がでて斎館に向って声高らかに、「オジャレマウ」と三唱するところから古式そのものの新嘗祭は始まる。これは「お出あれと白（まう）す」という意味である。

この声がかかると出雲国造は斎館から神職をしたがえて静かに祭場に参進着座する。ついで国造は拝殿中央の高間に設けられた祭壇に上り立ち、一揖（いっしゅう）〈会釈〉してその側に伺候（しこう）すると、神職は祭壇中央に軾（ひざつき）〈半畳ほどの敷物〉を敷き、権禰宜（ごんねぎ）は国造の座前に海驢（みち）の敷皮を敷く。この敷きおわるのを待って、権禰宜は御飯と醴酒（ひとよざけ）をのせた膳を捧持（ほうじ）して、この敷皮の上におき、国造はこの御飯をまず捧げて拝席にすすみ、立ちながら四方に向ってこれを献じ、この後酒についても同様の儀礼を行うのである。

ニホンアシカの毛皮は神に捧げる供物である神饌（しんせん）、いわば神へのもてなしに使われていたのだ。続く歯固（はがため）の神事では、真名井（まない）と呼ばれる井戸から取った小石二個を土器に盛り、箸を添えた膳を権禰宜がニホンアシカの敷皮の上に置く。国造は左手に土器、右手に箸を持ってこの石を噛む。『出雲大社』は一連の神事の意味について次のように解説する。

歯固めとは長寿を祈念する儀礼にほかならない。相嘗という神との共同食事の後、この歯固めの儀が執り行われるというのは、つまり神に奉祀する国造の長寿を祈念する意味である。

古伝新嘗祭で神饌がニホンアシカの毛皮とともに神前に供されることとは、ニホンアシカが食事に関わる重要な存在であることを暗示する。しかも不老長寿への祈りが込められる歯固の神事でもニホンアシカの皮が使われてきたのだ。

これら出雲大社の祭祀は八百比丘尼が口にした人魚の正体を探る鍵となるだろうか。出雲大社がある島根県には数多くの八百比丘尼伝承地が存在し、若狭と島根が精神文化を共有していることを示す。一方、小浜では八百比丘尼生誕地のひとつ、内外海半島の堅海にある久須夜神社の祭神が出雲大社の御祭神、大己貴命（大国主命）であり、久須夜神社から久須夜ヶ岳に通じる山中に比丘尼岩が存在していた。八百比丘尼伝説の周辺を探ると小浜と出雲の接点がチラつく。

八百比丘尼が口にした人魚の肉は神界で賓客にもてなされた食事であった。それは出雲大社の神事で神に食をもてなす神饌と重なる。どちらも神と人が共食することで一体感を強め、神は人を守護し、人は神を敬うようになる。出雲大社に伝えられてきたニホンアシカの信仰が小浜の八百比丘尼伝説に何らかの影響を与えたとみることは可能だろう。

ようやくつながった！　若狭彦姫二神に奉仕していた八百比丘尼は、長寿を祈念する神事を象徴するニホンアシカの肉を口にしたことで、二神と同じようにいつまでも若い姿を保ち神格化したのだ。それこそが人魚であるニホンアシカが、八百比丘尼を不老長寿に変えた意味だったのだ。八百比丘尼が食べた人魚はニホンアシカであった。

若狭国は天皇家の食を司る御食国であり、老いることのない若さを国名の由来とする。ニホンアシカの肉を食べて不老長寿になる八百比丘尼伝説は、まさに若狭国で生まれるべくして生まれた伝説と言っていいだろう。その物語は海幸山幸神話や浦島伝説といった、日本を代表する異界訪問譚の影響を強く受けて誕生したのだ。

「神話の世界が今でも生き続けているということですよ。ニホンアシカの毛皮を用いた神事が出雲大社に伝わっていることはニホンアシカの研究にとってても貴重なことです」

佐藤氏の言葉にわたしは深くうなずいた。八百比丘尼伝説の背景を旅してきたわたしは、その伝説の背後に潜む、失われた動物の記憶に触れることができた。古来、語り継がれてきた八百比丘尼伝説にはニホンアシカに対する憧憬(どうけい)とオマージュが宿る。

生存の可能性を信じて

現在、水族館や動物園で見かけるアシカは北東太平洋や北米大陸西岸を生息域としているカリフォルニアアシカだ。だがかつてはそれらの施設でもニホンアシカの姿が見られた。京都市動物園が開館した一九〇三（明治三六）年に、隠岐から二頭のニホンアシカのメスが移入されたという記録がある。それ以後、各地に広まり、大阪の天王寺動物園では竹島のリャンコ大王として知られたニホンアシカのオスの剥製が展示されていた。その体長は九尺五寸（約二・八五メートル）体重二〇〇貫（約七五〇五キログラム）もあったという。

動物園で飼育されていた時代、ニホンアシカは珍しい動物だった。だが、過去に遡るとニホンアシカは日本各地に広く生息していた。その存在を身近なところに感じさせるのが地名だ。千葉県銚子市には海鹿島町（あしかじまちょう）がある。太平洋に突き出す犬吠埼（いぬぼうざき）（銚子市）は海岸で吠えていたニホンアシカが由来らしい。伊勢湾のアシカ島、八丈島のアシカ根（ね）といった地名だけでなく、佐渡の海驢島（とどしま）や海驢（とど）の峰（みね）などのように、トドがつく地名もニホンアシカの痕跡である。かつてニホンアシカはトドとも呼ばれ、狩猟の対象とされていた。本州以南では北海道以北に暮らすトドを見かけることがなく、混同することはなかった。本州から南の日本にはアシカやトドの名がつく地名が一〇〇カ所以上存在するという（「アシカ島・トド島の分布――アシカ類地点名の考察――」中村一恵著）。

日本ではすでに地名が残るだけだが、ニホンアシカ研究会はニホンアシカ生存の可能性を信じて発見、復活につなげることも大きな目的のひとつに掲げている。

「ニホンアシカは本当に絶滅してしまったんですか？」

わたしの質問に佐藤氏は答えた。

「今も極東ロシアのカムチャッカや千島列島、サハリン南部に生存している可能性が考えられます。その地域は未調査ですから」

「でもどうやって探すんですか？」

「地元の漁師に目撃情報を求めるとか、網にかかった個体を教えてもらうなどの方法です」

佐藤氏はそう言うが、ウクライナ侵攻後のロシアで調査を実施するのは至難の業だ。

それでも鰭脚類の目撃や捕獲の情報は途絶えることはない。「ニホンアシカニュース」によれば、一九七四年に礼文島でアシカ科の幼獣が生捕りされた。種類が未確認だったのは悔やまれるがニホンアシカだった可能性はゼロではない。容易には人前に姿を見せないニホンアシカがどこかで発見されるチャンスはまだあるのだ。

わたしは佐藤氏にニホンアシカが好みそうな場所が近くにないか尋ねてみた。すると中海に浮かぶ大根島の南にある弁天島周辺に岩礁地形が残っているという。

佐藤氏にお礼を言って別れ、わたしは車で中海をめざした。

県道三三八号の美保関八束松江線を進み、湖水に浮かぶように続く約二キロメートルの一本道を通って大根島に上陸した。そこは以前、タコ島と呼ばれていたが大根島に名前を変えたというユーモラスな歴史を持つ。そう聞くと中海がおでん鍋のように見えてくる。

弁天島の沿岸には浅瀬の岩礁が続き、対岸に安来の町並みがあった。気がつけばわたしは日本で最初に海の人魚が発見された地に戻ってきていた。以前は米子市の粟嶋神社境内から中海を見下ろし「ここが日本最初の海の人魚の現場か」と感激したものだった。思い返せば当時のわたし

写真8-2
大根島の海岸にはニホンアシカが好みそうな岩浜が続く。

にとって人魚は高台から水面を眺めるように遠い存在だった。それから三年半ほど追跡を続け、人魚の正体をつかんだ今、わたしは何かに導かれるように再び中海を訪れ、今度はその水際に立っていた。人魚はあの時に感じたような遠い存在ではない。そこにじっとしていれば、やがてニホンアシカが水面から顔をのぞかせるのではないかという気がした。

日暮れが迫り、雲が落ち込むような中海は青黒く輝いて見える。古代の人魚が発見された現場にふさわしいドラマチックな光景の中で、わたしは人魚の出現を待ち望み、しばし水辺に佇んだ。

エピローグ

一連の追跡を振り返ってみると、UMAとしての人魚のモデルは時代ごとに変遷してきた。『日本書紀』に記された七世紀の怪物の正体とみられるオオサンショウウオをはじめ、八世紀以後にはアザラシやアシカなどの鰭脚類を思わせる記録が多くなる。江戸期の人魚にはリュウグウノツカイのイメージが見られ、明治期に入ってジュゴンが人魚とみなされると、人魚は正体不明の動物ではなく、もはや謎めいたUMAでもなくなった。その一方で、人魚は明治以後、『人魚姫』や「リトル・マーメイド」といったおとぎ話の中の架空の存在として定着していく。

同じくUMAとされるネッシーの場合、最古の目撃記録は、六九〇年頃に完成したアイルランド修道僧の聖人伝『聖コルンバ伝』に見られる。キリスト教を布教するためスコットランドを訪れた聖コルンバ（五二一―五九七）は、ネス湖の近くを流れるネス川で、襲いかかってくる水獣（後にネッシーと呼ばれる）の危険から地元民を救った。聖人の奇跡を目にした人たちはキリスト教に改宗したという。この古伝を下敷きとしながら、イギリスでは一九三三年以後、ネス湖で未確認動物の目撃が相次いで報告されるようになる。そのきっかけは同年に公開された映画「キングコング」にあったとも言われる。キングコングは先史時代の類人猿として描かれた。ネッシーもいつしか首長竜プレシオサウルスという恐竜の生き残りと噂されるようになったのだ。UMAは絶滅した古生物とみなされることがあり、そこに人々のロマンを掻き立てる理由のひとつがある。

ネッシーと日本の人魚には共通点がある。どちらも初見は六世紀や七世紀といった古代で、発見されたのは川であった。ネッシーはキリスト教を布教する聖人の物語として伝えられ、日本の人魚は聖徳太子がからむ仏教説話に登場した。双方ともに宗教の普及に利用されている点は興味深い。だが二〇世紀になってその存在が騒がれたネッシーに対し、UMAとしての日本の人魚は明治以後、姿を消した。なぜそのような違いが生じたのだろうか。

わたしは人魚のモデルとして追跡してきたオオサンショウウオ、ニホンアシカ、ジュゴンが絶滅危惧種（ニホンアシカは絶滅とも）であることに気づき、もしかしたらそのことと関係があるのではないかと思った。自然の中でその姿が見られないという点ではリュウグウノツカイも似たような存在かもしれない。つまり、明治以降、それらの動物の目撃例が少なくなるにつれ、UMAとしての存在感も失われていったのだ。投影する現実がなくなれば、伝説は存在意義を失う。

UMAは絶滅種の生き残りとして人々のロマンを掻き立てる一方、そのモデルとなった動物が絶滅危惧種となれば、UMAそのものも人々の意識から遠のいてしまう。それがUMAとしての人魚がたどった運命だった。

もはや人魚は過去の産物と化してしまったのか——。

ところが思いがけないことが起きた。わたしの人魚をめぐる空想と現実が入り混じるような旅はコロナ禍によって二年近く中断を余儀なくされた。その自粛期間中、アマビエがどこからともなく姿を現し、にわかに脚光を集めた。アマビエとは弘化三（一八四六）年、現在の熊本県に出現したとされる妖怪で、人間を思わせる長い髪、鳥のくちばしに似た口、体は鱗におおわれた魚のようで足は三本ある。それは人前に現れて近未来の吉凶を伝える予言獣とされる。

わたしはリュウグウノツカイの追跡中、同じ予言獣である神社姫の存在を知った。文政二（一八一九）年肥前国（長崎県と佐賀県）に出現し、その姿を描いた絵をひと目でも見れば流行病を免れ、長寿を得ると信じられていた。その言説は非科学的で、原始的な呪いそのものと言える。わたしは予言獣を迷信的で合理的根拠がないものとみなした。

ところがそんな予言獣であるアマビエが再び、令和の現代に人々の注目を集めたことがわたしには信じられなかった。われわれはアマビエに何を求めたのだろうか？

コロナ禍は現代社会を翻弄し、科学や医療の力でもその感染拡大を思うように抑えることはできなかった。すがるべき確かなものを見失いかけたわれわれは、過去の世界からアマビエを持ち出してくるしかなかったのだろう。現代のわれわれにとってそれは祈りを捧げ、すがりつく神仏ではなく、キャラクターやマスコットのような存在だった。とはいえ、事態の一刻も早い収束を願うわれわれにとって大きな心の支えになったことは確かだ。その点において、現代人は江戸時代の人々とさして変わりがないと言えよう。

人魚の追跡をしてきたわたしにとって、アマビエは現代に出現した人魚のように思われた。それは姿形が似ているためではない。日本人にとって古来、人魚は凶兆や吉兆を表すものであり、神意を伝えるメッセンジャーであった。それは最初に人魚の存在を認め、国禍とみなしたとされる聖徳太子の頃から変わらない。アマビエはコロナ禍の発生とともに再び姿を現した現代の人魚だったのだ。

人魚は過去の産物などではなかった。人魚は不滅のＵＭＡなのだ。

謝辞

人魚や八百比丘尼の伝承地を訪ねる取材は福井県小浜市を中心に、沖縄県、福岡県、岡山県、島根県、鳥取県、和歌山県、滋賀県、富山県、新潟県、福島県、秋田県の全国一二県に及んだ。本書に登場する方々以外にも多くの人にお世話になりました。

本書は二〇一九年に全国地方新聞で連載した「ニッポンの人魚伝説を追って」がベースとなっている。その掲載機会を与えていただいた共同通信社文化部の山下憲一さんに感謝します。

またＢＳ－ＴＢＳで放送された「アドベンチャー魂」（二〇二二年一〇月一八日放送）のロケは追跡の膠着(こうちゃく)状態を打破するきっかけとなりました。プロデューサーの椎葉宏治さんはじめ制作スタッフ、関係者の皆様、ありがとうございました。

小浜の歴史や八百比丘尼伝説について貴重なお話を聞かせていただいた神明神社元総代の澤田辰雄さんが二〇二三年九月に亡くなられた（享年九七）。生前のご指導に感謝し、本書を墓前に捧げたい。

本書の編集にあたっては、草思社の貞島一秀さんより本書刊行に至るまで献身的なご尽力をいただきました。記して御礼を申し上げます。

二〇二四年冬、人魚木簡が出土した秋田にて

髙橋大輔

参考文献

秋田県埋蔵文化財センター『秋田県文化財調査報告書 第三〇三集 洲崎遺跡——県営ほ場整備事業（浜井川地区）に係る埋蔵文化財発掘調査報告書——』 秋田県教育委員会 二〇〇〇年

石塚豊芥子『街談文々集要』『随筆文学選集 続 第六』 続随筆文学全集刊行会 楠瀬恂編 一九二八年

伊藤徹魯・中村一恵「ニホンアシカの復元に向けて（九）ニホンアシカの分布の復元」『海洋と生物』九四（vol.16 no.5） 生物研究社 一九九四年

井上貴央・佐藤仁志「隠岐島三度のアシカ猟」『隠岐の文化財（第一〇号）』「隠岐の文化財」編集委員会 一九九三年

上里隆史『最新歴史コラム 目からウロコの琉球・沖縄史』 ボーダーインク 二〇一二年

魚津水族館『富山のさかな（第二版）』 魚津水族館 二〇一七年

内田恵太郎「人魚考」『自然』（第一五巻第八号） 中央公論社 一九六〇年

内田恵太郎「続人魚考——リュウグウノツカイ」『自然』（第一七巻第九号） 中央公論社 一九六二年

内田律雄「古代隠岐島の海獣猟」『隠岐の文化財（第三二号）』「隠岐の文化財」編集委員会 二〇一五年

大竹有子「南島歌謡における動物の表現：ジュゴンを中心として」『沖縄芸術の科学：沖縄県立芸術大学附属研究所紀要』三一 沖縄県立芸術大学附属研究所 二〇一九年

小浜市郷土研究会編『伝説資料集 八百比丘尼』 小浜市 一九九一年

小浜市史編纂委員会編『小浜市史 通史編 上巻』 小浜市 一九九二年

「角川日本地名大辞典」編纂委員会編『角川日本地名大辞典』 角川書店 一八 福井県 一九八九年／二七 大阪府 一九八三年

加藤祐三「沖縄県宮古群島下地島『帯大岩』の起源」『歴史地震』第五号所収 歴史地震研究会 一九八九年

神谷敏郎『人魚の博物誌 海獣学事始』 思索社 一九八九年

河音能平「若狭国鎮守一二宮縁起の成立——中世成立期国衙の歴史的性格究明のために——」『八代学院大学紀要』（通号一） 八代学院大学学術研究会編 一九七〇年

北大路魯山人『魯山人の料理王国〈新装復刻〉』 文化出版局 二〇〇九年

鬼頭尚義「聖徳太子と人魚――太子伝承から観音正寺縁起へ――」『説話・伝承学』第二〇号　説話・伝承学会　二〇一二年
金城須美子「御冠船料理にみる中国食文化の影響」『第四回琉中歴史関係国際学術会議　琉中歴史関係論文集』琉球中国関係国際学術会議　一九九三年
九頭見和夫『日本の「人魚」像――『日本書紀』からヨーロッパの「人魚像」の受容まで――』和泉書院　二〇一二年
倉谷千恵子『内外海の記憶』私家版　二〇一三年
高馬三良訳『平凡社ライブラリー三四　山海経　中国古代の神話世界』平凡社　一九九四年
小島秀彰『日本の遺跡五一　鳥浜貝塚』同成社　二〇一六年
後藤丹治・岡見正雄校注『日本古典文学大系三六　太平記　三』岩波書店　一九六二年
司馬遷『史記Ｉ　本紀』電子版　小竹文夫・小竹武夫訳　筑摩書房　二〇一八年
蕣露庵主人『江戸の性愛文化　秘薬秘具事典』三樹書房　二〇〇三年
スクリブナー・ヴォーン『［図説］人魚の文化史――神話・科学・マーメイド伝説』川副智子・肱岡千泰訳　原書房　二〇二一年
鈴木棠三・小池章太郎編『近世庶民生活史料　藤岡屋日記　第五巻』三一書房　一九八九年
関礼子編著『檜枝岐村文化財調査報告書　第1集　檜枝岐の山椒魚漁』福島県檜枝岐村教育委員会　二〇一二年
千家尊統『出雲大社　学生社　日本の神社シリーズ』学生社　二〇一八年
荘田直道『越後頸城郡誌稿』手稿　上越市公文書センター収蔵　一九〇一年
高橋晴美「八百比丘尼伝説研究」『東洋大学短期大学論集日本文学編（第一八号）』東洋大学短期大学　一九八一年
武廣亮平「古代・中世前期のアザラシ皮と北方交易」『史叢』第七四号　日本大学史学会　二〇〇六年
田辺悟『ものと人間の文化史１４３　人魚』法政大学出版局　二〇〇八年
谷川健一『神・人間・動物』講談社　一九九一年
冨樫晃「八百比丘尼伝説の成立について――江戸初期の若狭小浜を中心に――」『口承文芸研究』第四三号　日本口承文芸学会　二〇二〇年
中楯興編『日本における海洋民の総合研究　下巻――糸満系漁民を中心として――』九州大学出版会　一九九六年
中村一恵「アシカ島・トド島の分布――アシカ類地点名の考察――」『海洋と生物九五』一六（六）　生物研究社　一九九四年

中村一恵「伊豆諸島に生息していたニホンアシカについて」『神奈川県立博物館研究報告（自然科学）』第二〇号　神奈川県立博物館　一九九一年
中村啓信監修・訳注『風土記　現代語訳付き（上下合本版）』電子版　ＫＡＤＯＫＡＷＡ　二〇一六年
中村羊一郎『イルカと日本人　追い込み漁の歴史と民俗』吉川弘文館　二〇一七年
難波恒雄『和漢薬百科図鑑（Ⅱ）』保育社　一九九四年
ニホンアシカ研究会『ニホンアシカニュース』創刊号〜第一七号　一九九二〜一九九五年
野村純一他編『日本伝説大系』みずうみ書房　第三巻　一九八二年、第五巻　一九八六年、第一巻　一九八四年、別巻二　一九九〇年
外間守善『沖縄の食文化』新星出版社　二〇一〇年
南方熊楠「人魚の話」『南方熊楠　人魚の話』平凡社　二〇一七年
盛本勲『沖縄のジュゴン　民族考古学からの視座』榕樹書林　二〇一四年
山口直樹編『［決定版］妖怪ミイラ完全ＦＩＬＥ』学研パブリッシング　二〇一〇年
山本正昭他「伊良部・下地島キドマリ村跡調査成果報告」
二〇一一年度トヨタ財団研究助成採択プログラム沖縄・奄美島嶼社会における行政防災施策・制度・システムの歴史的変遷に関する包括的研究成果報告書：二一一―三七　二〇一三年
柳兼子「人魚の吸い物」『月刊　民藝』第一巻第二号所収　日本民藝協会　一九三九年
柳田國男「山島民譚集」『柳田國男全集』五　筑摩書房　一九八九年
吉岡郁夫『人魚の動物民俗誌』新書館　一九九八年
Bondeson, Jan "The Feejee Mermaid and other essays in natural and unnatural history" Cornell University Press, 1999
Laurent, Béatrice "Monster or Missing Link? The Mermaid and the Victorian imagination" Cahiers victoriens et édouardiens, Becobming Animal, 85 Printemps, 2017
渡嘉敷親雲上編『御膳本草』千葉大学附属図書館デジタルコレクション　https://opac.ll.chiba-u.jp/da/koisho/2350/
李鼎元『使琉球記』伊波普猷文庫－Ｈ０１９（琉球大学附属図書館所蔵）　https://shimuchi.lib.u-ryukyu.ac.jp/collection/iha/ih01901

髙橋大輔 たかはし・だいすけ

1966年、秋田市生まれ。探検家。「物語を旅する」をテーマに、世界各地に伝わる神話や伝説の背景を探るべく、旅を重ねている。2005年、米国のナショナル・ジオグラフィック協会から支援を受け、実在したロビンソン・クルーソーの住居跡を発見。2022年に王立地理学協会(ロンドン)より勅許地理学者(CGeog)の称号を受ける。著書に『漂流の島 江戸時代の鳥島漂流民たちを追う』『国境の人 間宮林蔵』(いずれも草思社)、『12月25日の怪物』(草思社文庫)、『剱岳 線の記 平安時代の初登頂ミステリーに挑む』(朝日新聞出版)、『最高におもしろい人生の引き寄せ方』(アスコム)、『仮面をとった浦島太郎』(朝日文庫)などがある。

日本の人魚伝説

2025年2月4日 第1刷発行

著者 髙橋大輔
装幀者 浅妻健司
発行者 碇 高明
発行所 株式会社草思社
〒160-0022
東京都新宿区新宿1-10-1
電話 営業03(4580)7676
編集03(4580)7680
本文組版 浅妻健司
印刷・製本 中央精版印刷株式会社

ISBN978-4-7942-2765-2 Printed in Japan 検印省略